面向21世纪本科应用型经管规划教材

经济管理专业基础课系列

管理学原理

（第2版）

张立迎　主　编

赵　鑫　宁　南　李景瞳　副主编

電子工業出版社

Publishing House of Electronics Industry

北京 · BEIJING

图书在版编目（CIP）数据

管理学原理 / 张立迎主编. —2 版. —北京：电子工业出版社，2016.1
面向 21 世纪本科应用型经管规划教材. 经济管理专业基础课系列
ISBN 978-7-121-23261-9

Ⅰ. ①管… Ⅱ. ①张… Ⅲ. ①管理学－高等学校－教材 Ⅳ. ①C93

中国版本图书馆 CIP 数据核字(2014)第 105093 号

责任编辑：杨洪军
印　　刷：北京京海印刷厂
装　　订：北京京海印刷厂
出版发行：电子工业出版社
　　　　　北京市海淀区万寿路 173 信箱　邮编 100036
开　　本：787×1092　1/16　印张：16　字数：392 千字
版　　次：2010 年 9 月第 1 版
　　　　　2016 年 1 月第 2 版
印　　次：2016 年 1 月第 1 次印刷
定　　价：46.00 元

凡所购买电子工业出版社图书有缺损问题，请向购买书店调换。若书店售缺，请与本社发行部联系，联系及邮购电话：（010）88254888。
质量投诉请发邮件至 zlts@phei.com.cn，盗版侵权举报请发邮件至 dbqq@phei.com.cn。
服务热线：（010）88258888。

第 2 版前言

管理学是为适应现代社会化大生产的需要而产生的，研究如何通过管理的计划、组织、领导和控制等职能，改善工作方法，调动员工的积极性，提高生产效率的一门学科。因此，管理学原理已成为高等院校经济管理类专业的主要必修课之一。开设这门课程，一方面能为学生学习经济管理的其他课程打下坚实的基础；另一方面可以帮助学生了解和认识管理的基本概念、基本理论和基本方法，掌握管理的基本技能，提升管理素养和从事经营管理活动的能力。

随着中国经济的飞速发展，管理学的理论、方法和实践都发生了巨大变化。本次修订旨在反映这些新的发展和变化。此外，为了适应案例教学的需要，我们更新了每章的案例，并为每章又新增了一个案例。这些案例既可供教师在教学时选用，又有利于学生对相关问题做深入的研究与思考。

不过，在总体上，第 2 版仍然保留了第 1 版的风格：结构新颖，体系严密，思路清晰，层次分明，切合实际，分为绪论、管理环境、计划工作与目标管理、决策、组织工作、组织结构、员工培训、领导、激励、人际沟通、管理控制和新时代的管理 12 章内容。

本次修订工作主要由张立迎（东北农业大学）担任主编，由赵鑫（哈尔滨广厦学院）、宁南（黑龙江中医药大学）、李景瞳（哈尔滨学院）担任副主编。具体分工为：第 1、第 3、第 9、第 10 和第 12 章由张立迎编写，第 2、第 4、第 7 章由李景瞳编写，第 5、第 6 章由赵鑫编写，第 8 章由宁南（哈尔滨学院）编写，第 11 章由张聪（哈尔滨学院）编写，课后习题答案及课件制作由孔令秋完成。

第 2 版的修订过程得到了电子工业出版社相关编辑的大力支持，我们在此表示衷心的感谢。由于编者水平有限，编写时间仓促，书中难免存在不少缺陷和错误，恳请广大专家和读者不吝赐教，以便我们再次修订时加以改进。

编　者

目 录

第 1 章 绪　论

学习目标　掌握管理的内涵、管理者的角色和管理技能；理解科学管理理论和行政组织理论；了解现代管理理论的新发展。

引导案例

百龙矿泉壶“壶主”孙寅贵的管理策略

曾在国内叱咤风云的百龙矿泉壶“壶主”孙寅贵，在一次批评下属时说：“真正的管理者，他的职责应该是研究政策、建立制度。然而你们却把大量的精力用在谈客户和酒桌上，你们应该被降职。不是说你们偷懒，而是你们享受着高层待遇却干着基层工作，没有抓住管理者应该做的事。我现在之所以有时间写书，是因为我已经把很多制度研究制定得自己觉得差不多了，同时我能够用清晰的头脑、宽松的时间来审视你们，告诉你们有什么地方做得不对。设想一下，如果我也整天谈客户、累得四脚朝天，我又如何监督、评价你们的工作呢？一个劳动模范式的管理者绝不是一个成功的管理者。”

其实，“事必躬亲”和“以身作则”是两回事，“管理者”不应成为“拼命三郎”，典型的案例在《三国演义》中就有。为什么诸葛亮绝顶聪明却六出祁山一无所获反命丧五丈原，而屡战屡败的司马懿却笑到了最后？关键在于，司马懿抓住了管理的真谛——管理者最需要的并不是自己去拼杀，而是建立起井然有序、行之有效的制度，让它顺畅地运转。而连军士的灶坑如何挖都要过问的诸葛亮则在“事必躬亲”中拖垮了自己，耽误了事业。他死后，流尽了泪水的蜀军忽然发现他们连最基本的工作都不会，因为以前从没机会去做，丞相全包了。没有制度，光靠聪明与激情是害己更害人的。

所以，孙寅贵认为：“越是高层，弄明白自己到底该干什么就越重要。我觉得如果一个热爱自己企业的老板能让自己轻松起来，甚至无事可做，那这个企业倒会很有希望。

孙寅贵现在掌管着十几个下级企业，并且在青岛投资建立了亚洲最大的塑钢企业，在国内塑钢产业界居遥遥领先的地位。他是如何管理这么多企业的？

“管理企业，第一靠领导人，第二靠领导人，第三还是靠领导人。这个领导应该有理想、有道德。在我认真地检讨自己如何做人后，我觉得总经理除了要具备懂专业、有经验、会管理等条件外，还要加上很重要的一条——人品好。人选好后，如果经过考核他可以胜任这个位置，接着就要实行‘鹭鸶政策’。你不能让他不‘吃鱼’，不吃，他不‘抓’了；也不能让他‘吃饱’，‘吃饱’他也不‘抓’。你要从他创造的利润中给他适当的提成，但过高的待遇会导致短期行为。百龙的待遇不算很高，但目前并未发生人才流失的现象，原因在于人不仅有物质需求，还有精神、自我实现和社会地位需求。熟悉而又得心应手的工作环境同样会吸引住人才。”

“在你与他之间还要形成一种制度。我在组建‘青岛百龙’时，赋予了它所有权与经营权高度分离的体制。不从百龙现企业调派一兵一卒、以目标式管理体系体现双方关系，由董事会制定年度任务，以量化形式明确总经理的职责目标，尤其是持续发展阶段目标。实际就是‘只问结果，不问过程’。我对青岛百龙的总经理说：‘我只管你一个人。’而总经理只管副总和要害部门的正职干部，同样以责任目标和量化指标作为考评标准。”

采取所有权与经营权分离政策的企业有的是，可不少习惯“浴血奋战”的主管并不能真正做到。大权旁落带来的失落和对下属出错的愤怒使得他们在“放了收，收了又放”的怪圈中转个不停、筋疲力尽。对此，孙寅贵认为：“人要耐得住寂寞才算得上成熟，因为只有在寂寞中才能冷静，才能看清周围的一切。特别是管理大企业，如果不能跨越这一步，就很难再提高。”

问题：

1. 什么是管理？管理者该干什么？请结合本案例谈谈你对此的理解。
2. 根据本案例说明管理者的技能。

1.1 管理的内涵

1.1.1 管理概述

不同时期、不同的人都会根据自己的研究从不同角度对“管理”进行界定。“科学管理之父”泰勒视管理为“确切地知道你要别人去干什么，并使他用最好的方法去干”。赫伯特蒙认为“管理即制定决策”。史蒂芬·P·罗宾斯把“管理”描述为“同别人一起，或通过别人使活动完成得更有效的过程”。著名管理学家彼得·德鲁克则认为，“‘管理’与‘to executive’似乎可以看作同义词”，在他看来，管理者最重要的事是力求把该做的事做好，即做到有效。

综合这些研究，我们可以给管理（Management）下这样一个定义：管理是组织中的人在组织经营过程中对各种资源进行有效利用，以实现组织运行有效性的过程。

从中可以看出，管理的目的在于实现组织的有效性。因此，在理解管理的内涵时，应着重从以下两个问题入手。

1. 效率

管理的有效性一般是以管理的高效率为前提的，而效率反映的是组织输入与输出的关系问题。在输入不变的前提下，输出多意味着效率高；以较少的输入获得相同的输出，同样是高效的。管理所追求的就是资源成本的最小化。

2．效益

管理的效益体现在管理活动是否实现了组织的预定目标，是否推动组织实现了其应有的社会价值。获取组织或社会预期的效益是管理所追求的基本目标。

效率反映管理的过程，效益反映的则是结果。一般而言，效率与效益是对应的，即高效率会带来高效益，低效率会带来低效益。但两者也存在不一致的时候，有时高效率带来低效益，如高效率地干错事。因此，管理中不仅要追求高效率，更要追求高效益。

1.1.2　管理的本质

1．管理是实现组织目标和组织有效性的一种活动

就组织整体而言，管理是确保组织有效运行，从而实现组织目标的一种活动。简而言之，管理是一种手段，其目的是实现组织目标和组织有效性。管理是使组织发挥作用的一种特殊职能和特殊手段。根据组织自身和社会发展对组织提出的要求运用管理，随着组织内外情形的变化调整管理，这是人们在管理问题上应持的基本态度和管理实践应体现的基本特征。

2．管理是一种资源整合性活动

管理的整合性体现在管理是通过对各种组织资源的调配和使用来发挥其自身功能的。各种组织资源发挥作用的程度及发挥作用所取得的综合结果从根本上决定了管理效率的高低。从这一意义上说，管理效率取决于资源的利用效率。

具体实践中，一方面，虽然人们对同一管理原理或手段的运用程度不同，却不同程度地取得了成功；另一方面，一些人严格依照管理教科书规定的原理或手段从事管理，却总是无法取得预期的结果。对此，人们不禁要问，管理到底有没有科学性？如果有，为什么允许人们变通或可以有选择地运用管理思想与管理知识？如果没有，为什么人们运用管理知识能取得成功？我们说管理既是科学又是艺术，其奥妙就在于此。只有在把握管理本质的基础上，根据组织实践的需要辩证地运用管理思想，所掌握的管理理论与知识才能在实践中真正发挥作用，否则管理思想反成了组织发展的桎梏。

1.1.3　管理的组织

组织是人类生存的基本方式。众所周知，社会性是人类独有的特征，而组织性又是社会性的主要特征之一。组织是社会的细胞、社会的基本单元，是人们实现共同目标的工具。没有组织，社会也就无法存在。

具有某种共同目标的人以不同的方式聚集到各类形式的组织之中，相互合作、共同运行，通过集体的努力来实现目标，达到单个人无法达到的目标或无法实现的结果。无数个大大小小、形形色色的组织相互交织、有机排列，共同组成了人类社会。

那么，组织的基本含义是什么呢？在词源上，中文的“组织”是将丝麻纺织成布。后来，“组织”被引申为将一种物体的构成部分组合成一个整体。英文的“组织”（Organization）则来源于“器官”一词，即自成系统的、具有特定功能的细胞结构。从人类社会群体的角度来看，所谓组织，就是人们按照一定的目的、任务和形式形成的社会集团，是处于一定社会环境中的各种组织要素的有机结合体，是为了实现某种目的而有意识建立起来的人类群体。简单地说，组织是由两个以上的人、目标和特定的人际关系三种要素构成的一种特殊的人群体系。

1.1.4 管理者角色与管理者技能

1. 管理者角色

管理者合格与否，很大程度上取决于计划、组织、指挥、协调、控制五种管理职能的履行情况。为了有效履行这五种职能，管理者必须明确以下两点：一是自己要扮演哪些角色；二是在扮演这些角色的过程中，自己需要具备哪些技能。

亨利 · 明茨伯格的一项研究表明，管理者要扮演 10 种角色，这 10 种角色可以被归为三大类，即人际角色、信息角色和决策角色。明茨伯格的管理者角色理论可以用图 1-1 来表示。

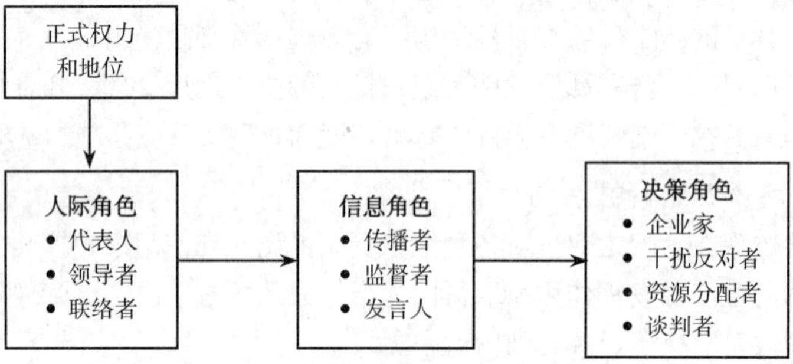

图 1-1 管理者的角色

（1）人际角色

明茨伯格所说的第一类管理者角色是人际角色。人际角色的产生是以管理者的正式权力为基础的，管理者在解决与组织成员和其他利益相关者的关系问题时，所扮演的就是人际角色。管理者所扮演的三种人际角色分别是代表人角色、领导者角色和联络者角色。

作为管理者，他们需要行使一些礼仪性质的职责。例如，管理者有时应该在社区的集会上出现，参与社会活动或宴请重要客户等。这时，管理者行使的是代表人的角色。

由于管理者对所在单位的成败负重要责任，他们需在工作小组中充当领导者的角色。这种角色表现为管理者和员工一起工作并通过员工的努力实现组织的目标。

另外，管理者还应该扮演组织联络者的角色。无论是与组织内的个人或工作小组一起工作，还是建立和外部利益相关者的良好关系，管理者都应起到联络者的作用。在重要的组织问题上，管理者必须具有敏锐的洞察力，以便能够在组织内外建立关系和网络。

（2）信息角色

明茨伯格确定的第二类管理者角色是信息角色。在信息角色中，管理者负责确保和其一起工作的人具备足够的信息，以便能够顺利完成工作。由管理责任的性质所决定，管理者既是本单位的信息传递中枢，又是组织内其他工作小组的信息传递途径。整个组织的人依靠管理结构和管理者来获取或传递必要的信息，以此来完成工作。

作为传播者，管理者要把自己作为信息监督者所获取的大量信息分配出去，把重要的信息传递给工作小组成员，有时也向工作小组成员隐藏一些特定的信息。更重要的是，管理者必须保证某些人员拥有必要的信息，以便日后切实有效地完成工作。

作为监督者，管理者应一直关注组织内外环境的变化，以获取对组织有用的信息，并通过与下属沟通来收集信息，也可以从个人关系网中获取对方主动提供的有用信息。管理者可以根据这些信息识别工作小组和组织的潜在机会和威胁。

作为发言人，管理者必须把信息传递给单位或组织以外的人。例如，管理者必须向董事和股东说明组织的财务状况和战略方向，必须向消费者保证组织在切实履行社会义务，以及必须让政府官员对组织的遵守法律状况感到满意。

（3）决策角色

管理者也起着决策者的作用。在决策角色中，管理者需要处理信息并得出结论。如果信息不用于组织的决策，就丧失了其应有的价值。管理者负责做出组织的决策，他们安排工作小组按照既定的路线行事，并分配资源以保证小组计划的有效实施。

管理者所扮演的第一种决策角色是企业家。在上述的监督者角色中，管理者密切关注组织内外环境的变化和事态的发展，以便发现机会。作为企业家，管理者要对所发现的机会进行投资，并且充分利用这种机会，如开发新产品、提供新服务或发明新工艺等。

管理者所扮演的第二种决策角色是干扰反对者。一个组织无论被管理得多么有条理，其运行的过程中总会遇到冲突或问题。管理者必须妥善地处理冲突或解决问题，如平息客户的怒气、与不合作的供应商进行谈判或对员工之间的争端进行调解等。

作为资源分配者，管理者决定组织资源用于哪些项目。尽管一提起资源，我们就会想到财力资源或设备，但其他类型的重要资源也同样会被分配给项目。例如，对管理者的时间来说，当管理者决定把时间花在这个项目而不是那个项目上时，实际上是在分配一种资源。除时间以外，信息也是一种重要资源，管理者是否在信息获取上为他人提供便利，这通常决定着项目的成败。

管理者所扮演的最后一种决策角色是谈判者。研究成果表明，管理者把大量的时间花费在谈判上。管理者的谈判对象包括员工、供应商、客户和其他工作小组。无论是何种工作小组，其管理者都需要进行必要的谈判工作，以确保小组朝着组织目标发展。

2. 管理者技能

（1）技术技能

技术技能是指“运用管理者所监督的专业领域中的过程、惯例、技术和工具的能力”。例如，监督会计人员的管理者必须懂会计。尽管管理者未必是技术专家，但他必须具备足够的技术知识和技能，以便能够有效地指导员工、组织任务、把工作小组的需要传达给其他小组并解决问题。技术技能对于基层管理最重要，对于中层管理较重要，对于高层管理较不重要。

（2）人际技能

人际技能（有时称为人际关系技能）是指“成功地与别人打交道并与别人沟通的能力”。人际技能包括对下属的领导能力和处理不同小组之间的关系的能力。管理者必须拥有能够理解个人和小组、与个人和小组共事及同个人和小组处理好关系的能力，以便树立团队精神。管理者作为小组中的一员，其工作能力取决于人际技能。

（3）概念技能

概念技能是指“把观点设想出来并加以处理，以及将关系抽象化的精神能力”。具有概念技能的管理者常常把组织比做一个整体，同时了解组织内各个部分的相互关系，并且能够准确把握工作单位之间、个人之间及工作单位与个人之间的相互关系，深刻了解组织中任何行动所带来的后果，以及正确行使五种管理职能。很强的概念技能能够为管理者意识到问题的存在、制定可供选择的解决方案、选择最好的方案并为付诸实施提供便利。

概念技能对于各种层次管理的重要性可以用图 1-2 来表示。由图可以看出，概念技能对于高层管理最重要，对于中层管理较重要，对于基层管理较不重要。

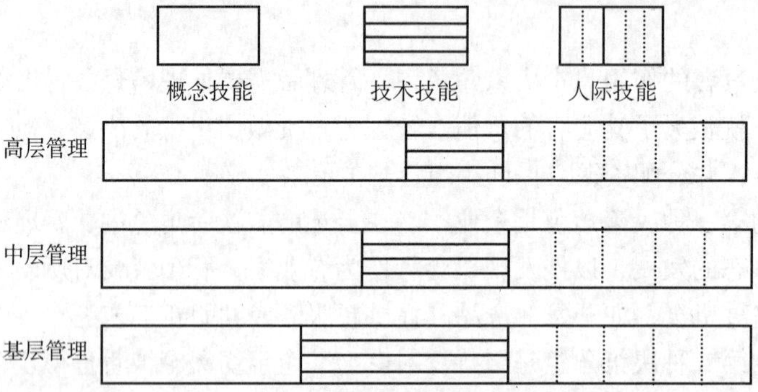

图 1-2　管理技能的重要性

1.2 古典管理理论

1.2.1 科学管理理论

从 19 世纪末开始至 20 世纪 40 年代，资本主义逐步向垄断资本主义过渡，资本主义工业大规模发展。这种情况下，许多符合社会化大生产特点的经营管理理论应运而生，形成了科学管理理论，主要的代表人物是美国工程师费雷德里克·泰勒（1856—1915）。

泰勒在汤恩等人的思想的启发下，与同时代的其他人一起创立了科学管理理论。他先后在米德维尔钢铁公司和贝瑟利思钢铁公司做管理咨询工作，并于 1895 年发表《计件工资制》一文，1903 年发表《工厂管理》一文，1911 年出版《科学管理原理》一书。在这些文章和著作中，泰勒提出了科学管理理论，即泰勒制。其主要内容包括以下几个方面。

（1）工作定额原理

泰勒在《科学管理原理》一书中强调提高劳动生产率的重要性和可能性，因为泰勒认为科学管理的中心问题就是提高劳动生产率，并提出选择合适而熟练的工人是其关键，把工人的每项动作、每道工序的时间记录下来，并把这些时间加起来，再加上必要的休息时间和其他延误时间，就能得出完成该项工作所需的总时间。即总时间=动作时间+工序时间+必要的休息时间+其他延误时间。由此，他制定出“合理的日工作量”，这就是所谓的工作定额原理。

（2）挑选一流工人原理

泰勒认为，为了提高劳动生产率，必须为工作挑选“一流工人”，而他们应该“工作能力同工作相配合”。泰勒还认为，“一流工人是适合于工作而又有进取心的人，而不像有些人理解的那样，是一些‘超人’，而企业管理当局的责任在于为雇员找到他最合适的工作”。

（3）标准化原理

为确立标准化原理，泰勒做了大量试验。例如，泰勒在米德维尔钢铁公司做切削试验，前后持续 26 年，实验报告有 3 万份以上，试验总费用超过 15 万美元。他认为工作应该有标准化的操作方法，使用标准化的工具、机器和材料，并使作业环境和管理标准化。通过试验，泰勒取得了一系列丰富的资料，为进行高速切削和精密切削提供了科学依据，也大大提高了工作效率。

（4）刺激性付酬原理

为了鼓励工人努力工作、完成或超额完成工作定额，泰勒提出了一种"差别计件工资制"，即按照工人是否完成其定额而采取不同的工资率。比如，工人没有完成定额时，就按"低"工资率付给，为正常工资的 80%；但是如果工人工作达到或超额完成定额，就按正常工资的 125% 的高工资率付给，而且不仅是超额部分按高工资率，全部生产都按这个工资率计算，以此来鼓励工人完成定额或超过定额。

（5）精神革命原理

泰勒认为，为了使工人和雇主认识到提高劳动生产率对双方都有利，必须来一次"精神革命"，使其互相协作、共同为提高劳动生产率而努力。泰勒认为，没有这种革命，所谓科学管理便不存在。

（6）把计划职能同执行职能分开原理

泰勒提出，要提高效率，必须改变原来的那种经验工作法，代之以科学的工作方法；为了提高劳动生产率，就要把计划职能（相当于现在的管理职能）同执行职能分开。计划职能由专门的计划部门来承担，从事全部的计划工作并对工作发出命令，应归管理当局。现场的职员则行使执行的职能，不得自行改变操作方法等。

（7）职能管理原理

为了提高工作效率，泰勒主张将管理工作予以细分，使所有的管理者只承担一两种管理职能，即实行职能管理。泰勒的这种管理思想虽然没有得到推广，但它为以后职能部门的建立和管理专业化提供了参考。

（8）例外管理原理（管理控制原理）

所谓例外管理原理，就是企业的高级管理人员把一般的日常事务授权给下级管理人员去处理，自己保留对例外事项（重要事项）的决策和监督权。这样既提高了下级管理人员的工作热情，也使高级管理人员能及时有效地处理一些紧急、意外事件。

泰勒的管理理论同时提供了解决企业管理中两个主要问题的方法，即怎样提高管理人员的工作效率和怎样提高工人的劳动生产率。由于在管理领域中的开拓性研究，泰勒被称为"科学管理之父"，他提出的理论也成为现代管理科学的基础。

1.2.2　管理过程理论

亨利·法约尔（1841—1925）的管理理论是以大企业的整体作为研究对象的，这一点与泰勒的管理理论有所不同。法约尔研究管理问题，关注的焦点是整个组织。因为法约尔从 25 岁开始就参加了企业的领导集团，并长期担任企业最高领导的顾问。1916 年，法约尔出版了《工业管理与一般管理》一书，创立了自己的管理理论，被西方人称为"管理过程之父"。

1. 管理过程理论的主要观点

（1）企业的基本活动与管理的五项职能

法约尔指出，企业存在六种基本活动，即技术生产活动、商业购销活动、财产费用活动、安全保护活动、会计统计活动、管理控制活动（其中包括计划、组织、指挥、协调和控制五项职能活动），管理只是其中之一。六种基本活动中都需要管理，但是管理活动处于核心地位，即企业本身需要管理。从本质上说，法约尔的管理理论是关于社会组织的理论，他旨在创立一种能广泛地适用于各种组织的理论，并且是关于社会一般组织的理论，这就使该理论更具有突出的理论价值和实践价值。

在强调管理职能的基础上，法约尔阐述的主要组织思想是，从管理过程的角度提出了著名的管理的五职能说，即计划、组织、指挥、协调和控制。上述五项管理职能中，他认为组织职能是基础性职能，而且十分重要，因而进行了详细论述。他指出："组织一个企业，就是为企业的经营提供所有必要的原料、设备、资本、人员。"他认为企业是"物质组织与社会组织"的结合体，"在配备了必要的物质资源后，人员或社会组织就能完成它的六项基本活动，即进行企业的所有经营活动"。离开了组织职能，企业就无法成为一个有机的经营整体，而且无法正常地运转，所以法约尔十分强调组织是管理要素，而管理的任务就在于建立一种组织，使其能以最有效的方式从事基本的活动。管理部门要完成这一任务，确立企业的组织结构就成为所要解决的中心问题，这种组织结构能够使企业的计划得到很好的制定和执行。

（2）管理人员解决问题时应遵循的 14 条原则

法约尔根据自己长期的管理经验提出了"14 条管理原则"。他认为，这些原则可以应用于一切事业的管理活动，但它们并不是固定不变的，而应该把它们灵活运用于具体情况。这 14 条原则分别是：① 分工；② 权威和责任；③ 纪律；④ 统一命令；⑤ 统一指导；⑥ 个人利益服从整体；⑦ 人员报酬；⑧ 集中；⑨ 等级链与跳板原则；⑩ 秩序；⑪ 公平；⑫ 工作稳定；⑬ 首创性；⑭ 集体精神。

法约尔的 14 条原则也是组织建立和运行的规则，如专业化分工、权责对等、统一指挥和统一领导、集中及等级制等原则都属于组织的结构性原则，等级制组织的轮廓已初见端倪，并且这些原则是企业实际组织工作中所奉行的基本原则。

1）提出了"法约尔跳板"的思想，以解决组织内部管理效率问题。按照管理的 14 条原则，组织应遵循等级制原则来保证领导指挥的统一性，执行权力和传递信息的路线则应是自上而下或自下而上。法约尔认为，"等级路线就是情报由最高权力机构向下发出或把情报上报给最高权力机构、中间经过等级制度每一级的传递联系路线"，但"对于政府机构来说，这种方法有时甚至需要很长时间"，使管理的效能大大降低，这就影响了组织运行的效率。对此，法约尔建议在组织的各平行等级之间建立一种必要联系，即通过"天桥"或"跳板"来协商解决问题。如果利用"跳板"的直接协商不能解决问题，再按照组织层级原则向上一个层级报告，由上级来仲裁。当然，层级原则与"跳板"原则之间会存在矛盾。因此，法约尔指出，为了使每个员工特别是绝大多数公务人员能够使用"天桥"，就需要满足三个条件：第一，决定要根据整体利益规定的原则做出；第二，必须具有足够的勇气和自由；第三，领导要率先垂范使用跳板并鼓励其下属使用。"法约尔跳板"的构想显然是具有实际应用价值的，它是在长期组织管理实践经验中总结出来的，并且体现了理论创新精神。

2）提出管理幅度原理，以此作为层级制组织的基础。根据法约尔的理论，组织结构中的“金字塔”式层级制是组织规模增长和发展的结果。随着组织规模不断扩大，人员增多，若再依靠原有的简单等级就难以适应组织发展的要求，这时必须借助于增加管理层次来解决管理任务急剧增加的问题，从而使组织的层级不断增加。法约尔提出组织层次的增长进度是由“管理幅度”来决定的。法约尔在实际的组织管理研究中发现，一个人所能指挥的人数的多少取决于其领导的能力和工作性质。他认为，“指挥艺术的高低由人的某些品质和对管理工作的一般原则了解的多少来决定”。“不管领导处于哪个级别，他从来只能直接指挥极少数的部下，一般少于 6 人。当工序比较简单时，只有工长有时直接指挥 20 人或 30 人。”因此，为了有效发挥组织管理功能，法约尔主张在整个组织中应该保持比较合理的管理跨度。

3）用实例说明了“组织图”的必要性。组织图的建立者是丹尼尔·麦卡勒姆。他根据自己的管理经验，形象地用大树描述了自己的组织结构图。他通过大树的树根、树干及枝叶等架构形式，描述了组织中各级人员的不同权力和责任、各业务单位的劳动分工，以及报告与控制体系中的沟通关系。在此基础上，法约尔指出，组织图是每个企业或社会组织必须具备的，如果制定了正式的组织图，人们就能把组织看成一个整体，详细规定权力界限，提供联系交往的途径，防止出现部门重叠或侵犯部门权限的现象，防止工作重复或脱节，避免双重领导局面的发生，明确地分配任务和划分责任，即“可以使人很快掌握整个组织和各部门的情况，以及各部门的界限和指挥系统”。

组织结构图本身就是实现组织要素有机整合的一种工具，它以明晰的组织结构关系、权责关系、人员组成状况及组织活动路线等把复杂的问题简单化。

2. 对法约尔理论的评价

英国行政学家厄威克在其《管理备要》一书中指出：“亨利·法约尔是直到 20 世纪上半叶为止，欧洲贡献给管理运动的最杰出的人物。”确实，在管理理论发展史上，无论从哪个角度来评价，他都是一个富有原创精神的大师级人物。他对管理经验所进行的理论整合、对社会组织从结构体制到管理过程的理性界定都达到了前所未有的高度，他的一些思想或观点不仅包含着创造精神，而且真实地反映了组织管理的内在规律性，充分体现了对问题认识的深度，因而受到后来的管理学家的高度评价。组织管理实践表明，法约尔的理论对一般组织管理都有一定的应用价值。也正是因为其理论所具有的这种“一般性”，他的理论才成为管理学说史上的一个重要的里程碑，标明一种组织整体管理哲学观的确立。

法约尔的组织理论是把“组织”作为管理的一种基本功能来阐述的，虽然从其主体思想所及的范围看，他所界定的“组织”是一个静态和动态结合的概念，实际上包含着管理的基本精神。但是，作为管理的一种功能而存在，组织的范围还是受到了限制，而且其关于“物质组织”和“社会组织”的看法与后世对组织的理解也是有差别的。此外，他关于组织幅度的量化规定与泰勒一样，也体现出机械主义的色彩，并未真正解决组织管理中的“一般性”问题。比如，对管理原则问题，尽管法约尔宣称“原则是灵活的”、“这是一门很难掌握的艺术”，但是对于原则之间存在的一定程度的矛盾性，他并未给予足够的关注。又如，“跳板”理论实施的保证条件的设计显然也是不完备的。但是，这些历史性缺陷并未影响其在组织管理研究史上的重要地位。

1.2.3 行政组织理论

马克斯·韦伯（1864—1920）是德国著名的社会学家，和泰勒、法约尔是同一时期的人。他在管理理论上的最大贡献是提出了“思想的行政组织体系”理论，并因此被称为“组织理论之父”。行政组织体系指的是通过公职或职务而不是通过个人或世袭来管理，即集体活动理论化。

1．行政组织理论产生的渊源

由片段的行政组织思想到系统的行政组织理论的演变完成于 19 世纪末 20 世纪初的西方国家。自此以来，行政组织理论经历了传统时期、行为科学时期及现代时期三个发展阶段。独立的、系统的行政组织理论的产生不是偶然的，它有着深刻的经济、政治和理论背景。

（1）工业革命的完成要求企业组织管理科学化

这一时期，西方各主要资本主义国家已先后完成了工业革命，并开始由自由竞争向垄断阶段过渡。伴随着生产规模的急剧扩大，旧的企业组织结构与经验式个人管理方式已越来越不适应经济发展的要求，出现于 19 世纪 60 年代的资本同管理分离的进程在这一时期得到了进一步强化。作为一种专业，企业管理开始努力探索与时代相符合的新组织结构与新管理方法，并在诸多方面取得了显著的成果。

（2）民主共和政体的建立与社会文化的发展要求行政组织管理科学化

这一时期，西方各主要资本主义国家在政治上已经建立了君主立宪制或民主共和国制的政体，行政组织在结构和功能上与其他国家相比已有较明显的区别。而随着自由资本主义向垄断资本主义的过渡，西方各国行政权力日益强大，管理职能日益多样化，组织规模也日趋庞大。为适应经济、社会、文化发展的要求，行政管理者就必须分析、研究与逐步建立起新型的组织结构，使组织管理日益科学化。

2．行政组织理论的主要内容

（1）行政组织体系的基础

韦伯认为，被社会所接受的权力有三种“纯粹的”形态：一是理性-法律权力，这是以“合法性”为依据的；二是传统的权力，这是以个人占据着传统的权力地位为依据的；三是超凡的权力（神授的权力），这是以对个别的、特殊的、神圣的、英雄主义的崇拜为依据的。

韦伯还认为，这三种权力中，只有理性-法律的权力才是行政组织体系的基础，原因是：① 理性-法律为管理的连续性提供了基础；② 理性-法律是理性的；③ 领导人具有行使权力的法律依据；④ 所有的权力都有明确的规定并按完成任务所必需的职能来划分。

（2）理想行政组织体系的主要特点

韦伯认为，理想行政组织体系应具备以下主要特点：① 一个组织内为了实现某目标所需要的全部活动划分为各种基本的作业，分配给每个成员，对组织体系中每个职位都明文规定其权利和义务；② 各种职务和职位是按职权的等级原则组织起来的，形成一个指挥体系或阶层体系；③ 组织中人员的任用完全根据职务上的要求，通过正式考试或教育培训来实现；④ 组织中人员之间的关系不受个人情感的影响，完全以理性准则为指导；⑤ 管理者是 “职业”的管理人员，领取固定的薪金，有明文规定的升迁制度；⑥ 管理人员必须严格遵守规则和纪律。

3．对行政组织理论的评价

由于行政组织与一般社会、经济组织具有某些相似的原则或规律，西方行政组织理论的发展直接综合与借鉴了一般组织理论特别是企业组织理论的方法与成就。企业组织的管理原则和方法被成功地用于政府行政组织，企业组织理论研究的奠基人同时成为行政组织理论的早期代表。

传统行政组织理论的基本贡献体现在三个方面。首先，传统行政组织理论把专业化分工原理广泛地引入组织管理之中，提出了职能化（专业化）管理的原理，为构造科学管理的组织结构及其发展演变奠定了一般的原则基础。其次，传统行政组织理论总结概括出管理幅度和管理层次原理，作为组织结构的依据，力图构建高效的等级制组织。最后，传统行政组织理论倡导“理性化-法律化”的组织形态，强调组织的运作应以法律为规范。总之，传统组织的研究者所追求的理想组织是一个目标明确、分工专业、指挥统一、层级节制、程度适中、权责相称、协调一致、法规完备、高效合理的组织体系。这些思想为组织理论的进一步发展奠定了基石。

传统行政组织理论虽然有突出的贡献，但也有明显的不足。这些不足主要表现为：第一，研究者只研究了组织的静态结构、如何分工、如何建立层级制的体系、如何订立法令规章及工作标准等，未看到法规、制度的烦琐，对组织目标的实现产生了不利影响；第二，研究者在强调组织的非人格化、理性化时，忽视了对人的主观能动性及多方面的需求的研究，把人视为生产工具与经济动物，忽视了人的尊严与价值；第三，研究者只将组织当作一个封闭型的系统来研究，而未探讨组织与其外在环境之间的相互关系与相互影响。

1.3　现代管理理论

1.3.1　人际关系理论和霍桑实验

梅奥分析霍桑实验得出的结论改变了传统组织理论的研究方向，梅奥因此被认为人际关系学说——行为科学理论的开创者。这一学说对组织管理理论研究的发展具有极其重要的意义。

1．人际关系学说

人际关系学说始于梅奥对霍桑实验的阐释，其结论中所凝聚的公共组织思想也成为组织理论研究范式转换开始的标志。这些思想蕴含于霍桑实验的结论当中，并带有丰富的公共意蕴。

（1）霍桑实验结论

对于霍桑实验的结果，梅奥在 1933 年出版的《工业文明中人的问题》一书中全面地进行了总结，并系统地提出了一套新的组织管理观念。概括地说，这些结论主要包括以下几个方面。

1）人是“社会人”而非“经济人”的人性假设。“社会人”结论的诞生有其特定的时代背景，强调和谐的关系和感情的因素，但并不排斥经济因素，即“社会人”的思想不应是在否定“经济人”思想的基础上形成的，而是随着社会生产力的发展、随着人性的逐渐解放而产生的。事实上，人的经济动机不应否认也不能否认，生存毕竟是人类的本能。“社会人”的思想显然比“经济人”的思想有所进步，人们对管理中研究人的着重点发生了变化，以前着重于从人的外在特性进行研究，而现在则讲究对人的内在特性进行研究。因此，梅奥的管理思想只不过是对“经济人”管理思想所未涉及领域的补充、完善和升华，它们并不是矛盾的。美国学者丹尼尔·雷恩也认为，“社会人”的观点是对“经济人”观点的一种补充，而不是对其完全取而代之。

尽管存在种种争议，但梅奥的人际关系学说在人类管理学的发展史上具有开拓性意义应是毋庸置疑的。梅奥之后的很多管理学派并没有超越“社会人”的假设，或者说一直遵循着“以人为本”的管理思想，他们只不过是对梅奥的思想进行补充、修正和延伸。

2）“非正式组织”理论。梅奥从霍桑实验中得出结论并认为，非正式组织是存在的，忽略它是违背人与组织生存和发展的客观规律的。职员是“社会人”，相互之间因思想、感情、行为的互动而形成具有共同情感的团体，即“非正式组织”。这种组织应该被看作“一些惯例、价值观、准则、信念和非官方的规则”。正式组织和非正式组织不尽相同，正式组织以效率为行动逻辑，非正式组织以感情逻辑为行动标准。梅奥等人通过对非正式组织概念的阐释确定了一种新的组织观，认为组织是一个社会系统，不仅存在着正式组织，还存在着非正式组织。非正式组织应该被看成正式组织所必需的、相互依存的一个方面。因此，组织管理必须意识到非正式组织的存在并重视其作用，力求正式组织的效率逻辑同非正式组织的感情逻辑保持平衡，必须发挥每个职员的作用，促进管理人员与职员及职员之间的协调、合作，这样才能实现组织效率的目标。

3）以人际关系为导向的新型领导与“士气”理论。传统组织管理以事为中心，认为工作条件和工作方法决定生产效率；而霍桑实验强调组织管理应以人为中心，认为生产效率主要取决于职员的士气，而士气又取决于职员在家庭和社会生活中形成的态度，以及组织中人与人的关系。职员的工作效率同职员的共同态度即士气有关，同职员的满足度有关。职员的满足度越高，则士气越高；士气越高，则劳动生产率越高。这是梅奥的同事罗特利斯伯格的研究成果。职员满足度与职员工作效率的正向关系给组织中的管理人员指明了工作方向，同时要求组织管理人员具备这样的新型能力。新型的领导能力在于“要在正式组织的经济需求和非正式组织的社会需求之间保持平衡”，即能在经济的逻辑和非逻辑的感情之间进行平衡，协调好正式组织和非正式组织的关系，通过提高职员的满足度而鼓励职员的“士气”，从而提高生产效率。因为职员不仅需要金钱，更需要感情、安全感、归属感等与人类感情、情绪相联系的需求。因此，梅奥强调，为了增强职员的满足度，要对各级管理人员进行培训，让他们学会如何理解和对待职员的逻辑行为和非逻辑行为。

（2）霍桑实验结论的贡献

霍桑实验从理论上把泰勒的科学管理组织理论推向了一个崭新阶段，为组织管理心理学的形成奠定了基础。梅奥以霍桑实验为实践基础，开创了组织理论研究的人际关系视野，是早期行为科学研究的开端，是西方组织管理思想发展史上的一块丰碑。人际关系学说的主要观点和主要思想体现在梅奥等人的一些不朽的著作和论文之中。这些著作和论文除梅奥于1933年发表的《工业文明的人类问题》、1938 年发表的《工业文明的社会问题》之外，还有罗特利斯伯格的《职员的生产率中的人的因素》、怀特海德的《企业界的工人》、罗特利斯伯格和狄克逊合作的《管理与工人》等。同时，还应把当时的一些社会心理学家的研究成果纳入对其产生不同程度影响的这一体系之中，包括弗洛伊德（精神分析）、库尔特·勒温（群体动力）、玛丽·帕克·芙丽特（个体与群体关系）等人在内的一批学者，他们关于动机、需求、情感、行为、社会系统、社会矛盾的建设性解决等思想观点“对人际关系学家都有所影响”，成为早期人际关系学说的有力支柱。

梅奥等人领导的霍桑实验不仅是一次组织管理思想的飞跃，还是西方管理学者在当时的历史背景下寻找出路的结果，即为1929年以来的经济危机所造成的一系列社会问题和管理问题寻找出路。在这一点上，与泰勒等人倡导的古典组织管理理论一样，梅奥也试图给资本主义社会开出一剂有效的管理学药方。人际关系学说显然提出了与当时流行的泰勒科学管理思想不同的一些新观点，即社会人、非正式组织、新型领导能力在于提高职员的满足度、士气与生产率等。梅奥等人开创了以组织中的人、人的行为和人的社会关系为中心的新的研究方向，以及用社会–心理的观点和方法研究组织现象的先例，从而把组织管理过程中的活的因素——人及其关系重新安排到组织中来，并摆在最重要的位置。因此，人际关系学说第一次把管理研究的重点从工作和物的因素上转到人的因素上来，不仅在理论上对古典管理理论做了修正和补充，开辟了组织管理研究新的理论范式，还为现代行为科学的发展奠定了基础，对管理实践产生了深远的影响。

2. 人际关系组织理论的公共意蕴

美国学者丹尼尔·雷恩认为："从本质上讲，梅奥主义同泰勒主义追求的是同样的目标，即工业中的协调与合作。达到这个目标的手段是不同的，但两者预计的结果却都是工人和企业管理当局双方都认识到的那种对彼此有利的相互关系。"传统的公共组织理论的特征表现为对那种等级制权力机构的依赖、清晰的控制机制、明确的个人责任及其被细化的运作规则。由于卢瑟·古利克、弗雷德里克·泰罗和马克斯·韦伯的观点更多的是与管理上的低效率问题相关，所以有人认为传统管理理论是功利主义的，而人际关系学说——行为科学理论的发展则为传统管理中基本原则的稳步调整做出了贡献。一些现代的理论框架对人际关系学派的基本思考有着潜移默化的影响，如麦格雷戈的 Y 理论、利克特的系统组织所倡导的参与性组织管理模式等。这样看来，我们可以透视到人际关系组织理论所包含的丰富的公共意蕴。

（1）人本管理思想

人际关系理论提出人是组织发展的力量之源，它确立了组织中人的主体性地位，并且首先蕴含了"人本管理"思想。在古典理性组织的模式下，人们普遍认为人的行为要受到被管理层操纵的外部力量的影响。实际上，与此观念相反，人际关系理论将个人的情感和欲望置于优先地位，认为人的价值观有时可以优先于组织的价值观，这是一种更加人性化的价值取向，是与古典理性组织模式针锋相对的观点。

霍桑实验从结论上"使管理者和学者开始注意作为社会成员的工人的自身需要问题，从而使工人（而不是工作或生产指标）成了人们注意的中心"。可以说，霍桑实验揭示了一个以往为管理界所忽视的客观事实，即组织中只有人的力量是无穷无尽的、不断增值的和战无不胜的；它同时也庄严地宣布了一条不可违背的客观规律，即只有全面实施"人本管理"，管理者才能胜任管理，组织才能赢得管理。回顾霍桑实验可以让人们坚信，人是组织的力量之源，必须从观念到行为都确立人的主体地位。因此，以梅奥为代表的霍桑实验引起了一场组织管理的变革，组织管理者必须集中全力来研究一个新的研究对象——人，这就从理论上真正确立了组织中人的主体地位，使组织中人的角色从管理客体向管理主体转换。所以，组织及其管理者应该实现管理观念的更新、管理方式的更改、管理重心的转移，千方百计地调动组织中人的积极性、主动性和创造性，激发人的潜能，想方设法提高人的智商和情商。处于组织中的人是有思想、有情感、会思考的活生生的社会成员，而不应该被当作古典组织理论中所说的组织中的一台人造机器；管理不应该是组织对人有限力量的无度消耗，而应是对人无限潜能的开发和培养，它奠定了现代人力资源管理的思想基础。

人际关系理论重视人的要素，体现了管理中"人本"的思想。从这个意义上说，人际关系理论被视为现代管理理论中对古典管理理论的有益的补充，它使管理理论更具人本化色彩。这一理论通过研究人的行为和人的思想，为大规模的现代组织的长远发展提供了有力的理论依据。但是，过分强调人际关系理论的重要性也会出现问题，它会使组织缺乏理性分析、缺乏客观评价，使组织决策失去准确性、稳定性、可靠性和纪律性，也会给组织带来严重的损害。

来自批评者的观点认为，人际关系组织理论存在仅考虑个人而忽略组织整体的偏颇，犯了与传统组织理论相反但却同样致命的错误。传统理论只考虑组织而不考虑个人，人际关系组织理论只考虑个人而没有考虑到组织，这样就无法通过解释个人或个人之间小团体的态度和行为来对组织进行解释。人际关系理论没有给予足够重视的是，技术日新月异的发展和管理模式的日趋成熟化导致了员工的恐惧与不安。同时，人际关系学者似乎都在回避组织内的权力问题，他们乐于从最为物质的层面去理解互动关系，而没有考虑到社会政治统治的等级体制，他们能够解释自发的领导角色的出现，但却不能解释高层和高层中的权力争斗对权威带来的影响。

（2）社会人的合作体系

讲求社会人的组织不仅需要具备技术上的专长性，还必须是有效率的合作体系，组织的管理由此从重视技术的视角转向人与人的合作。梅奥通过霍桑实验发现组织中不仅存在正式组织，还普遍地存在非正式组织，并得出结论：非正式组织的情绪和协作对完成组织目标和实现心理满足方面产生着至关重要的影响。这个结论与公共行政学创始人伍德罗·威尔逊的一句名言如出一辙，即实现最高效率的最佳形式是让自由的人自觉地合作。梅奥关于非正式组织及关于加强团队合作的思想在当时的时代背景下是深邃的、实事求是的。作为竞争的对立面，合作是增添组织发展动力的一种重要形式，合作的同时相互肯定别人的能力，也努力为别人增强能力创造条件。因而，虽然“合作者并不是在各种类型的任务中都一贯地占优势，但在那些要求群策群力和分享信息的任务中，他们的效率特别高”。合作在管理实践中是一种组织力和黏合力，是职员群体力量的放大。合作的优势在于使组织的力量通过管理而系统化，从而提高组织的整体效能。从这个意义上讲，合作既是组织的目标，也是每个组织成员尤其是管理者的重任。所以，有效管理者的任务就在于协调并达成组织的通力合作。

梅奥还认为，科学管理时代的组织理论完全忽视了人与人之间的合作问题，这虽然有些片面，但却是受当时社会的自然状态影响的结果。然而，时代在发展、在进步，社会中的人应该是合作的，而不应是被分解的个人的群体。如果没有合作，人就处于非正常状态；如果没有组织，也就不能有合作。所以，任何组织不仅必须具备技术上的专长性和有效性，还必须是有效率的人的合作体系。

虽然霍桑实验是以工业化的企业组织为主要研究对象的，但梅奥等人对人际关系组织理论的思考已超出了企业组织的界限。根据霍桑实验，梅奥指出，在工业化之前的社会中，地区和血缘关系形成了人们共同的纽带，并通过这些纽带来测量社会是否安定。随着工业化的发展，在科学管理理论的作用下，工作日益专门化，劳动趋于机械化，社会分工普及化，梅奥具体引用了法国社会学家杜尔克姆对社会状况的描述，认为社会分化的时代也是个人与社会合作的希望日益减少的时代。由此，正式组织中的人就从非正式组织中重新寻找新的共同体纽带，并确立起与效率、理性背道而驰的非正式组织原则和观念。

除此之外，梅奥还提出了有关人群协作的论点。为了发展这一观点，他从埃米尔·迪尔凯姆那里借用了有关社会的“反常状态”的论述作为基本前提。“反常状态”一词来源于希腊语，即没有标准。梅奥借用这一“反常状态”来说明工厂的制度化和工业化过程所造成的社会差距。他指出，技术指向型社会的进展过于强调工程技术，衡量工作成绩的标准是以讲求效率的经济逻辑为基础的。对于效率逻辑的过度强调，窒息了个人获得团体认可和社会满足的愿望，以及通过公共生活达到社会目标的愿望。梅奥基于他所接受的教育和他的经验，对此做出了全新的解释：人的问题在于，管理者认为工业问题的答案在于通过技术来提高效率，而事实上它是一个社会和人的问题。所以，组织不仅是技术系统，更是社会人的合作体系。人，只有存在于社会关系之中的人才使技术的存在发生意义，这实际上表达了社会组织研究面对经济和技术社会的发展带来的困境而深刻反思人的存在价值的一种努力。

（3）组织文化——寻求效率逻辑与感情逻辑动态平衡的途径

发现非正式组织的存在是梅奥人际关系组织理论的重要贡献。怎样消除非正式组织施加于员工身上的负面影响也是组织管理者必须正视的一个问题。只有个人、集体、组织三方利益保持均衡时，才能最大限度地发挥个人的潜能。培养共同的价值观和创造积极向上的组织（企业）文化是协调组织内部各利益群体关系、发挥组织协同效应和增加组织凝聚力最有效的途径。

信息传播有两个途径：正式组织（强调效率逻辑）和非正式组织（强调感情逻辑）。前者是建制型的，故主要传递官方信息；后者是非建制型的，故主要传播非正式的文化信息。梅奥等人认为，未能充分认识到非正式组织的存在是古典组织理论的最大缺陷，从而忽略了非正式组织对组织的有利作用。对现代人来说，非正式组织是依据组织中那些不成文的利益或关系组织起来的团体，所以它成为各种文化信息传播的隐蔽渠道，组织中的文化网络也因而形成。

可以看出，霍桑实验的结论中也提到了尊重、参与、协作的团队精神。员工的积极参与和协作是相互尊重的必然结果。我们知道，现代管理越来越注重团队这一概念，团队合作成为20世纪90年代管理领域的流行理念，也是组织文化的基本精神所在。霍桑实验所构建的理论实际上已形成一个团队应具有的基本特征的雏形，它所蕴含的组织文化建设是寻求效率逻辑与感情逻辑动态平衡的有效途径的思想精髓。第二次世界大战以来，员工更多地通过参与来获得民主的理念和技术已被人们纳入了大型组织的管理决策模型中，并在这一方面取得了很大的进步。“有意思的是，有关组织生活的更加人性化的观念似乎应该产生于讨论公共管理而不是私营企业管理的著作中，而事实却恰恰相反：后来被称为人际关系学派的主要动力来自企业行政和工业心理学。只是在最近，公共行政学者才开始利用人际关系学派及其相应观点中的思想并补充了他们自己独特的视角。”

美国雅米尔·吉瑞赛特也持有同样的观点：事实上，人际关系理论对企业组织产生的影响要比它对公共行政产生的影响大。企业组织在管理态度上经历了一个逐渐修正的过程，一些理念（如决策、改善工作环境、安全、赞誉、满意程度、工作积极性和额外收益等方面的工人参与）已经被整合到了当代管理词典中，诸如职员参与的质量管理委员会等形式也日趋完善。然而，近年来，在公共组织中根基于人际关系视角的组织进程只赢得了人们有限的接受，诸如组织发展、团队建设、职务充实及参与领导等。但这并不是说公共部门丝毫未受到人际关系理论的影响，相反，政府职员在许多机构已经有了参与机会。事实上，问题在于人际关系理论对公共行政实践的影响从整体上看是偶然的、间接的。公共管理机构的管理者在不同的环境中工作，受到官僚体制的影响，受法律法规的约束，存在于权威等级秩序之中，统治、治理与服务理念在不同的部门中以不同的姿态出现，这些也阻止了政府中人际关系理念和技能的大范围采纳。

公共行政的某些特征也常被曲解。“组织民主”是政治上和行政上追求效率而非讲求集权。民主政治理论自身强行认定了公共行政体系中官僚行政的某些备受批判性的特征，这种类型的进程就其固有特征来看是与管理民主不一致的，它设想员工以自我管理或完全参与决策的方式分享权力。组织民主化导致了管理的责任和义务越来越重，并且创造了一种彼此互惠的环境以取代如下信念：工作部门成员之间的联系的正规等级制度比起共同参与的管理而言更鼓舞人心，同时给予行政人员以更多的刺激乃至更大的工作热情，尽管有时对于行政人员而言可能意味着丧失某些独创精神，因而也会产生经常性的沮丧，从而影响公共行政的效率与公平价值的实现程度。

总之，人际关系理论令管理的知识和技能更加丰富。在当代组织的人力资源管理中，这些知识和技能都能得到较为广泛的应用。人际关系理论强调个人发展自我价值，在管理他们时员工的参与和协作会发挥很大的作用。这些管理技术都不同程度地被整合到了当代的管理当中。但是，像古典组织理论一样，人际关系组织理论也具有某种概念化、意识形态化和教条化说教的特点，它与组织管理现实还存在一定差距，它所提出并使用的概念主要关注的焦点是组织中人与人之间友好、诚实、合作与自我价值实现的理想式的互动（互惠）关系，这主要体现出管理以人为本的特点。不过，其理论假设是建构在比较抽象的“社会人”概念基础上的，他们所推崇的“合作性的平衡”也只是一种理想的人的存在状态，对于现实中纷繁复杂的矛盾与对立现象缺乏足够的解释力。同时，它对于人性化的组织与管理也缺乏有说服力的具体设计与制度性安排，而其经验性的思维方式并没有超越古典理论的理性思维框架。所以，人际关系理论提供给我们的主要是一种组织管理哲学的信仰。

1.3.2　现代管理理论的新发展

20 世纪中叶以来，科技迅速发展，人类社会逐渐进入了知识经济、信息社会时代。这个时代的重要特征是知识和信息的更新速度越来越快，世界因此而多变。所以，管理科学也必须与时俱进，不断发展。

1．战略管理

（1）战略释义

战略最初只应用于军事领域。从词义学上看，战略是一个复合词，是“战+略”，是对战争谋略的简称，或者说人们把战争谋略简称为战略。把战略的含义用于政治、经济领域，就形成了政治战略、经济战略；用于企业领域，就称为企业战略。

（2）战略与战术的关系

战略与战术是相辅相成的两个概念，谁都离不开谁。战略是相对于战术而言的，战术是相对于战略而言的。理解了战术，战略也就容易理解了，反过来也一样。

但它们又有所不同，区别有三：一是战略针对整体性问题，战术针对局部性问题；二是战略针对长期性问题，战术针对短期性问题；三是战略针对基本性问题，战术针对具体性问题。

具体来说，战略是组织为了生存和发展，在分析外部环境和内部条件的基础上，对组织全局性、长远性的重大问题进行的谋划，是关于组织长远利益的谋划。

那么，什么是战略管理呢？战略管理是对组织活动实行的总体性管理。战略管理的任务是为实现组织的战略目标而进行的战略制定、战略实施、战略控制和战略评价，其实质是动态管理、整体管理与全面管理。战略管理是一种管理思想和管理方式。

战略在管理中应用主要是安索夫的贡献。美国的安索夫于 1965 年发表了“企业战略”，后来又发表了“战略管理论”，此后“战略”这个概念就开始在企业领域使用了。这是一次重大的理论创新。40 年来，全球企业战略管理实践活动蓬勃发展，与安索夫的理论创新是分不开的。

2．人力资源管理

（1）什么是人力资源

人力资源是与自然资源或物质资源相对应的、以人和生命为载体的社会资源。从广义上讲，智力正常的人都是人力资源。从狭义上讲，人力资源有以下不同的解释。

1）人力资源是指在一定领域内拥有劳动能力的人口总和。

2）人力资源是指能够推动社会和经济发展的具有智力和体力劳动能力的人的总称。

3）人力资源是指一切具有为社会创造物质文化财富、为社会提供劳务和服务的能力的人。

4）人力资源包括劳动者的体质、智力和能力、文化教养和受教育程度、思想觉悟和道德水平。

（2）人力资源的特点

1）人力资源是一种可再生的生物性资源，具有社会性。人力资源以人身为天然的载体，是一种活的资源，并与人的自然生理特征相关联。这一特点决定了在人力资源的使用过程中必须把工作环境、工伤风险、时间弹性等非经济和非货币因素考虑在内。其社会性表现为人力资源只有在一定的社会环境和社会实践中才能形成、发展和产生作用。

2）人力资源是在经济活动中居于主导地位的能动性资源。

3）人力资源是具有时效性和连续性的资源。人力资源的时效性表现在：① 人的生命过程的不同阶段有着不同的心理和生理特点，人力资源作用的发挥也有不同的最佳期；② 作为人力资源重要组成部分的知识和技术是人们实践经验的产物，具有一定的时间性。人力资源的连续性表现为知识的连续性和技术的连续性。

4）人力资源具有有限性和无限性。一个人的生命是有限的，但人类代代延续，知识代代传授，是无限的。

5）人力资源是一个运动过程。人力资源始于开发，经过配置而终于使用。而管理贯穿整个运动过程，是人力资源有效开发、合理配置、充分使用的基本保障。

（3）人力资源管理的内容和任务

人力资源管理是指对全社会或一个企业的各阶层、各类型的从业人员从招工、录用、培训、使用、升迁、调动直至退休的全过程的管理。

人力资源开发是人力资源管理的重要内容。人力资源开发主要指国家或企业对所涉及范围内的人员进行正规教育、智力开发、职业培训和全社会的启智服务，包括教育、调配、培训、使用、核算、周转等过程，为全社会提供源源不断的各类人力资源。

人力资源管理的任务是：① 预测人力需求，研究人才的合理布局；② 做好招工录用工作；③ 认真搞好在职培训；④ 认真分析影响人的重要性的基本因素；⑤ 善于识别人才；⑥ 关心职员的劳动报酬及分配；⑦ 创造和谐、安定向上的用人环境。

3. 知识管理

在当今的知识经济时代，企业成功的关键在于创新、积累和使用知识，知识管理也相应地成为企业各项管理活动的核心。

（1）知识管理的概念

知识管理即在知识经济时代，组织围绕发展，以人为本，对知识进行控制、开发和利用的过程，是立体式、多学科、多维式科学决策的一种管理方法。近年来，以智力资产作为管理内容的知识管理不断调整、改进，形成许多新的发展方向。

企业中，知识管理是指获取集体的知识或技能，然后将这些知识或技能传递给知识需求者，以帮助企业实现最大产出。

知识管理应从理念的创新开始。只有实现理念创新，制度创新和组织创新才有可能成为现实，系统的结构才能真正得到优化，管理的效能才能实现真正的最大化。

（2）知识管理必须与时俱进、开拓创新

1）知识经济时代要求管理必须创新。在知识经济时代，创新能力的基础是知识，知识的创造速度和数量空前增大，知识的传播速度和更替周期空前加快，知识创新的方式也更加多样化。知识创新成为决定企业竞争力强大与否的关键要素，作为一种强大力量的知识正决定着组织未来的命运、改变着未来世界的格局。正如美国管理学家维娜艾莉在《知识的进化》中所写，信息时代之前的旧方程式是“知识=力量——所以保存它”。为了个人利益，管理者和工人掌握并使用新知识、新信息，进而获得力量。而在信息时代，知识爆炸，技术性知识的激增使得旧方程式不再适用，没有人能成功地保存知识，知识会在几小时、几天、几星期，最多几个月内贬值。进一步讲，封锁知识的企图将妨碍系统赖以生存的信息交流，使之丧失自我组织和自我更新的能力。如今，新的知识方程式是“知识=能力——所以共享它并使它倍增”。这是信息时代的现实。管理创新即要把创新渗透于管理的各个过程之中，不断进行观念创新、制度创新、市场创新，进而实现组织价值和管理效能的最大化。

2）创新是组织生命活力的源泉。作为一个开放系统的组织，只有不断地与周边环境进行物质、信息和能量的交换，才能保持对环境的适应性，才能保持组织的活力，才能在激烈的竞争中不断创新和发展。管理创新要求组织对环境变化做出积极回应，不断盘活内部资源。然而，传统的管理理念过多地强调对组织内部环境的控制，忽视了组织与环境的互动，结果严重地制约了组织的应变力和竞争力。例如，在传统的计划经济体制向现代市场经济体制转型的过程中，我国部分国有企业遇到很大困难、面临严峻挑战，其原因是多方面的，但缺乏对市场环境激烈变化的积极回应、对经济全球化背景下企业的功能和结构定位缺乏清醒的判断与认识、对知识经济时代企业的管理理念和体制安排缺乏适应性的创新是主要原因。所以，管理组织必须创新。

3）创新是未来管理的主旋律。时代呼唤知识管理创新。“管理是一种权力”，“管理就是控制”，这些是传统管理理念的声音，管理者被视为“组织和企业的大脑和智慧的化身”。组织内部呈现出的“金字塔式”的管理结构遏制了创新，随之而来的是组织的僵化、封闭和停滞，严重地制约了组织的发展。从最早的以标准化、程序化设计为主的美国“泰勒制科学管理”、法国“法约尔的组织管理”，到后来美国的马斯洛、麦格雷戈的“行为管理”等，实际上都是“金字塔式”的“他控式管理”理念的沿袭，必将被现代的“扁平化”的“互动式知识管理”理念所取代。因此，管理创新的首要使命将是围绕着知识管理进行组织设计和体制安排，为充分发挥知识工作者的个性和创造力提供制度平台。管理者应视知识工作者为最重要的财富和组织生存的根本，营造出一种尊重人、关心人、信任人的舆论氛围，进而推动知识创新与共享的实现。

（3）知识管理必须体现先进文化

1）管理必须坚持正确的价值导向。知识经济时代的管理是科学的管理，体现的是先进文化及价值导向。价值是一个组织的灵魂，也是组织个性化的反映。它一般包括三方面内容，即组织存在的意义、价值标准和价值实现方式。没有明确而科学的价值作为导向，组织就会迷失前进的方向，组织成员就不会产生对组织的忠诚感与认同感。组织是由一个个有生命的个人组成的有机整体，每个人也都有自己的认知、情感、需要、信仰和价值取向。如果个体的个性内容能够得以伸展，潜能得以开发，他们就会产生莫大的成就感和归宿感，进而就会把自己的行动和组织的绩效紧密地联系起来，实现组织的最大价值。反之，如果个体的利益诉求、价值取向与组织相背离，将影响组织管理效能的最大化。

2）管理必须提高人的科学知识水平。随着知识经济的深入发展，对知识的管理和对知识工作者的激励将成为管理的核心任务。因此，提高管理中的文化含量、实现组织和个人的价值融合就成为未来组织面临的一项紧迫课题。这就要求组织或企业的主流价值文化必须具有包容性、开放性和差异性。管理中的文化理念就是解决组织价值和成员价值的一致性问题，以价值关怀来调动组织成员的积极性、主动性和创造性，使之与组织结成命运共同体，以此回应环境变化给组织带来的挑战。只有这样，面对各种思想、价值的激荡和渗透的组织才能形成灵活、柔性、合作、共享的管理机制，为知识的开发和共享创造条件。

3）管理必须促使人的全面自由发展。传统的管理理念更多的是强调组织价值和组织目标，把人完全看成被管理的对象，忽视了组织成员的个体价值和目标，忽视了组织价值和个体价值的融合，忽视了人的个性的激励和潜能的开发，最终导致管理效能的下降。组织存在的意义实际上就是组织为什么要创造价值，创造什么样的价值，怎么去创造价值。为组织成员提供价值取向是组织必须承担的一项任务，使人的素质得到全面提高、人的能力得到充分发挥、人的社会关系得以日益丰富、人与自然的关系得以和谐、人的个性得以充分发展、人的需求不断地得到满足，这是组织存在的基础，也是动员组织力量、整合组织资源的保证。

（4）知识管理必须“用知识开发知识”

1）知识经济时代的管理必须把知识改变组织命运的理念渗透于管理的全过程，“以知识开发知识”是时代发展的必然。未来最成功的企业将是“学习型组织”。因为组织在未来唯一持久的优势是要有比竞争对手学习得更快的能力。谁拥有前沿知识，谁就能占有竞争的制高点。世界著名的跨国公司（如 IBM、微软、可口可乐等）都已建立了比较完备的知识开发系统和与此相适应的人才开发全球战略，并将其看作保持全球竞争优势的支柱所在。展望 21 世纪，拥有终身学习的理念和机制，建立多元化反馈和开放的学习系统，形成学习共享和互动的组织氛围，使工作学习化、学习工作化，在学习中不断超越能力边界，这将是未来管理发展的大趋势。

2）知识经济时代的管理必须把知识最大限度地转化为生产力。20 多年前，美国管理学家彼得·德鲁克就已经注意到了知识经济的重要性，提出了管理就是“用知识开发知识”的理念。利用知识把现有知识最大限度地转化为生产力，这个过程实际上就是我们所说的“知识管理”。知识管理是继工业经济时代泰勒的科学管理之后的又一管理革命，是对传统的管理理念的反思和超越。其核心理念就是要连接起组织系统与信息、信息与活动、信息与人，实现知识共享，运用集体智慧和创新能力，赢得组织的核心竞争力。

3）知识经济时代的管理必须发挥人的创造力。人是社会生产力中最活跃、最革命的因素。传统的管理理念中，资本、设备、劳动力、权力常常被视为最重要的组织资源，认为管理就是对这些组织资源的内部配置，而对知识的开发、整合与共享没有给予应有的关注，对那些拥有知识并知道如何利用知识提高效率的知识工作者也没有给予应有的关怀和重视。知识经济时代将大大突破那种传统管理模式的羁绊，开启知识管理的新时代。管理所做的一切，就是提高知识工作者的生产率。在知识经济时代，无论营利组织还是非营利组织，最宝贵的资源不是它的固定资产，而是它的知识工作者。彼得·圣吉在其名著《第五项修炼》中提到，在全球竞争风潮中，人们日益发觉 21 世纪的成功关键与 19 世纪和 20 世纪的成功关键有很大的不同。过去，低廉的天然资源是一个国家发展的关键，而传统的管理系统也是被设计来开发这些资源的。然而，这样的时代已离我们而去，充分发挥人们的创造力已成为管理所要努力的重心。在知识经济时代，必须实现知识管理，管理理念也必须与时俱进、开拓创新。

4．组织形象管理

当今的企业竞争不仅局限于资本、技术之间的竞争，更表现为形象管理的竞争。良好的企业形象已成为企业发展的重要因素。有专家断言，形象经济时代正在来临。

（1）形象力是企业的重要支撑

随着市场主体的增多和行业竞争的加剧，企业的形象建设已成为企业经营活动的重要内容。任何一家企业要生存，都要参与市场竞争，企业形象的塑造已成为基本手段之一。

企业在市场中的竞争力决定着企业的生存状况和持续性，而企业竞争力需要靠科技力、营销力、形象力三力来支撑。科技力是企业的科技水平和产品开发能力的集中体现。它是产品质量的根本保证，失去了科技力就失去了竞争的物质基础。营销力是指企业的市场网络建设和市场开拓能力。形象力是企业形象和产品形象（企业及其产品）对公众的综合吸引力。提高企业的形象力就是要培养企业更多的崇拜者。科技力、营销力和形象力呈三足鼎立之势，相得益彰。三者的核心是形象力的竞争，因此提升企业形象力无疑是提升企业竞争力的关键。

（2）形象塑造的四大策略

1）资源个性化——形象要素的整合。作为生产资料之一的“资源”在传统经济中占有重要位置。“资源”对“形象”有很直接的影响和制约作用，如“山清水秀”和“穷山恶水”就是两种截然不同的形象写照。从这个层面来理解，“资源”和“形象”之间有着必然的因果关系。但是，企业的哪些资源可以成为形象要素呢？“形象经济”概念涉及的资源并不完全是具有共性特征的资源，而是更关注它的非共性部分，即资源的“个性化”部分，尤其是与消费者的核心需求相对应的资源。例如，北京九彩罗彩棉产业有限公司的资源如下：拥有国家第一个获得环保局“绿色认证”的“九彩罗”彩棉品牌，拥有“彩棉杂交育种方法”、“天然彩色棉织物处理工艺”等五项技术专利，拥有国内最完整的彩棉科研体系和彩色长绒棉等国际先进水平的彩棉品种，已经被科技部列入国家级“火炬计划”示范企业。占有这些资源对企业的形象塑造具有重大意义，能够塑造“零污染”、“高科技”、“高档形象”的企业形象。“资源个性化”的实质是强调“资源”在横向比较中表现出的独特性和形象性，突出“资源”的形象效应，从而使“资源个性化”这一在传统经济中并不直接影响经济的因素成为形象经济中重要的“生产力要素”。

2）概念商品化——形象价值的体现。这里强调的是概念商品化而不是商品概念化。两者有联系，但也有区别。概念商品化强调的是产品品牌如何转化为商业品牌。

通常情况下，概念只是一种说法、想法的概括性表达。但一个无形的概念却可能为市场所接受，形成买卖双方之间的交易或转让。在形象经济的体系中，“概念”的商品化趋势正日益地彰显出来。在市场经济中，“概念”成为商品、“概念”主导营销的事实在今天已经比比皆是。“概念”不但可以成为商品，还可以造就一个组织、一个产业、一种经营模式，或者一支牛气的股票。

3）品牌资本化——形象价值的拓展。在传统经济的概念中，品牌并不是资本，至少没有明确并普遍地被认做资本。但在今天，品牌可以作为资本已经成为一种比较普遍的认识。

品牌资本化实际上是品牌价值的整体表现。品牌价值是多方面的，有社会价值、经济价值、经营价值、管理价值、文化价值等。而就其性质而言，这些价值实际上都可以归纳为形象价值。社会公众是通过对品牌的形象认知获得对品牌价值的了解的。没有形象，就没有认知；没有认知，当然也就无所谓品牌。物质产品和精神产品都要讲究品牌。

迄今为止，品牌资本化的运行模式始终伴随着极为明显的形象印记——品牌资本的量化评估既是对企业品牌资本增值的一种认定，更是企业品牌形象效应的一种全面扩展和提升。

在品牌资本的管理运行方面，品牌资本的作股和转让等也几乎是品牌形象的社会效应在经营管理方面的具体体现。

品牌资本的社会认定是一种极为普遍的现象，而它也最能说明品牌资本的核心内涵始终是品牌在公众中的形象效应。在时尚服装消费中，品牌的形象效应最为突出。在这一领域，品牌资本最明显地体现出品牌本身的价值。

4）传播市场化——形象传播的策略。形象营销的核心其实是一种传播的概念。从形象经济的观点分析，传播也是生产力。在传播行为的实施和作用过程中，相关的生产关系和生产价值都将随之发生变化，因此传播是一种有别于其他生产力的生产力。换句话说，传播可以直接形成生产力，而且很大程度上形成的是一种综合生产力。

总之，实现形象塑造、形象管理，增强企业竞争优势，这是当今企业面临的长期话题。

自测题

一、名词解释

管理　组织　技术技能　人际技能　概念技能

二、单项选择题

1.（　　）是科学管理之父。

A．梅奥　　B．泰勒　　C．法约尔　　D．霍桑

2．企业的重要支撑是（　　）。

A．形象力　　B．科技力　　C．营销力　　D．创造力

3．组织是由两个以上的人、（　　）和特定的人际关系构成的。

A．群体　　B．目标　　C．组织结构　　D．管理者

三、多项选择题

1．管理者的角色包括（　　）。

A．人际角色　　B．信息角色　　C．管理角色

D．领导角色　　E．决策角色

2．管理者的技能包括（　　）。

A．技术技能　　B．人际技能　　C．管理技能

D．领导技能　　E．概念技能

3．霍桑实验的主要内容有（　　）。

A．群体实验　　B．照明实验　　C．谈话实验

D．角色实验　　E．福利实验

四、判断题

1．管理的目的在于实现组织的效率。（　　）

2．工作定额原理是由泰勒提出的。（　　）

3．法约尔是从企业的经营活动中提炼出管理的五项职能的。（　　）

五、简答题

1．简述双因素理论的内容。

2．什么是管理？管理的本质有哪些？

3．简述科学管理理论的主要内容。

案例分析

案例 1　如何看待管理学的科学性

李强是国内某著名电器企业集团所属的电子研究所的高级工程师，他与所长王华是老朋友，经常在一起讨论问题。最近一个多月来，集团组织高层管理人员参加企业高级管理研讨班，请著名的专家学者来做讲座，以提高集团整体的管理水平。这天，王华刚从研讨班学习归来，就碰到了李强，两人又聊了起来。李强说："我觉得管理学与其说是一门科学，不如说是一门艺术，因为它没有科学基础。拿我现在做的工作来说，我正在设计一套人工模拟系统，我知道自己在做什么，也知道自己该怎么做，因为我有电子学、工程学、计算技术和其他可以利用的科学知识。可是，作为这个项目的总负责人，能否做好整个项目的管理工作，我就没多少把握了。因为没有管理的科学理论来指导我。"王华说："我记得你曾经向我借过两本管理学方面的书，看完没有得到什么启发吗？"李强说："我是看过几本管理方面的书，我的印象是，管理人员必须在一个封闭系统的基础上进行管理，管理人员能够做的也就是亲切地同他的下属人员商量每件小事，同时制定严格的规章制度、工作程序，使下属人员不会做错。我看不出管理有更多的科学。现在有那么多管理学书本、文章，有那么多管理学派和理论，莫衷一是。与数学、物理学这些精确的科学相比，管理学远不能称为科学。"听了李强的一席话，王华很吃惊。因为在一个多月的研讨班学习期间，专家学者们不断地强调管理知识如何有用、如何重要。但是他认为李

强说的又确实有道理。该怎么回答他呢？

问题：

（1）如果你是王华，你会如何答复李强？

（2）你认为管理学怎样才能更科学？

案例 2　松下崛起的秘密

松下电器的产品在世界市场上早就闻名遐迩，被企业界誉为“经营之神”的松下电器创始人松下幸之助，也因畅销书《松下的秘密》而名扬全球。现在，松下电器已被列入世界 50 家最大公司的排名之中，由此可见其实力之雄厚，企业王国之庞大。在不到 10 年的时间内，松下电器的业务量快速发展，成为日本电器行业的领导者。松下电器之所以能有今天，是和松下先生管理有方、经营得法分不开的。

1．精神价值观

可以说，松下电器获得成功的一个重要因素是“精神价值观”。在解释“松下精神”时，松下幸之助有一句名言：“如果你犯了一个诚实的错误，公司是会宽恕你的，把它作为一笔学费；而若你背离了公司的价值规范，就会受到严厉的批评，甚至被解雇。”正是这种精神价值观的作用，使得松下电器这样一个机构繁杂、人员众多的企业产生了强劲的凝聚力和向心力。NATIONAL 不仅是松下电器的一个品牌，而且成为日本产品形象和经济起飞的象征。

2．提案奖金制度

松下电器建立的“提案奖金制度”也是很有特色的。公司不仅积极鼓励员工随时向公司提建议，而且由员工选举成立了一个推动提供建议的委员会，在员工中广泛号召，收到了良好的效果。仅 1985 年 1～10 月，公司下属技术工厂的 1 500 名职员提交提案达 75 000 多个，平均每人 50 多个。公司对每项提案都予以认真的对待，及时、全面、公正地组织专家进行评审，视其价值大小、可行性与否，给予不同形式的奖赏。

3．人情味管理

松下幸之助经过常年观察研究后发现：按时计酬的员工仅能发挥工作效能的 20%～30%，如果受到充分激励则可发挥 80%～90%。于是松下先生十分强调人情味管理，包括合理的感情投资和感情激励，如拍肩膀、送红包、请吃饭等。

问题：

试分析松下先生的管理之道。

第2章 管理环境

学习目标 掌握管理环境的基本定义与内容；了解外部环境和内部环境的内容；理解组织文化的含义与构成。

引导案例

海尔的腾飞

崛起与发展：从濒临倒闭的集体小厂发展壮大成知名的跨国企业

海尔集团创立于1984年，创业27年来，海尔坚持创新精神，已经从一家濒临倒闭的集体小厂发展成为拥有8万多名员工、2011年营业额1 509亿元的全球化集团公司。

1984年，海尔只有一个型号的冰箱产品，目前它已拥有包括白色家电、黑色家电、米色家电、家居集成在内的86大门类、13 000多种规格的产品群。在全球，很多家庭都是海尔产品的用户。

海尔发展战略创新的四个阶段

1. 名牌战略发展阶段（1984—1991）：要么不干，要干就干第一

20世纪80年代，很多企业引进国外先进的电冰箱技术和设备，包括海尔。那时，家电供不应求，很多企业努力扩大规模，只注重产量而不注重质量。海尔没有盲目提升产量，而是严抓质量，实施全面质量管理，提出了“要么不干，要干就干第一”的战略。当家电市场供大于求时，海尔凭借高质量的产品赢得竞争优势。在这一阶段，海尔专心致志做冰箱，在管理、技术、人才、资金、企业文化方面有了可以移植的模式。

2. 多元化战略发展阶段（1991—1998）：海尔文化激活“休克鱼”

90年代，国家政策鼓励企业兼并重组。海尔以“海尔文化激活休克鱼”的思路先后兼并了国内18家企业，使企业在多元化经营与规模扩张方面进入了一个新阶段。当时，家电市场竞争激烈，高质量已经成为用户的基本要求。海尔在国内率先推出星级服务体系，当家电企业纷纷打价格战时，海尔凭借差异化的服务赢得竞争优势。在这一阶段，海尔开始实行OEC（Overall Every Control and Clear）管理法，即每人每天对每件事进行全方位的控制和清理，目的是“日事日毕，日清日高”。这一管理法也成为海尔创新的基石。

3. 国际化战略发展阶段（1998—2005）：走出国门，出口创牌

90 年代末，中国加入 WTO，很多企业响应中央号召走出去，但出去之后非常困难，又退了回来。海尔认为走出去不止为创汇，更重要的是创中国自己的品牌。因此海尔提出“走出去、走进去、走上去”的“三步走”战略，以“先难后易”的思路，首先进入发达国家创名牌，再以高屋建瓴之势进入发展中国家，逐渐在海外建立起设计、制造、营销“三位一体”的本土化模式。在这一阶段，海尔推行“市场链”管理，以计算机信息系统为基础，以订单信息流为中心，带动物流和资金流的运行，实现业务流程再造。这一管理创新加速了企业内部的信息流通，激励员工使其价值取向与用户需求相一致。

4. 全球化品牌战略发展阶段（2005—）：整合全球资源创全球化品牌

互联网时代带来营销的碎片化，传统企业的“生产—库存—销售”模式不能满足用户个性化的需求，企业必须从“以企业为中心卖产品”转变为“以用户为中心卖服务”，即用户驱动的“即需即供”模式。互联网也带来全球经济的一体化，国际化和全球化之间是逻辑递进关系。“国际化”是用企业自身的资源去创造国际品牌，而“全球化”是将全球资源为我所用，创造本土化主流品牌，两者之间有质的不同。因此，海尔整合全球的研发、制造、营销资源，创全球化品牌。在这一阶段，海尔探索的在互联网时代吸引顾客的商业模式就是“人单合一双赢”模式。

海尔的成功

据中国最权威的市场咨询机构中怡康统计：2012 年，海尔在中国家电市场的整体份额已经达到近 30%，依然保持第一。其中，海尔在白色家电市场上仍然遥遥领先，且优势更加突出；在小家电市场上表现稳健，以 16%的市场份额蝉联小家电市场冠军。在智能家居集成、网络家电、数字化、大规模集成电路、新材料等技术领域处于世界领先水平。“创新驱动”型的海尔集团致力于向全球消费者提供满足需求的家电解决方案，实现企业与用户之间的双赢。目前，海尔累计申请专利突破 7 000 项（其中发明专利 1 234 项）。在自主知识产权基础上，海尔主持或参与了 115 项国家标准的编制修定，制定行业及其他标准 397 项。海尔“防电墙”技术正式成为电热水器新国家标准，海尔空调牵头制定了“家用和类似用途空调安装规范”。在国际上，海尔热水器“防电墙”技术、海尔洗衣机双动力技术等六项技术还被纳入 IEC 国际标准提案，这证明海尔的创新能力已达世界级水平。

海尔人的目标是，进入世界 500 强，振兴民族工业！

问题：

分析海尔的内部环境和外部环境状况。

2.1　管理环境概述

任何组织都是在一定的环境中从事活动的，环境的特点及其变化必然影响组织活动的方向。环境研究就是通过分析组织活动的内外部影响因素，揭示活动规律，预测其未来变化，为组织活动方向和相关决策的选择提供依据。

环境是组织生存和发展的基础，环境变化往往是导致组织进行变革的一个最直接的因素。

随着时代的发展、科学的进步和全球化趋势的加剧，外部环境变化的速度越来越快，同时带动了各种内部因素的变化，这些变化对组织的影响程度也越来越大。因此，内外部环境是任何企业都不能忽视的问题。一个组织能否生存、发展并在激烈的竞争中取得成功，很大程度上取决于其能否很好地处理组织与环境之间的关系。

史蒂芬·P·罗宾斯将环境定义为对组织绩效具有潜在影响的外部力量和机构。因此，所谓管理环境是指，存在于组织内部与外部的、影响管理实施和管理功效的各种力量、条件和因素的总和。组织是与外部保持密切联系的相对独立的开发系统，组织的运行和发展不可避免地受到各种环境力量的影响。反过来，组织也可以影响环境。

2.1.1 环境对组织的影响

组织是一个对外开放的系统，因此组织与环境之间必然会经常发生各种各样的交流，环境也必然会给企业带来种种影响。

1. 环境是企业生存的基础

一个组织是否应该建立，这要根据其所在的环境、社会的需要和各种可能的条件来决定。离开社会的需要，组织的存在就失去了意义，符合社会需要而条件不具备，组织也无法组建。另外，组织开展工作，就必须筹集各种生产要素，这些都需要从环境中获得。这些生产要素的供给情况直接制约着企业的经营。而且，组织产出的各种有形和无形产品又必须输出到组织的外部，这样才能获取利益，从而维持和扩大其生产经营活动。

2. 环境对组织管理活动的影响

环境对组织的各种管理活动都会产生不同程度的影响。比如，外部市场竞争的加剧要求企业重新调整内部各部门的分工协作关系，以提高竞争能力；文化教育的普及和劳动力素质的提高要求企业领导者采取新的激励制度和措施，以满足员工的高层需求。所以，管理者必须对可能影响管理工作的各种因素加以识别，并做出反应。

3. 环境对组织效益的影响

对于一个组织来说，其管理工作的好坏和组织效益的高低取决于两个方面。一是良好的外部环境。国家政策稳定，市场发育健全，法律政策完善，这些都会促进组织的管理工作和效益的提高；否则，会造成管理工作的困难甚至混乱。二是管理者是否重视环境、适应环境，是否能根据环境的变化做出正确的决策。作为管理者，必须分析并把握环境变化的规律，认清环境中的机会和挑战，促进组织效益的提高。

2.1.2 组织对环境的适应和影响

环境对任何组织都有着不可忽视的影响力，但是组织也不能只被动地适应环境。环境是多变的，如果组织单纯被动地适应环境，它将永远无法跟上环境的变化。从环境的变化到组织识别这种变化并采取相应的措施存在时间差，即组织采取的措施往往要滞后于环境的变化。很多企业发现市场上某种商品畅销，便立即组织力量生产，等产品生产出来，却发现市场已经趋于饱和，结果造成生产能力的大量浪费。因此，组织必须设法主动地选择环境，改变甚至创造适合组织发展所需要的新环境。只有这样，才能在激烈的竞争中立于不败之地。一味地被动适应只能导致组织的灭亡，主动进攻才是最好的防守。

如果企业只能被动地适应环境，而不是将外部环境中的不确定性控制在可管理范围内，那么作为一个相对独立的开放系统，企业将无法保持其相对稳定的性质。实际上，企业是能够主动地适应环境的。如果企业具有主动地和适时地改变企业行为以便更好地适应环境变化的能力，那么组织对环境的依赖性就有一定程度的降低，企业就可以在主动适应环境的战略措施的保障下将投入转化为高效产出。

组织也可以反作用于环境，甚至可以影响环境。为了提高产品质量，企业会主动地到众多供应商之中去挑选，甚至主动地向供应厂家提供技术和管理人才，提供资金援助，进而获得高质量的原材料。目前，许多企业不惜巨资做广告，目的就在于刺激消费者对该企业产品的需求，改变市场环境。这些都是组织对环境影响的表现。

2.2　外部环境

一般来说，以组织为界限来划分，可以把环境分为外部环境和内部环境两大类。

组织外部的一切因素对组织的发展都会产生一定影响，因此它成为管理的研究对象。但这些因素对企业的影响方式又是不同的，影响程度也有深有浅。因此，我们需要分类进行分析研究。

外部环境按其对组织的影响方式不同可分为一般环境和特殊环境。通常，我们认为一般环境包含自然环境、经济环境、政治和法律环境、技术环境、社会文化环境等。特殊环境包括竞争者、消费者和供应商等。

2.2.1　一般环境

1. 自然环境

（1）自然环境的定义

自然环境是指企业所在地的自然资源与生态环境，包括土地、森林、河流、海洋、生物、矿产、能源、水源、环境保护、生态平衡等方面的发展变化。这些因素关系到企业确定投资方向、产品改进与革新等重大经营决策问题。自然环境可能决定某个企业对某项资源拥有垄断权。

（2）自然环境分析

随着人类社会的进步和科学技术的发展，世界各国都加速了工业化进程，这一方面创造了丰富的物质财富，满足了人们日益增长的需求，另一方面使企业面临资源短缺、环境污染等问题。从 20 世纪 60 年代起，世界各国开始关注经济发展对自然环境的影响，成立了许多环境保护组织，促使国家政府加强环境保护的立法。这些问题都对企业管理带来挑战。对管理者来说，他们应该关注自然环境变化的趋势，并从中分析企业管理和发展的机会和威胁，制定相应的对策。

1）自然资源日益短缺。自然资源可分为两类。一类为可再生资源，如森林、农作物等。这类资源是有限的，可以被再次生产出来，但必须防止过度采伐森林和侵占耕地。另一类为不可再生资源，如石油、煤炭、银、锡、铀等。这种资源蕴藏量有限，随着人类的大量开采，有的矿产已处于枯竭的边缘。自然资源短缺使许多企业面临原材料价格大涨、生产成本大幅度上升的威胁；另外又迫使企业研究更合理地利用资源的方法，开发新的资源和代用品，这些又为企业提供了新的资源和管理机会。

2）环境污染日趋严重。工业化、城镇化的发展对自然环境造成了很大的影响，尤其是环境污染问题日趋严重，许多地区的污染已经严重影响到人们的身体健康和自然生态平衡。环境污染问题已引起各国政府和公众的密切关注，这对企业的发展是一种压力和约束，要求企业为治理环境污染付出一定的代价，但同时为企业提供了新的营销机会，促使企业研究控制污染技术、兴建绿色工程、生产绿色产品、开发环保包装。

3）政府干预不断加强。自然资源短缺和环境污染加重的问题使各国政府加强了对环境保护的干预。各国政府都先后颁布了一系列有关环保的政策法规，这将制约一些企业的营销活动。有些企业由于治理污染需要投资，影响了其扩大再生产，但企业必须以大局为重，做到对社会负责、对子孙后代负责，加强环保意识，在营销过程中自觉遵守环保法令，担负起环境保护的社会责任。同时，企业也要制定有效的管理策略，既要消化环境保护所支付的必要成本，也要在管理活动中挖掘潜力，保证企业管理目标的实现。

2．经济环境

（1）经济环境的定义

经济环境是指构成企业生存和发展的社会经济状况及国家的经济政策。它是影响消费者购买能力和支出模式的因素，包括社会经济结构、经济体制、发展状况、宏观经济政策等。通常，衡量经济环境的指标有国内生产总值、就业水平、物价水平、消费支出分配规模、国际收支状况，以及利率、通货供应量、政府支出、汇率等国家货币和财政政策等。经济环境对企业生产经营的影响更为直接、具体。

社会经济状况包括经济要素的性质、水平、结构、变动趋势等多方面的内容，涉及国家、社会、市场及自然等多个领域。国家经济政策是国家履行经济管理职能、调控国家宏观经济水平与结构、实施国家经济发展战略的指导方针，对企业经济环境有着重要的影响。

（2）企业经济环境的组成

企业的经济环境主要由经济发展水平、经济体制、宏观经济政策和社会经济结构四个要素构成。

1）经济发展水平。经济发展水平是指一个国家经济发展的规模、速度和所达到的水准。反映一个国家经济发展水平的常用指标有国民生产总值、国民收入、人均国民收入、经济发展速度、经济增长速度等。

2）经济体制。经济体制是指国家经济组织的形式。经济体制规定了国家与企业、企业与企业、企业与各经济部门的关系，并通过一定的管理手段和方法，调控或影响社会经济流动的范围、内容和方式等。

3）宏观经济政策。宏观经济政策是指党和国家制定的一定时期实现国家经济发展目标的战略与策略。它包括综合性的全国经济发展战略和产业政策、国民收入分配政策、价格政策、物资流通政策、金融货币政策、劳动工资政策、对外贸易政策等。

4）社会经济结构。社会经济结构是指国民经济中不同的经济成分、不同的产业部门及社会再生产各个方面在组成国民经济整体时相互的适应性、量的比例及排列关联的状况。社会经济结构主要包括五个方面的内容，即产业结构、分配结构、交换结构、消费结构、技术结构，其中最重要的是产业结构。

因此，企业的经济环境分析就是要对以上各个要素进行分析，运用各种指标，准确地分析宏观经济环境对企业的影响，从而制定出正确的企业经营战略。

3．政治和法律环境

政治和法律环境是指那些制约和影响企业的政治要素和法律系统，以及其运行状态。政治环境包括国家的政治制度、权力机构、颁布的方针政策、政治团体和政治形势等因素。法律环境包括国家制定的法律、法规、法令及国家的执法机构等因素。政治和法律因素是保障企业生产经营活动的基本条件。政治和法律环境一般应作为投资的第一考虑因素，如中东地区的投资前景看淡。

（1）政治环境

不同的国家有着不同的社会性质，不同的社会制度对组织活动有着不同的限制和要求。 即使社会制度不变的同一国家，在不同时期，由于执政党的不同，其政府的方针特点、政策倾向对组织活动的态度和影响也是不断变化的。

政治环境对企业影响的特点表现在以下几个方面：① 直接性，即国家政治环境直接影响着企业的经营状况；② 难以预测性，对于企业来说，它很难预测国家政治环境的变化趋势；③ 不可逆转性，政治环境因素一旦影响到企业，就会使企业发生十分迅速和明显的变化，而这一变化对于企业来说是驾驭不了的。

（2）法律环境

法律环境是指国家或地方政府所颁布的各项法规、法令和条例等。它是企业营销活动的准则，企业只有依法进行各种营销活动，才能受到国家法律的有效保护。近年来，为适应经济体制改革和对外开放的需要，我国陆续制定和颁布了一系列法律法规，如《中华人民共和国产品质量法》、《中华人民共和国公司法》、《中华人民共和国经济合同法》、《中华人民共和国涉外经济合同法》、《中华人民共和国商标法》、《中华人民共和国专利法》、《中华人民共和国广告法》、《中华人民共和国食品卫生法》、《中华人民共和国环境保护法》、《中华人民共和国反不正当竞争法》、《中华人民共和国消费者权益保护法》、《中华人民共和国进出口商品检验条例》等。企业的营销管理者必须熟知有关的法律条文，这样才能保证企业经营的合法性，才能运用法律武器保护企业与消费者的合法权益。

另外，对从事国际营销活动的企业来说，不仅要遵守本国的法律制度，还要了解并遵守国外的法律制度及有关的国际法规、惯例和准则。例如，前一段时间，欧洲国家规定禁止销售不带安全保护装置的打火机，这无疑限制了中国低价打火机的出口市场。日本政府也曾规定，任何外国公司进入日本市场，必须找一个日本公司同它合伙，以此来限制外国资本的进入。企业只有了解和掌握这些国家的有关贸易政策，才能制定有效的营销对策，在国际营销中争取主动。

4．技术环境

（1）技术环境的定义

技术环境是指企业所处的环境中的科技要素及与该要素直接相关的各种社会现象的集合，包括国家科技体制、科技政策、科技水平和科技发展趋势等。技术环境影响到企业能否及时调整战略决策，以获得新的竞争优势。

无论现有技术发展程度处在什么样的水平上都将影响企业的经营。例如，工业化未完成时，不可能进入知识经济时代，因为技术条件不够。

（2）企业技术环境的组成要素

粗略地划分企业的技术环境，大体包括四个基本要素：社会科技水平、社会科技力量、国家科技体制、国家科技政策和科技立法。

社会科技水平是构成科技环境的首要因素。它包括科技研究的领域、科技研究成果门类分布及先进程度、科技成果的推广和应用三个方面。

社会科技力量是指一个国家或地区的科技研究与开发实力。

国家科技体制是指一个国家社会科技系统的结构、运行方式及其与国民经济其他部门的关系状态的总称。它主要包括科技事业与科技人员的社会地位、科技机构的设置原则与运行方式、科技管理制度、科技推广渠道等。

国家科技政策与科技立法是指国家凭借行政权力与立法权力，对科技事业履行管理和指导职能的途径。

如今，变革性的技术正对企业的经营活动产生着巨大的影响。企业要密切关注与本企业产品有关的科学技术的现有水平、发展趋势及发展速度。对于新的硬技术（如新材料、新工艺、新设备），企业必须随时跟踪、掌握；对于新的软技术（如现代管理思想、管理方法、管理技术等），企业也要特别重视。

5．社会文化环境

（1）社会文化环境的定义

社会文化环境是指企业所处的社会结构、社会风俗和习惯、信仰和价值观念、行为规范、生活方式、文化传统、人口规模与地理分布等因素的形成和变动。

历史的发展、文化的积淀同样制约着企业的发展。例如，苏州工业园区的文化因素决定了该地区的投资热潮，温州重商文化导致企业集群的产生。文化因素本身也会影响企业退出成本。

（2）社会文化环境的内容

社会文化是人类在社会历史发展过程中所创造的精神财富的总和，它体现着一个国家或地区的社会文明程度。社会文化包括价值观、伦理道德、宗教信仰、审美观、风俗习惯等社会所公认的各种行为规范。这些因素深刻地影响着人们的欲望和行为（包括客户的欲望和购买行为）。

价值观就是人们对社会生活中各种事物的态度和看法。不同国家、不同民族和不同宗教信仰的人在价值观上存在明显的差异，消费者对商品的需求和购买行为深受价值观念的影响。

美国人喜欢标新立异、爱冒险，因此对新产品、新事物愿意去尝试，对不同国家的产品也抱着开放的心态；而日本民族相对保守持重，甚至许多年长者认为购买外国货就是不爱国。在时间观念上，发达国家往往比某些发展中国家更具有时间意识，人们认为“时间即金钱”，因此快餐食品、速溶饮料、半成品食品往往在发达国家受到欢迎。

宗教属于文化中深层的东西，对人的信仰、价值观和生活方式有着深刻影响。首先，宗教在营销中的重要作用首先表现为宗教节日往往是最好的消费品的销售季节。比如，圣诞节在欧美国家也意味着购物节，许多厂商借此机会竞相促销。其次，宗教上的禁忌制约着人们的消费选择。企业必须了解市场上喜欢什么、忌讳什么，如果能迎合需要，就能占领市场，否则会触犯宗教禁忌，失去市场。例如，穆斯林禁饮烈性酒，这对烈性酒的营销是一个威胁，但它却帮助可口可乐成为阿拉伯国家的畅销品。最后，宗教组织也是不可忽视的消费力量，其本身是重要的团体购买者，同时也对其教徒的购买决策起着指导作用。所以，企业要把影响大的宗教组织作为自己的重要公共关系对象，处理好与宗教组织的关系，尽量争取宗教组织的支持，至少要设法使它们不要反对自己的营销活动。

许多企业根据宗教习俗发展的需要制造出了适应这些需要的畅销产品，受到人们的欢迎并取得了极大的成功。例如，比利时有个地毯商人根据穆斯林朝拜麦加这一宗教习俗，聪明地将一种扁平的指南针嵌入祈祷地毯，这种特殊的指南针不是指南或指北，而是直指圣城麦加。这样，伊斯兰教徒不管走到哪里，只要把地毯往地上一铺，麦加方向就能立刻被找到。这种地毯一推出，在穆斯林地区立即成了抢手货，从而获得了极大的经济效益。

民族传统是指一个民族的文化传统和风俗习惯，对人们的消费嗜好和消费方式起着决定性作用。消费者对图案、颜色、花卉、动物、食品等的偏好常常制约着其对产品的选择，所以在不同国家销售产品、设计品种及其图案、选择促销工具等都要充分考虑该国特殊的风俗习惯。中国人有赏菊之好，认为荷花出淤泥而不染、梅花高洁；而意大利人却认为菊花是不祥之兆，日本人忌讳荷花和梅花。企业进行市场营销时必须尊重各个国家和地区人民的传统习惯，否则就会给企业营销带来障碍。了解各民族消费者的禁忌、习俗、避讳等，做到入境随俗，这是企业进行市场营销的重要前提。

2.2.2　特殊环境

外部特殊环境因素直接影响着企业的竞争能力。它的主要内容是分析本行业中的企业竞争格局，以及本行业和其他行业的关系。行业的结构及竞争性决定着行业的竞争原则和企业可能采取的战略。因此，特殊环境分析是企业制定战略和进行有效管理的最主要的基础。它主要包括供应商、客户、竞争者和政府机构等。

1．供应商

供方主要通过其提高投入要素价格与降低单位价值质量的能力来影响行业中现有企业的赢利能力与产品竞争力。供方力量的强弱主要取决于它们提供给买主的是什么投入要素，当供方所提供的投入要素的价值构成了买主产品总成本的较大比例、对买主产品生产过程非常重要或严重影响买主产品的质量时，供方对于买主的潜在讨价还价力量就大大增强。一般来说，满足如下条件的供方集团会具有比较强大的讨价还价力量。

1）供方行业为一些具有比较稳固市场地位而不受市场剧烈竞争困扰的企业所控制，其产品的买主很多，以至于每个买主都不可能成为供方的重要客户。

2）供方的产品具有一定特色，以至于买主难以转换或转换成本太高，或者很难找到可与供方企业产品相竞争的替代品。

3）供方能够方便地实行前向联合或一体化，而买主难以进行后向联合或一体化。

2．客户

客户是指使用进入消费领域的最终产品或劳务的消费者和生产者，它也是企业营销活动的最终目标市场。客户对企业营销的影响程度远远超过前述的环境因素。客户是市场的主体，任何企业的产品和服务只有得到了客户的认可，才能赢得这个市场。现代营销强调把满足客户需要作为企业营销管理的核心。

客户对产品或服务的总需求决定着行业的市场潜力和不同客户的讨价还价能力。

客户主要通过其压价与要求提供较高的产品或服务质量的能力来影响行业中现有企业的赢利能力。一般来说，满足如下条件的购买者可能具有较强的讨价还价力量。

1）客户的总数较少，而每个购买者的购买量较大，占了卖方销售量的很大比例。

2）卖方行业由大量相对来说规模较小的企业组成。

3）客户所购买的基本上是一种标准化产品，同时向多个卖主购买产品在经济上也完全可行。

3. 竞争者

大部分行业中的企业，其相互之间的利益都是紧密联系的。作为企业整体战略一部分的各企业竞争战略，其目标都在于使自己的企业获得相对于竞争对手的优势。所以，竞争战略在实施中就必然会产生冲突与对抗现象，这些冲突与对抗就构成了现有企业之间的竞争。现有企业之间的竞争常常表现在价格、广告、产品介绍、售后服务等方面，其竞争强度与许多因素有关。

一般来说，出现下述情况将意味着行业中现有企业之间竞争的加剧：① 行业进入障碍较低，势均力敌的竞争对手较多，竞争参与者范围广泛；② 市场趋于成熟，产品需求增长缓慢；③ 竞争者企图采用降价等手段促销；④ 竞争者提供几乎相同的产品或服务，用户转换成本很低；⑤ 一个战略行动如果取得成功，其收入相当可观；⑥ 行业外部实力强大的公司在接收了行业中实力薄弱的企业后，发起进攻性行动，结果使得刚被接收的企业成为市场的主要竞争者；⑦ 退出障碍较高，即退出竞争要比继续参与竞争代价更高。这里，退出障碍主要受经济、战略、感情及社会政治关系等方面的影响，具体包括资产的专用性、退出的固定费用、战略上的相互牵制、情绪上的难以接受、政府和社会的各种限制等。

行业中的每个企业或多或少都必须应付以上各种力量构成的威胁，而且必须面对行业中的每个竞争者的举动。除非认为正面交锋有必要而且有益处（如要求得到很大的市场份额），否则企业可以通过设置进入壁垒，包括运用差异化和转换成本来保护自己。当一个企业确定了其优势和劣势后（参见后面的 SWOT 分析），必须进行定位，以便因势利导，而不是被预料到的环境因素变化所伤害（如产品生命周期、行业增长速度等），然后保护自己并做好准备，以有效地对其他企业的举动做出反应。

4. 政府机构

政府机构广义上指中央和地方的全部立法、行政、司法机关。狭义的政府机构仅指中央和地方的行政机关。国家的行政组织即依照国家法律设立并享有行政权力、担负行政管理职能的那部分国家机构，在我国也称为“国家行政机关”。

政府机构分析主要分析与企业管理营销活动有关的各级政府机构部门，它们所制定的方针和政策对企业营销活动或是限制，或是机遇。政府机构也是影响企业外部环境的一个重要的微观因素。

5. 产业内特定战略集团

产业内特定战略集团分析是按照产业内各企业战略地位的差别，把企业划分成不同的战略集团，并分析各集团间的相互关系和集团内的企业关系，从而进一步认识产业及其竞争状况。一个产业内的企业在战略上会有许多共同点，但也会有许多不同点。战略的不同点主要表现在以下几个方面。

1）纵向一体化程度不同。有的企业自己生产原材料和零部件，有的则完全从外部采购；有的企业有自己的销售渠道和网点，有的则全靠批发商和零售商。

2）专业化程度不同。有的企业只经营某一种产品和服务项目，有的则生产多品种、多规格的产品和服务，有的甚至是跨产业经营。

3）研究开发重点不同。有的企业注重争取开发新产品的领导地位，不断投放新产品；有的企业把研发重点放在生产技术上，力争在质量和成本上取得优势。

4）营销重点不同。有的企业重视维持高价产品，有的企业则采取低价策略展开竞争；有的企业特别重视对最终用户的推销活动，有的企业则主要采用为中间商的服务来扩大疏通渠道。

战略集团间的抗衡程度是由许多因素决定的。一般来说，各战略集团的市场占有率相同，而战略很不相同，集团间的抗衡就会激烈；各战略集团的目标是同一类客户，其战略差异越大，抗衡也就会越激烈；一个产业内部战略集团越多，相互的对抗也就越激烈。如果一个产业中有不少战略集团，但其中少数战略集团处于领导地位，并且市场占有率很高，这个产业战略集团间的对抗就不会很激烈。战略集团内部同样存在着竞争，这主要是由于各企业的优势不同，造成在一个战略集团内各企业会有生产规模和能力上的差别。如果一个战略集团的经济效益主要取决于产量规模，那么规模大的企业就会处于优势地位。另外，同一战略集团内的企业虽然常常采用相同的战略，但各企业的战略实施能力是不同的，即在管理能力、生产技术、研究开发能力和销售能力等方面是有差别的，此时能力强者就会占优势。

2.3　内部环境

企业内部环境是有利于保证企业正常运行并实现企业利润目标的内部条件与内部氛围的总和，它由企业家精神、企业物质基础、企业组织结构和企业文化构成。四者相互联系、相互影响、相互作用，形成一个有机整体。其中，物质基础和组织结构构成企业内部硬环境，企业文化是企业内部软环境。企业内部环境的形成是一个从低级到高级、从简单到复杂的演化过程。企业内部环境管理的目标是提高企业竞争力，实现企业利润目标，营造有利的内部条件与内部氛围。

2.3.1　内部物质环境

组织的活动必须建立在自身的资源基础之上。所谓资源，是指组织所控制或拥有的有效要素的总和。这些资源的拥有状况和利用情况影响甚至决定着组织活动的效益和发展。组织活动的内容和特点不同，需要利用的资源也有区别。一般来说，任何组织的活动都离不开人力、物力和财力的支持。

企业资源按其是否容易辨别和评估来划分，可以分为有形资源和无形资源。有形资源是指能够量化的可见的资产，如企业的厂房、设备、资金等。许多有形资源的价值可以通过财务报表予以反映。有形资源包括四类：财务资源、组织资源、实物资源、人力资源。无形资源是指那些根植于组织的历史，长期积累下来的、不容易辨别和量化的资产，如企业的商标、专有技术、商业机密等。无形资源可分为两大类：技术资源和声誉资源。与有形资源相比，无形资源更具潜力。

2.3.2 内部文化环境

组织文化是指组织在长期的实践活动中所形成的，并且为组织成员普遍认可和遵循的，具有本组织特色的价值观念、团体意识、行为规范和思维模式的总和。组织文化的内容十分广泛，但其中最主要的包括如下几点。

1. 经营哲学

经营哲学也称企业哲学，是一个企业特有的从事生产经营和管理活动的方法论原则。它是指导企业行为的基础。一个企业在激烈的市场竞争环境中面临着各种矛盾和多种选择，这要求企业有一个科学的方法论来指导企业的行为，有一套逻辑思维的程序来决定企业的行为，这就是经营哲学。

2. 价值观念

所谓价值观念，是指人们基于某种功利性或道义性的追求而对组织或个人本身的存在、行为和行为结果进行评价的基本观点。可以说，价值观念决定着人生追求的行为。价值观不是人们在一时一事上的体现，而是在长期实践活动中形成的关于价值的观念体系。

企业的价值观是指企业职员对企业存在的意义、经营目的、经营宗旨的价值评价和为之追求的整体化、个体差异化的群体意识，是企业全体职员共同的价值准则。只有在共同的价值准则的基础上，企业正确的价值目标才能产生。有了正确的价值目标，才会有奋力追求价值目标的行为，企业才有生存与发展的希望。因此，企业价值观决定着职员行为的取向，关系企业的生死存亡。

3. 企业精神

企业精神是指企业基于自身特定的性质、任务、宗旨、时代要求和发展方向，经过精心培养而形成的企业成员群体的精神风貌。

企业精神是企业文化的核心，在整个企业文化中起着支配作用。企业精神以价值观念为基础，以价值目标为动力，对企业经营哲学、管理制度、道德风尚、团体意识和企业形象起着决定性的作用。可以说，企业精神是企业的灵魂。

4. 企业道德

企业道德是指调整本企业与其他企业之间、企业与客户之间、企业内部职员之间关系的行为规范的总和。它从伦理关系的角度出发，以善与恶、公与私、荣与辱、诚实与虚伪等道德范畴为标准来评价和规范企业。

5. 团体意识

团体即组织，团体意识是指组织成员的集体观念。团体意识是企业内部凝聚力形成的重要心理因素。企业团体意识的形成使企业的每个职员把自己的工作和行为都看成实现企业目标的一个组成部分，使他们对自己作为企业的成员而感到自豪，对企业的成就产生荣誉感，从而把企业看成自己利益的共同体和归属。因此，职员就会为实现企业的目标而努力奋斗，自觉地克服与实现企业目标不一致的行为。

组织内部文化研究是要识别组织文化的特点，分析组织倡导的某种价值观和行为准则是否被组织成员所广泛接受，比较组织宣传的价值观和行为准则在日常活动中对组织成员的实际奖罚是否吻合，判断以这种价值观为核心的组织成员的行为是否得到了优化、激励和约束。

2.4　管理环境的分析方法

SWOT 是一种管理环境的分析方法，用来确定企业本身的竞争优势（Strength）、竞争劣势（Weakness）、潜在机会（Opportunity）和外部威胁（Threat），从而将公司的战略与公司内部资源、外部环境有机结合。因此，清楚地确定公司的资源优势和缺陷，了解公司所面临的机会和挑战，对于制定公司未来的发展战略有着至关重要的意义。SWOT 分析法已逐渐被许多企业运用到包括企业管理、人力资源、产品研发在内的各个方面。SWOT 分析如图 2-1 所示。

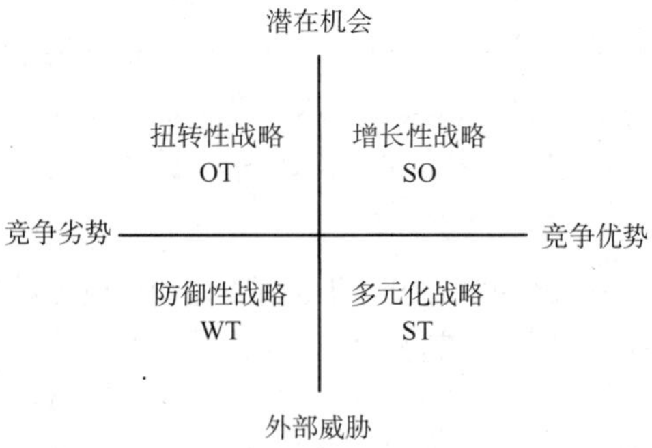

图 2-1　SWOT 分析

2.4.1　要素分解

1. 竞争优势

竞争优势是指一个企业超越其竞争对手的能力，或者企业所特有的能提高企业竞争力的东西。例如，当两个企业处在同一市场或它们都有能力向同一客户群体提供产品和服务时，如果其中一个企业有更高的赢利率或赢利潜力，我们就认为这个企业比另外一个企业更具有竞争优势。

竞争优势可以是以下几个方面。

1）技术技能优势。技术技能优势主要包括独特的生产技术、低成本生产方法、领先的革新能力、雄厚的技术实力、完善的质量控制体系、丰富的营销经验、上乘的客户服务、卓越的大规模采购技能。

2）资产优势。有形资产优势包括先进的生产流水线、现代化的车间和设备，丰富的自然资源储存、吸引人的不动产地点、充足的资金、完备的资料信息。无形资产优势包括优秀的品牌形象、良好的商业信用、积极进取的公司文化。

3）人力资源优势。人力资源优势主要包括在关键领域拥有专长、积极上进的员工、很强的组织学习能力、丰富的经验。

4）组织体系优势。组织体系优势主要包括高质量的控制体系、完善的信息管理系统、忠诚的客户群、强大的融资能力。

5）竞争能力优势。竞争能力优势主要包括产品开发周期短、强大的经销商网络、与供应商良好的伙伴关系、对市场环境变化的灵敏反应、市场份额的领导地位。

2．竞争劣势

竞争劣势是指一个企业缺少或做得不好的方面，或者某种会使企业处于劣势的条件。

可能导致内部劣势的因素：缺乏具有竞争意义的技能技术；缺乏具有竞争力的有形资产、无形资产、人力资源、组织资产；关键领域里的竞争能力正在丧失。

3．潜在机会

市场机会是影响公司战略的重大因素。公司管理者应当确认每个机会，评价每个机会的成长和利润前景，选取那些可与公司财务和组织资源匹配、能使公司获得的竞争优势潜力最大的机会。

潜在的发展机会：客户群的扩大趋势或产品细分市场；技能技术向新产品、新业务转移，为更大客户群服务；前向或后向整合；市场进入壁垒降低；获得购并竞争对手的能力；市场需求增长强劲，可快速扩张；出现向其他地理区域扩张、扩大市场份额的机会。

4．外部威胁

企业的外部环境中总会存在某些对企业的赢利能力和市场地位构成威胁的因素。企业管理者应当及时确认危及企业未来利益的威胁，做出评价并采取相应的战略行动，以抵消或减轻它们所产生的影响。

企业的外部威胁：出现即将进入市场的强大对手；替代品抢占公司销售额；主要产品市场增长率下降；汇率和外贸政策的不利变动；人口特征、社会消费方式的不利变动；客户或供应商的谈判能力提高；市场需求减少；容易受到经济萧条和业务周期的冲击。

由于企业的整体性和竞争优势来源的广泛性，在做优劣势分析时，必须从整个价值链的每个环节，将企业与竞争对手做详细的对比，如产品是否新颖、制造工艺是否复杂、销售渠道是否畅通、价格是否具有竞争性等。

2.4.2 SWOT 分析的步骤

1）罗列企业的优势和劣势，以及可能的机会与威胁。

2）优势、劣势与机会、威胁相组合，形成 SO、ST、OT、WT 策略。

3）对 SO、ST、OT、WT 策略进行甄别和选择，确定企业目前应该采取的具体战略与策略。

SWOT 分析通常是在某一时点对企业内外部情况进行扫描，然后进行优势、劣势、威胁和机会的分析，从而形成四种内外匹配的战略：SO 战略，依靠内部优势，利用外部机会；ST 战略，利用内部优势，回避外部威胁；OT 战略，利用外部机会，克服内部劣势；WT 战略，减少内部劣势，回避外部威胁。

自测题

一、名词解释

管理环境　价值观念　竞争者　SWOT 分析

二、单项选择题

1. 企业在长期的生产经营和管理活动中创造的具有本企业特色的精神文化和物质文化就是(　　)。

A. 企业精神　　B. 企业价值观

C. 企业文化　　D. 企业宗旨

2. 在组织所面临的外部环境要素中，属于环境中最为活跃、变化最快的环境要素是(　　)。

A. 竞争者环境　　B. 供应商环境

C. 科技环境　　D. 客户环境

三、简答题

1. 如何理解组织的环境？管理者为什么要研究组织环境？
2. 什么是内部环境？它包含哪些因素？
3. 什么是外部环境？它包含哪些因素？
4. 收集某企业的经营资料，运用 SWOT 分析法对其进行分析。

案例分析

案例 1　IBM：电脑帝国的组织文化

IBM（国际商用机器公司）拥有 40 多万名员工，年营业额超过 500 亿美元，几乎在全球各国都有分公司，分布之广让人惊叹不已，成就之大令人向往。IBM 是有明确原则和坚定信念的公司。这些原则和信念似乎很简单、很平常，但正是这些简单、平常的原则和信念构成了 IBM 特有的企业文化。

小托马斯·沃森在 1956 年任 IBM 公司的总裁时，老沃森规定的“行为准则”从总裁至收发室员工，没有一个人不知晓，如必须尊重个人、必须尽可能给予客户最好的服务、必须追求优异的工作表现。这些准则一直牢记在公司每位员工的心中，任何一个行动及政策都直接受到这三条准则的影响，“沃森哲学”对公司的成功所贡献的力量，比技术革新、市场销售技巧或庞大财力所贡献的力量更大。

问题：

试分析 IBM 的组织文化对企业的意义，它是如何影响员工行为和组织经营的？

案例 2　A 自来水有限公司的困扰

原 A 市自来水公司成立于 1920 年，是华北某省自来水行业第一家通过 ISO 9001：2000 质量管理体系认证的国有供水大中型企业，公司于 2009 年 5 月携手法国威立雅水务，合资成立了 A 自来水有限公司。当前，公司日供水能力 90 万立方米，管网总长度 3 500 千米，供水面积 750 平方公里，用水人口 208 万人，资产总值 19 亿元人民币，净值 5.7 亿元人民币，占地 32 万平方米，职员 975 人。合资后的公司长远展望是将公司发展为中国最好的公用事业公司之一，短期内成为区域最好的自来水公司之一，其员工在管理、工作、服务、运行和维护等领域成为国内外同行的领先者。

但公司的现状却不容乐观，主要表现在：员工客户服务意识淡薄，工作拖拉推诿，部门间缺乏整体配合服务意识，不愿意尝试变革，工作效率低下，还是原国有公用事业单位的经营意识和服务观念。而外资法国威立雅水务却执意要求变革，经董事会商定，2010 年公司的主要工作之一是公司客户关系的主要工作流程和标准的建立，并计划于 2015 年前成为华北第一家引进客户关系管理系统的企业。这项工作，成为公司执行层的一个难题。

问题：

该公司应如何处理这一难题？

第3章 计划工作与目标管理

学习目标 理解计划工作的含义；了解计划工作的种类和特征；了解目标管理在组织管理中的重要作用；理解企业战略计划与战略管理的重要性。

引导案例

海滨机床厂的目标管理

海滨机床厂从2000年开始推行目标管理，多年的实践表明，目标管理改善了企业经营管理，取得了较好的经济效益。按照目标管理的原则，该厂把目标管理分为三个阶段进行。

第一阶段：目标制定阶段

（1）总目标的制定

该厂通过对国内市场机床需求的调查，结合长远规划和企业的生产能力，提出了2006年“三提高”、“三突破”的总方针。“三提高”就是提高经济效益、提高管理水平和提高竞争能力；“三突破”是指在新产品数目、创汇和增收节支方面要有较大的突破。在此基础上，该厂把总方针具体化、数量化，初步制定出总目标方案，并发动全厂员工反复讨论、不断补充，送职员代表大会研究通过，正式制定出全厂2006年的总目标。

（2）部门目标的制定

企业总目标向全厂宣布后，全厂就对总目标进行层层分解、层层落实。各部门的分目标由各部门和厂企业管理委员会共同商定，先确定项目，再制定各项目的指标标准。其制定依据是厂总目标和经厂部批准下达的各项计划任务，原则是各部门的工作目标值只能高于总目标中的定量目标值。各部门的目标分为必考目标和参考目标。必考目标包括厂部明确下达的目标和部门主要的经济技术指标；参考目标包括部门的日常工作目标或主要协作项目。目标完成标准由各部门以目标卡片的形式填报厂部，通过协调和讨论，最后由厂部批准。

（3）目标的进一步分解和落实

1）部门内部小组（个人）的目标管理。其形式和要求与部门目标制定类似，采用目标卡片，由部门自行负责实施和考核，要求各个小组（个人）努力完成各自目标值，保证部门目标的如期完成。

2）该厂部门目标的分解采用流程图方式：先把部门目标分解落实到职能组，再分解落实到工段，工段再下达给个人。通过层层分解，全厂的总目标就落实到了每个人身上。

第二阶段：目标实施阶段

该厂在目标实施过程中主要抓了以下三项工作。

1）自我检查、自我控制和自我管理。目标卡片经主管副厂长批准后，一份存企业管理委员会，一份由制定单位自存。由于每个部门、每个人都有具体的、定量的明确目标，所以在目标实施过程中，人们都会自觉、努力地实现这些目标，并对照目标进行自我检查、自我控制和自我管理。

2）加强经济考核。虽然该厂目标管理的循环周期为一年，但为了进一步落实经济责任制，即时纠正目标实施过程中与原目标之间的偏差，该厂打破了一个循环周期只能考核一次的束缚，坚持每一季度考核一次，并进行年终总评定。

3）重视信息反馈工作。一方面，建立“工作质量联系单”，及时反映工作质量和服务协作方面的情况。另一方面，通过“修正目标方案”来调整目标。

第三阶段：目标成果评定阶段

该厂采用了“自我评价”和上级主管部门评价相结合的做法，即在下一个季度第一个月的第 10 日之前，各部门必须把一份季度工作目标完成情况表报送企业管理委员会（这份报表要求各部门对上一阶段的工作做恰如其分的评价）。管理委员会核实后，也给予恰当的评分。比如，必考目标为 30 分，一般目标为 15 分；每项目标超过指标 3%加 1 分，以后每增加 3%再加 1 分；一般目标有一项未完成而不影响其他部门目标完成的扣 3 分，影响其他部门的则扣 5 分；加 1 分相当于增加该部门基本奖金的 1%，减 1 分则扣该部门奖金的 1%；如果有一项必考目标未完成，则扣至少 10%的奖金。

问题：

1. 目标管理过程中应注意哪些问题？
2. 该厂的目标管理有何优缺点？
3. 增加和减少员工奖金的发放额是实行奖惩的最佳方法吗？除此之外，你认为还有什么激励和约束措施？

3.1 计划职能概述

计划职能是所有管理职能中最基本的一项职能。计划职能的主要任务是确定组织任务和目标，拟定完成组织任务和达成组织目标的行动计划。计划工作是决策的逻辑延续，计划通过将组织在一定时期内的活动任务分解给组织的每个部门、环节和个人，从而不仅为这些部门、环节和个人在该时期的工作提供了具体的依据，而且为决策目标的实现提供了保证。

3.1.1 计划的内涵

从名词意义上说，计划是指用文字和指标等形式所表述的、组织及组织内不同部门和不同成员在未来一定时期内关于行动方向、内容和方式安排的管理文件。

从动词意义上说，所谓计划工作就是根据社会的需求及组织的自身能力，确定出组织在一定时期的奋斗目标，通过计划的编制、执行和检查，协调和合理安排组织各方面的活动，有效地利用组织的人力、物力和财力资源，取得最佳的经济效益和社会效益。

计划工作有广义和狭义之分。广义的计划工作是指制定计划、执行计划和检查计划三个阶段的工作过程；狭义的计划工作是指制定计划，即根据组织内外部的实际情况，权衡客观的需要和主观的可能，通过科学的预测，提出在未来一定时期内组织必须达到的具体目标及实现目标的方法。因此，计划工作是对决策所确定的任务和目标提供一种合理的实现方法。

计划的内容常用五个 W 和一个 H 来表示：

Why——为什么做？明确计划工作的原因和目的。

What——做什么？明确计划的内容和要求。

Who——由谁做？规定哪些部门和人员负责实施计划。

Where——在什么地方做？规定计划的实施地点。

When——在什么时间做？规定计划中各项工作的开始时间和完成时间。

How——怎样做？制定实现计划的手段和措施。

3.1.2　计划的类型

1．按计划内容的表现形式分类

（1）宗旨

任何一个组织都应该具有自己的目的或宗旨。这种目的或宗旨是社会对该组织的基本要求。明确的目的或宗旨是制定有意义的目标所必需的，它回答了组织是干什么的和应该干什么的问题。例如，工商企业的目的是生产和分配商品和服务，大学的目的和任务是培养人才等。

（2）目标

目标是在一定时期内要达到的具体成果，是为实现组织目的或宗旨而提出的。目标不仅是计划工作的终点，而且是组织工作、人员配备、指导与领导及控制等活动所要达到的要求。

（3）策略

策略是指确立组织的基本长期目标，合理分配必需的资源，以实现组织目的。例如，福特汽车公司早期决定向市场投入廉价的标准化汽车，它的经营策略是尽量降低生产成本，采用大批量生产装配线，产品标准化、规格化，实现零件可互换，组织庞大的销售网。

（4）政策

政策是指在决策或处理问题时指导及沟通思想活动的方针和一般规定。政策指明了组织活动的方向和范围、鼓励什么和限制什么，以保证行动同目标一致，并有助于目标的实现。

正常情况下，各级组织都有政策，从公司的重大政策、部门的主要政策到适用于最小部门组织的小政策。制定政策有助于事先决定问题，不需要每次重复分析相同情况，从而使主管人员能够控制全局。政策必须保持一贯性和完整性。

（5）程序

程序规定了处理那些重复发生的问题的方法和步骤。通俗地讲，程序就是办理手续，是对所要进行的行动规定时间顺序。程序是行动指南，而不是思想指南。因此，程序是详细列出必须完成某些活动的准确方式。例如，公司政策规定工作人员享有假期，为实施这项政策所建立的程序编制了度假时间表，制定了假期工资率、支付办法，以及申请度假的详细说明。

（6）规则

规则是对具体场合和具体情况，允许或不允许采取某种特定行动的规定。规则也是一种计划，只不过是一种最简单的计划。规则常常与政策和程序相混淆，应特别注意区分。规则不是程序，因为规则指导行动，而不说明时间顺序。我们可以把程序看作一系列规则的总和。政策的目的是指导决策，并给管理人员留有酌情处理的余地。虽然规则有时也起指导作用，但是它在运用中没有自行处理的权力。

（7）规划

规划是综合性的计划，是为实现既定目标、政策、程序、规则、任务分配、执行步骤、使用资源及其他要素的复合体。因此，规划工作各个部分的彼此协调需要严格的技能，以及系统的思考和行动的方法。通常情况下，规划需要预算的支持。

（8）预算

作为一种计划，预算是一份用数字表示预期结果的报表。预算又被称为"数字化"的规划。例如，财务收支预算可称为"利润计划"或"财务收支计划"。预算计划可以促使上级主管对预算的现金流动、开支、收入等内容进行数字上的整理。预算也是一种控制手段，它迫使人们制定详细的计划。同时，预算采用数字形式进行，所以它使计划工作更细致、更精确。

2．按企业管理职能分类

根据企业部门管理职能的不同分类，可以将计划分为生产计划、财务成本计划、供应计划、劳资计划、安全计划、人员培训计划、研究与开发计划、销售计划等。这些计划通常是与组织中按职能划分的管理部门的组织结构体系相对应的。

3．按计划的内容分类

按计划的内容可以将计划分为专项计划和综合计划。专项计划又称为专题计划，是指为完成某一特定任务而拟订的计划，如基本建设计划、新产品试制计划等。综合计划是指对组织活动所做的整体安排。综合计划与专项计划之间是整体与局部的关系。专项计划是综合计划中某项重要项目的特殊安排，它必须以综合计划为指导，同时要避免同综合计划相脱节。

4．按计划完成的时间分类

按计划完成的时间分类，可以将计划分为长期计划、中期计划和短期计划。

长期计划大多是战略计划（通常在五年以上），它规定组织在较长时期的目标及为实现目标而应采取的措施和步骤，规定组织的各个部门在较长时期内从事某种活动应达到的目标和要求，绘制了组织长期发展的蓝图。短期计划通常是指年度计划（大多是一年），它是根据中长期计划规定的目标和当前的实际情况，对计划年度的各项活动做出的总体安排，特别是最近的时段中应该从事何种活动及从事该种活动应达到何种要求，因而为各组织成员在近期内的行动提供了依据。中期计划则介于长期计划和短期计划之间。以上三种计划相互衔接，反映了事物发展在时间上的连续性。

5．按计划内容的明确性分类

根据计划内容的明确性标准，可以将计划分为具体性计划与指导性计划。具体性计划具有明确规定的目标，不存在模棱两可的情况。比如，企业销售部经理打算使企业销售额在未来 6 个月中增加 20%，他便会制定明确的程序、预算方案及日程进度表，这就是具体性计划。指导性计划只规定某些一般性的方针和行动原则，给予行动者较大自由处置权，指出重点但不把行动者限定在具体的目标上或特定的行动方案上。比如，一个增加销售额的具体计划可能规定未来 6 个月内销售额要增加 20%，而指导性计划则可能只规定未来 6 个月内销售额要增加 15%～20%。相对于指导性计划而言，具体性计划虽然更易于执行、考核及控制，但它缺少灵活性，所要求的明确性和可预见性条件往往很难满足。

3.1.3　计划的步骤

由于管理的环境是动态的，管理活动是一个发展变化的过程，计划作为行动之前的安排必须是一种连续不断的循环，计划—再计划，不断循环，不断提高。任何计划工作的步骤都是相近的，依次包括以下内容：估量机会、确定目标、确定前提条件、确定可供选择的方案、比较各种方案、确定方案、制定派生计划及通过预算使计划数字化等。

1．估量机会

估量机会是在实际的计划工作之前就着手进行的，是对将来可能出现的机会进行全面清楚的了解和估计。估量机会不仅涉及对环境的把握，而且涉及对组织自身条件的把握。对于机会和条件，应从资源的尽可能充分利用出发，最大限度地发挥组织在认识和行为上的独立性、能动性和创造性。能否把既有现实可能性又能最大限度地推动组织发展的未来目标确定下来，就取决于这一估量。对机会的估量包括机会的客观性、影响因素，以及组织把握机会的风险、能力、结果等。计划工作需要对各种机会的各个方面的情况做出现实的判断。总之，编制计划之前首先需要实事求是地对机会的各种情况进行判断。严格地讲，估量机会是计划工作的真正起点，只有在估量机会的基础上才能确定可行性目标。

2．确定目标

制定计划的第二步就是确定整个组织的目标，然后确定每个下属工作单位的目标，以及长期的和短期的目标。目标是指组织在一定时期内所要取得的效果，它指明所要做的工作有哪些，重点在哪里，以及通过策略、政策、程序、预算和规划等这个网络所要完成的任务。一个组织往往有许多目标，组织一定时期的目标应当为其所有的主要计划指明方向；这些主要计划又以反映这些目标的方式规定主要部门的目标；主要部门的目标又控制着其下级单位的目标。作为一个组织，它应该在哪些主要方面制定目标呢？管理学家在这一方面进行了许多研究，并提出了不少建议。其中，彼得·德鲁克提出的建议最具有代表性。德鲁克认为，凡是经营管理成功的企业，它们都在市场、生产力、发明创造、物资和金融资源、人力资源、利润、管理人员的行为表现及培养发展、工人的表现及社会责任等方面有自己的目标。具体来说，这些目标包括以下内容：

- 市场方面，应表明本企业希望达到的市场占有率或在竞争中占据的地位。
- 技术改进与发展方面，对改进和发展新产品、提供新型服务内容的认识及措施。
- 提高生产率方面，有效地利用各种资源，最大限度地提高产品的数量和质量。
- 物资和金融资源方面，获得物资和金融资源的渠道及其有效利用。

- 利润方面，用一个或几个经济指标表明希望达到的利润率。
- 人力资源方面，包括人力资源的获得、培训和发展，以及管理人员的培养及其才能的发挥。
- 职员积极性发挥方面，发挥工人在工作中的积极作用，制定激励和报酬的支付等措施。
- 社会责任方面，注意本企业对社会产生的影响。

但是，德鲁克提出的一些基本目标只适用于企业，对非营利性组织（如医院、学校和政府部门）则很不适用。为此，沃伦·本尼斯在 1969 年发表的“组织发展”一文中提出了自己的观点。本尼斯认为，所有的组织都希望能实现下列六个基本目标：

- 阐明组织的目标和战略目标。
- 组织的总目标与各有关方面的具体目标有机地结合。
- 社会影响方面应做出公平而积极的贡献。
- 合作应能有效地掌握和处理各种矛盾。
- 适应性方面要能适应社会环境的变化。
- 振兴组织的活力方面能够做到在动荡萧条中求生存、求发展。

3．确定前提条件

计划工作的前提条件就是计划工作的假设条件，即计划执行时的预期环境，也就是研究、分析和确定计划工作的环境，或者说是预测执行计划时的环境。比如，对一个工商企业来说，确定前提条件就是分析将有什么样的市场、销售量有多大、价格是多少、提供什么产品、将有哪些技术开发、成本是多少、有什么样的工资率、政治和社会环境如何、将通过什么途径筹集资金扩大业务、长期趋势将如何等。总之，计划前提的预测内容要比通常的基本预测内容复杂一些。由于计划的未来情况比较复杂，要想对每个细节都做出预测是不可能的。因此，应选择那些对计划工作具有关键性的、有战略意义的、对执行计划最有影响的因素进行预测。

4．确定可供选择的方案

确定前提后，接下来的计划工作就是探索和考察可供选择的行动方针。制定一个计划往往有几个可供选择的方案，选择方案不是找可供选择的方案，而是减少可供选择的方案的数量，以便对最有希望的方案进行分析。另外，即使当今可以借助数学方法和计算机寻找可供选择的方案，但通常还是要对所需考察的备选方案的数量进行限制。计划工作者常常有必要通过初步考察，把备选方案的数目减少为最有成功希望的几个，或者通过近似的计算过程，用数学方法排除希望较小的那些方案。因此，在管理实践中，管理者发掘方案与正确选择方案具有同等的重要性。

5．比较各种方案

找出备选方案并考察了它们的优缺点以后，接下来就要按前提条件和目标来权衡各种因素，对各个方案进行评估。计划工作充满了不确定性，大多数情况下，可供选择的方案很多，而且有大量的可变因素和限定条件，所以对备选方案的评价工作可能非常复杂。通常，备选方案可能有以下几种情况：有的方案最有利可图，但需要投入的资金多且回收慢；有的方案看起来可能获利较少，但风险也小；有的方案对长远规划有益等。因此，在这一步骤中有必要运用现代计算机科学和计算技术的各种成果，并使其与计划人员在工作中积累的经验和直观判断能力结合起来，根据组织的目标选择最合适的方案。

6. 确定方案

确定方案是做出决策的实质性的一步。选择最佳方案时应考虑两个方面：一是应选出可行性、满意性和可能带来的结果三者结合得最好的方案；二是应选出投入产出比尽可能大的方案。有时可能会发现两个可选的方案，这种情况下，必须确定首先采用哪个方案，而将另一个方案进行细化和完善，作为备选方案。

7. 制定派生计划

做出决策之后就要制定派生计划。派生计划是总计划下的分计划或辅助计划，基本计划靠各辅助计划来扶持。例如，在工业企业中，除了制定产销计划，还必须制定工艺装备计划和设备维修计划等。

8. 通过预算使计划数字化

计划工作的最后一步就是预算，即把计划转为预算，使之数字化，以大体反映整个计划。预算实质上是资源的分配。组织的综合预算表明其收入、支出和盈余的预算情况。组织的每个部门或制定的每个方案都有各自的预算，这些预算汇总为综合预算。预算工作做好了，它就可以成为汇总各类计划的工具，也可以成为衡量计划工作的重要标准。

3.1.4　编制计划的方法

计划工作的效率高低和质量好坏很大程度上取决于编制计划的方法。传统的计划方法是综合平衡法，现在它已难以适应组织所面对的复杂而多变的外部环境。现代计划方法大量采用数学、计算机科学的成果，不仅提高了计划工作的质量，而且加快了计划工作的进度，如滚动计划法、网络计划技术法、线性规划法、非线性规划法、概率论和数理统计法等。下面介绍几种主要的方法。

1. 滚动计划法

滚动计划法是一种定期修订未来计划的方法。这种方法根据计划的执行情况和环境变化情况定期修订计划，并逐期向前推移，使短期计划、中期计划和长期计划有机结合起来。这种方法在每次编制和修订计划时，都要根据前期计划的执行情况和客观条件的变化，将计划向前延伸一段时间，使计划不断滚动、延伸，所以称为滚动计划法。例如，五年计划规定每年编制一次，每次向前滚动一年；年度计划规定每季度（或半年）编一次，每次向前滚动一季。五年计划滚动编制的程序如图 3-1 所示。

图 3-1　五年计划滚动编制的程序

从图中可以看出，近期详细计划执行完毕后，根据执行情况和内外部因素的变动情况对原计划进行修正细化，此后便根据同样的原则逐期滚动，每次修正都向前滚动一个时段，这就是滚动计划法。

这种方法的优点是很明显的。它推迟了对远期计划的决策，增加了计划的准确性，提高了计划工作的质量；同时，这种计划方法使长、中、短期计划能够相互衔接，既保证了长期计划的指导作用，使得各期计划能够基本保持一致，也保证了计划应具有的基本弹性，特别是在环境剧烈变化的今天，有助于提高组织的应变能力。

滚动计划法的缺点在于加大了计划的工作量。如果是制定五年计划，按照滚动计划法，每年向前滚动一年，则每年都既要对原计划进行部分修正细化，又要重新制定一个新的五年计划。对此，一般的组织可能承受不了或认为没有必要。因此，管理者可以对滚动计划法做适当的变通，在整个计划期内进行逐期的修正细化。例如，可以对五年计划进行每年的修正细化，但在每次修正的同时不一定要向前延伸一期，这样就可以大大减少工作量，并使长期计划保持相对稳定。

2. 网络计划技术法

网络计划技术法的原理就是把一项工作或项目分成各种作业，然后根据作业顺序进行排列，通过网络图对整个工作或项目进行统筹规划和控制，以便用最少的人力、物力、财力资源和最快的速度完成工作，保证取得最佳的经济效益。网络计划技术也称关键路线法，在我国也叫统筹法，它是利用网络理论制定计划并对计划进行评价、审定的技术方法。尤其当一项计划需要协调很多活动，而且活动之间又存在紧密的时间序列关系时，网络计划技术法就十分有效。管理者可以借助网络图找出完成计划的关键路径，以便比较各种不同行动方案在进度和成本方面的效果。下面以建筑的施工过程为例，简单介绍网络计划技术法的工作步骤。某房屋建筑工程描述如表 3-1 所示。

表 3-1　某房屋建筑工程描述

工　序	工序时间（周）	紧前工序
A 审计设计和批准动工	10	/
B 开挖地基	6	A
C 立屋架和砌墙	14	B
D 搭楼板	6	C
E 安装窗户	3	C
F 搭建屋顶	3	C
G 室内布线	5	D、E、F
H 安装电梯	5	G
I 铺地板和嵌墙板	4	D
J 安装门和室内装饰	3	I、H
K 工程验收	1	J

1）确定完成目标所需进行的各项活动。

2）确定以上活动的先后顺序及各自所需的时间。

3）用箭头代表活动的完成过程，其上的数字代表为完成该项活动所耗费的时间，用圆圈代表某项活动的完成，从开始到结束绘制网络图。网络图如图 3-2 所示。

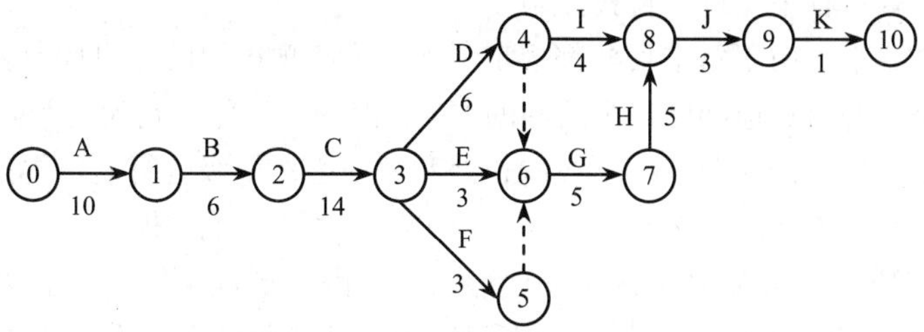

图 3-2　网络图

4）找出其关键路径，即完成该项活动所需时间最长的那条路径。显然，图 3-2 中的关键路径是 A—B—C—D—G—H—J—K，所需的时间是 10+6+14+6+5+5+3+1=50（周）。这是完成目标的最长路径，其中任何活动的延迟都将导致项目总工期的延迟。标示出项目的关键路径的最大好处就是明确了项目活动的重点，便于优化对项目活动的资源分配。当管理者计划缩短项目完成时间、节省成本时，就要把考虑的重点放在关键路径上。在资源分配发生矛盾时，可适当调动非关键路径上活动的资源去支持关键路径上的活动，以最有效地保证项目的完成进度。

3．线性规划法

线性规划法就是通过建立线性规划模型来求解最优方案。使用线性规划法编制经营计划时必须解决两个问题：一是当计划任务已经确定，如何统筹安排才能做到以最少的资源去完成任务；二是在资源量确定后，如何合理地使用与分配，使得完成的计划任务最多。

3.2　目标管理

目标管理（Management by Objectives，MBO）是一种全面的、综合的管理活动，它是美国管理学家彼得·德鲁克于 1954 年提出的。他认为，企业经理的任务就是创造一个整体，企业经理既是“作曲家”又是“指挥家”，经理要在每个决定和行动中协调眼前和长远的利益，通过目标的制定和分解，在企业内部建立起纵横交错的完整目标连锁体系。企业管理工作主要是协调总目标之间、总目标和分目标之间，以及分目标之间的关系，并考核监督目标的完成情况。而目标管理能使企业管理更为规范化、程序化，能使企业高层组织者总揽全局，从而实现企业管理的整体优化。

3.2.1　目标管理概述

1．目标与目标管理的含义

目标是期望的成果。这些成果可能是个人、部门或整个组织的努力方向。企业目标是在分析企业外部环境和内部条件的基础上确定的企业各项经济活动的发展方向和奋斗目标，是企业经营思想的具体化。企业目标为企业决策指明了方向，是企业计划的重要内容，也是衡量企业实际绩效的标准。

目标管理是以目标作为管理手段的一种管理方式，其基本思想是让组织内各层次、各部门、各单位的管理人员及各工作人员都根据实现总目标的需要，自己制定或主动承担各自的工作目标，并在实现目标的过程中实行“自我控制”。

在目标管理方式下，由于每个目标都规定了下级为实现组织的总目标所要做出的贡献，使得组织中所有的努力都自觉地朝向一个共同的方向；由于变外部控制为更严格的、要求更高的、更有效的内部控制，所以能充分发挥下级的长处和责任心；下级的行动不再是由于别人要他做什么或命令他做什么，而是由于客观的、主动承担的任务要求他去做。

目标管理的实质是以目标作为各项管理活动的指南，形成组织的向心力和综合力，激励和调动广大组织成员的积极性，以目标的实现程度来评价每个单位和个人的工作好坏和贡献大小。

2．目标的性质

目标是组织经营思想的集中体现。企业经营思想是企业开展经营活动的指导思想和理念。经营思想是看不见、摸不着的，企业管理者必须将其具体化为企业目标，才可能使其成为企业的共同追求。企业是由人组成的群体，企业的活动就是人的群体活动。只有企业群体建立了共同的理念，每个人都为企业的共同目标而工作，企业目标的实现才有人员保障。在目标管理方式下，组织不再只有一个总的目标，这就要求目标具有如下性质。

（1）多重性

目标具有多重性。企业寻求生存和发展，既要为资产所有者谋求利润，又要向消费者提供满意的产品和服务，并对社会承担一定的责任。企业寻求某一个具体单一目标或一味追求自身利润和眼前利益，则可能会损害企业的长远发展利益。企业目标作为衡量企业履行使命的标志，单一指标无法胜任，相互联系、相互支持的目标群才能构成企业总目标。

组织对各级主管下达的任务必须化为目标，并通过这些目标对下级进行领导。如果没有方向一致的分目标来指导各级主管人员的工作，则组织规模越大、人员越多时，发生冲突和浪费的可能性就越大。

（2）系统性

以专业化协作为原则进行细分后的目标必须建立起有机的联系，形成目标网络。组织的总目标通常是通过相互制约的各项工作来实现的，因此细分以后的目标应具有系统性，根据系统化的要求确定与每项分目标相对应的权利和责任，形成组织各级之间和方方面面之间的有机联系。

（3）多元性

组织的总目标通常具有多元的性质，即使组织从事的是单一的业务。组织要通过分目标来领导下级，这就必须使分目标同样具有多元性。目标的多元性可以表现为各种形式，如数量和质量、生产和销售、经营和战略、效果和效率、投入和产出、简单再生产和扩大再生产、积累和消费等。

拉·柯·戴维斯等学者指出，企业目标可分为主要目标、并行目标和次要目标。为全面完成这些目标，必须依据目标的重要程度，在完成最重要目标的同时，兼顾其他目标。主要目标是组织发展中最为关键的目标，就企业来说，企业生存、赢利和发展是企业的主要目标。次要目标是有助于实现主要目标的目标，是企业实现高效生产的前提和保障，只不过与主要目标和并行目标相比，它是相对次要的。

彼得·德鲁克指出，企业的性质本身需要多重目标。在每个领域中，只要企业绩效和成果对企业的生存和兴盛有直接的利害关系，就需要制定目标。这些领域受到管理部门每项决定的影响，因此管理部门在做任何一项决定时都要考虑到它们。他认为，八个领域必须制定绩效和成果的目标。这八个领域是市场地位、创新、生产率、物资和财务资源、可营利性、经理人员的业绩和培养、工人的工作和态度、社会责任心。后三个领域虽然比较抽象，但如果忽视了经理人员的业绩和培养、工人的工作和态度、社会责任心，企业就会在市场地位、技术水平、生产率和利润上受到损失，最终导致企业丧失生命力。

（4）层次性

企业目标要通过各部门和各环节的生产经营活动去实现。因此，各部门需要围绕总目标制定出本部门目标，作为子目标应支持总目标的实现。企业管理层次的差异决定目标体系的垂直高度，企业目标就成了一个有层次的体系和网络。这种层次性体现为企业目标从综合的企业总目标到具体化为各管理层的中层目标，直至特定的个人目标。在目标体系中，除了纵向目标的指导与保障关系外，相同层次目标之间也必须具有协作关系。纵横交错的目标体系能够保证各部门的经营活动实现紧密衔接。

不仅各分目标之间要建立起有机联系，每个多元化目标的各个方面也要分清主次。区分主次目标既是为了明确各个方面的协调基准，也是为了明确资源分配的优先次序。为了便于管理，应尽量减少目标多元化的数量并突出重点。

（5）时间性

目标的时间性既要求长期目标短期化，又要求短期目标长期化。忽视长期目标短期化就无法确定长期目标实现的先后次序，甚至使制定的目标成为一纸空文。忽视短期目标长期化则很可能使短期目标不仅无助于长期目标的实现，而且阻碍长期目标的实现，甚至以放弃长期目标为代价。

（6）可考核性

按目标的可考核性可以将目标分为定性目标和定量目标。使目标具有可考核性的最方便的办法就是使之定量化（精确化）。但是，许多不可缺少的目标是不宜用数量来表示的，这类目标称为定性目标或模糊目标。定性目标可以通过对目标加以详细说明，用一组相关目标的特征，规定目标的完成日期，采用评分法等办法来提高它的可考核性。

（7）变动性

企业目标的内容和重点是随着外界环境、企业经营思想、自身优势的变化而变化的。从企业发展史的角度看，企业目标的内容日趋丰富。从泰勒时代单纯的利润目标，到强调人际关系、注重工作丰富化，企业目标的制定一直是目光向内，强调企业内部资源的挖掘；第二次世界大战以后，客户至上的企业目标日益普及；当前，企业目标中融入了社会责任，提倡绿色管理的内容，政府对企业的干预又决定了企业目标必须与政府的政策相一致。另外，企业作为市场竞争的主体，竞争环境的变化及对自身核心竞争力的思考也在一定程度上决定了不同时点上的企业目标是不同的。

3．目标的作用

（1）为管理工作指明方向

目标是管理工作的终点，是一个组织所追求的宗旨。每个组织都有自己的总体目标，而组织中的每个部门和单位也都得有与总体目标相适应的分目标。这样，才能使全体组织成员团结一致，为实现组织目标而努力。因此，目标的作用首先在于为管理工作指明方向。

（2）激励组织成员

要使目标能起到激励组织成员的作用，应尽可能使组织成员认识到这样的目标既是组织的客观需要，也是他们自己的追求，同时有可能使他们在目标的实现过程中充分发挥自己的聪明才智，并且与他们的切身利益紧密相关。

（3）凝聚组织成员

当目标能够充分体现组织成员的共同利益且每个分目标都明确地指向总目标时，就能发挥巨大的凝聚力作用。组织成员既有明确分工，又紧紧围绕共同目标密切合作、相互支持、主动配合、甘苦与共、和谐一致。

（4）提出考核工作的客观标准

明确具体并尽可能量化的可考核目标使得上级对下级工作的考核可以依据客观标准来进行。如果对下级的考核仅凭上级的主观印象，则会鼓励下级尽量按上级的意图行事，放弃自己按照客观情况独立发挥能动作用的努力。

3.2.2 目标管理过程

1．确定总目标

总目标的建立是目标管理实施的第一阶段，主要是指企业的目标制定和分解过程。由于企业目标体系是目标管理的依据，因而这一阶段是保证目标管理有效实施的前提和保证。

从内容上看，企业目标首先要明确企业的使命和宗旨，并结合企业内外环境决定一定期限内的具体目标。传统的目标设定过程是由企业的最高管理者完成的，然后分解成各级分目标，最后落实到个人目标。

开展目标管理首先要确立为组织全体成员所接受和认可的总目标，还应向员工详细说明组织所处的环境和面临的问题，以及总目标的内容、实现的可能性、实现后对组织的意义等，并充分听取广大职员的意见，逐步形成共识。

目标设立过程中应注意以下几个问题。

1）目标要略高于企业当前的生产经营能力，保证企业经过一定努力能够实现。目标过高，员工会因无法完成任务而丧失信心；目标太低，则失去了激发工作热情的意义。先进性与可行性要实现统一，在对员工的能力进行充分认定的基础上确定目标的水平。

2）目标要保证质与量的有机结合，尽可能量化企业目标，确保目标考核的准确性。

3）目标期限要适中。大多数情况下，目标设置可以与年度预算或主要项目的完成期限相一致。将长期目标分解为一定的短期目标有利于目标的监督考核，也有利于保证企业长期稳定发展。

4）目标数量要适中。目标少而精有利于在行动中保证重点目标的实现。

2. 目标分解落实

目标分解是把企业的总目标分解成各部门的分目标、个人目标，使企业所有员工都乐于接受企业的目标，并且在完成这一目标中承担自己应承担的责任。企业总目标按组织管理的层次进行分解，形成目标连锁体系。企业有数个部门目标支持总目标，有数个基层单位目标支持部门目标。目标与目标之间相互关联，彼此呼应，融为一体。

下级自己制定或主动承担的目标应直接地成为上级目标的一部分或实现上级目标的手段。分解展开以后的目标体系必须与组织结构相吻合，使每项目标都落到实处。在吻合过程中，原有的组织结构与新的目标体系时常会存在差异，表现为一些重要的目标找不到对此负全面责任的部门，而有些部门又很难为其确定目标，这种情况很可能导致对组织结构的调整。

目标分解应注意以下几个方面。

1）目标要突出重点，与企业总目标无关的其他工作不必列入各级分目标。

2）目标体系的逻辑要严密，纵横成网络，体现出由上到下越来越具体的特点。

3）鼓励员工积极参与目标分解，尽可能把目标分解工作由“要我做”变为“我要做”。

4）目标分解完毕后要进行严格的审批，明确责任并承诺提供完成目标的条件，保证目标的严肃性。在进行目标审批时，要详细分析目标的科学性与可操作性。

3. 平衡与协调

组织各层次、各部门、各单位、各个人的目标定位完毕以后，还必须从系统总体的角度进行综合平衡，以免遗漏、重复或冲突。这种协调和平衡工作有三个方面，即上下级之间、同级的各单位之间及总体上的平衡协调。

4. 授予相应的权力

综合平衡以后的目标要用责任书或其他形式将目标内容、完成时限、质量要求、所需权限和奖惩办法等规定下来，它对于目标承担者及其上级都具有约束力。尽量实行自主管理，对于上级来说，放手让下级自主管理并不等于放任不管。在行政关系下，上级授予下级权力后仍然要承担其所授职权行使后果的最终责任。因此，放权以后上级仍有责任对下级的工作进行指导、检查和帮助，但不能进行行政干预。

5. 评价工作成果

目标管理注重结果，因此组织必须对部门、个人的目标进行自我评定、群众评议、领导评审。通过评议，肯定成绩，发现问题，奖优罚劣，及时总结目标执行过程中的成绩与不足，以便完善下一个目标管理过程。成果评价的具体方法多种多样，但有一点是共同的，那就是通过评价活动，总结经验教训，使员工不仅获得自我实现的满足感，更能认识到自己的不足，更加积极地参与下一目标的制定与实施。上级应按规定对下级的工作成果进行考核、评价。对下级的工作成果进行考核评价不完全等同于对下级个人或部门的考核评价。评价的结果应反馈给责任者并允许其申诉，评价以后应按规定对责任者进行奖惩。

目标评定要注意几个问题。首先，要进行自我评定。评定的内容包括目标执行方案和手段是否合适、条件变化情况、主观努力程度等。其次，上级评定要全面、公正。对发现的问题要分析产生的原因，找出解决问题的方法，以便鼓励下级今后继续努力。另外，目标评定应与人事管理相结合，人事考核要以目标考核为基础，通过报酬、升迁等体现奖优罚劣。处罚是辅助措施，其目的是鼓舞士气、总结经验教训、为企业发展服务。及时反馈信息是提高目标管理水平的重要保证。目标成果的评价意味着一个管理循环的结束，而循环中的信息反映企业的综合发展能力，是制定下一个企业目标的重要依据。

3.2.3 目标设置的原则

1．确定好总目标

总目标的确定既要充分考虑组织原有的各种条件，又不能受原有各种条件的限制，关键是要把握好社会的需要和环境的制约。总目标的确定建立在对企业内外环境进行充分分析的基础上，通过一定的程序加以确定，既要保证目标的科学性，又要保证其可行性。

2．上下充分协商

各层次目标之间、同一层次目标之间要协调，保证分目标实现的同时，企业总体目标必然实现。通过充分协商，上下级相互了解对方的处境和合作的诚意，使双方有了在彼此理解的基础上达成共识的可能。当然，既然是协商，就应当允许双向选择，双方都不能强迫对方接受自己的要求。

3．定量化原则

目标要实现由上至下的逐级量化，使其具有可测度性。一方面，通过对量化目标完成情况的监控，保证企业总目标的实现。另一方面，通过员工具体目标与企业总目标的衔接，使员工更容易感受到自身工作对企业目标实现的贡献，有利于激发员工的积极性。同时，具体目标应先进合理。具体目标先进是指目标应高于一般员工所能达到的平均水平，目标合理是指目标应是大多数人通过努力能够达到、少数人有可能超过的。

4．注重集体成果

目标管理应始终把重点放在集体配合和集体成果上，这是管理的本质所在。虽然目标管理强调下级自主管理，但管理的本质不可因此而有丝毫的动摇。

3.2.4 目标管理的优缺点

目标管理开展以后，组织成员都有自己明确的工作目标，而且曾参与过目标的制定过程，这就使目标成为激励人们努力工作的要素，同时也在一定程度上解决了以工作为中心的管理与以人为中心的管理之间的矛盾。目标管理在实践过程中表现出了其他管理方法所替代不了的优点，但也暴露出了一些局限性。

1．目标管理的优点

（1）有利于提高组织的协同效应

如果没有明确的、方向一致的、系统化的目标体系来整合各单位、各员工的工作，则极易形成结构刚性、组织僵化和工作混乱的局面。目标管理对目标的强调保证了企业的所有管理活动围绕着企业的经营宗旨展开。这种有的放矢的管理一方面保证了各层次管理人员权责明确、各司其职，增加管理工作的规范性；另一方面通过职员的广泛参与，保证了管理的科学性与有效性。开展目标管理有利于动态地把组织中的各种力量集中在总目标的实现上。

（2）有利于提高组织的应变能力

在目标管理下，各级管理人员有了实现其目标所必需的自主权限，这样就能够对他所面对的环境的各种意料不到的变化灵活地采取各种措施，从而增强了组织基层的应变能力。

（3）有利于发挥组织成员的主动性和创造性

目标管理的最大优点可以说是它使得组织成员能控制自己的成就。通过参与制定目标、承诺目标，组织成员会想方设法地克服各种困难以实现目标，他们的成就感、价值感和责任感也随之增强。目标设立期间，员工的广泛参与明确了员工在集体中的地位与作用。员工参与提出的目标，通过授权由员工自主完成。员工不是只听从命令的被动的生产者，而是有相当自主权、在一定范围内主要依靠自我控制进行工作的、勇于承担责任的积极的生产者。目标管理的"能力至上"的人事考核与评价体系使员工的努力能够得到公正客观的评价，从而保证了权责利的有效统一，并产生强大的激励作用。

2. 目标管理的缺点

（1）短期性

由于长期的、准确的、可以量化的目标很难确定，因此几乎所有实行目标管理的组织所确定的目标都是短期的，很少超过一年。短期目标容易导致组织采取以牺牲长期所得为代价的、得不偿失的短期行为。

（2）组织整体上缺乏灵活性

目标管理要取得成效，就必须保持目标的明确性和肯定性。但是，计划是面向未来的，而未来存在着许多可变因素和不确定因素，需要组织保持整体上的灵活性。这是与目标管理过程中下级自主管理的要求相矛盾的。

（3）强调上下协商可能会影响工作效率

由于存在可考核的目标难以确定、整体与个人的利益难以一致、同级主管的目标难以平衡等诸多原因，所以上下协调需要漫长的过程，这样就会影响工作效率的提高。

3.3 战略管理

战略管理是企业高层管理人员为了企业长期的生存、继续和发展，在充分分析企业外部环境和内部条件的基础上，确定和选择达到目标的有效战略，并将战略付诸实施和对战略实施过程进行控制和评价的一个动态管理过程。在当今企业环境因素越来越多、越来越激烈的时代，作为高层管理人员的活动内容，战略管理越来越显示出它在企业管理中的重要性。

3.3.1 战略计划与战略选择

在动态和不确定的环境下，战略计划是重要的。这是因为它能使管理者以系统的和综合的方式分析环境，评价组织的优势和劣势，以及发现组织有可能具有竞争优势的机会。

1. 战略计划

战略计划是指应用于整体组织的，为组织未来较长时期（通常为 5 年以上）设立总体目标和寻求组织在环境中的地位的计划。战略计划的任务不在于看清企业目前是什么样子，而在于看清企业将来会成为什么样子。彼得·德鲁克曾言，“一个企业不是由它的名字、章程和公司条例来定义的，而是由它的任务来定义的。企业只有具备了明确的任务和目的，才可能制定明确和现实的企业目标”。因此，战略计划的首要内容是远景陈述和使命陈述。

远景陈述和使命陈述回答的是“我们想成为什么和我们的使命是什么”的问题，远景陈述和使命陈述应该生动活泼、言简意赅、易于记诵，且富有意义和鼓舞性。雇员和管理者共同为公司制定和修改远景目标反映了他们对自己未来的憧憬。共同的远景和使命可以使人们的精神从单调的日常操作中得到升华，使人们不停地受到激励。

远景陈述和使命陈述包括两个主要部分：核心意识形态和远景展望。核心意识形态由核心价值观和核心目标两部分构成，它给组织提供了长久存在的基础，是组织的精神。远景展望由10～30 年的宏伟、大胆、有难度的目标和生动逼真的描述两部分构成。

2. 战略选择

战略选择的实质是企业选择恰当的战略，从而扬长避短、趋利避害和满足客户。企业的战略类型有以下几种。

（1）基本战略

企业基本战略揭示企业如何为客户创造价值。波特认为：“竞争优势归根结底产生于企业为客户所能创造的价值——或者在提供同等效用时采取相对低价格，或者其不同寻常的效用用于补偿溢价而有余。”基本战略姿态可以有多种实现形式，如多元化和一体化战略都可以成本领先或特色优势战略姿态出现。同样，一种战略形式可以为多种基本姿态服务，如多元化战略既可以实现成本领先的战略姿态，也可以实现特色优势的战略姿态。

从实现客户价值形式角度而言，企业可以采取三种基本战略姿态中的任何一种，但由于每种战略姿态需要企业在组织、管理、文化等方面的特殊支持，因此既追求成本领先又追求特色优势的“夹在中间”战略姿态是注定要失败的。表 3-2 列出了基本战略选择的原则。

表 3-2　基本战略选择的原则

基本战略	原　则
成本领先战略	一种先发制人的战略 持续的资本投资和良好的融资能力 能够大规模化的生产技能 对工人严格监督 低成本的分销系统 结构和责任分明的组织 严格以定量目标为基础的激励制度 严格的成本控制和经常、详细的控制报告
特色优势战略	既可以是先发制人、也可以是后发制人的战略 强大的生产营销能力 敏锐的创造性鉴别能力 很强的基础研究能力 具有质量或技术领先的公司声誉

续表

基本战略	原　　则
特色优势战略	悠久的传统或独特的业务组合 在研究、产品开发和市场营销部门之间的密切协作 重视主观评价、创新精神，不仅仅以定量指标为基础的激励制度 轻松愉快的工作环境和企业文化，吸引高技能人才
目标集聚战略	一种具有自我约束能力的战略 实力不足以在产业内更广范围内竞争 能够以更高的效率、更好的效果为某一狭窄的战略对象服务，能在该范围内超过竞争对手 针对不同的成本或特色目标，相应地对上述原则进行组合

（2）核心能力在企业内、外扩张的成长战略

美国学者哈梅尔（Hamel.G.）和普拉哈拉德（Prahalad.C.K.）认为，核心能力是组织内的集体知识和集体学习，尤其是协调不同生产技术和整合多种多样技术流的能力。如果公司有意在未来的市场上获取巨大的利润份额，就必须建立起能对未来客户所重视的价值起巨大作用的专长。也就是说，企业的竞争是核心专长的竞争。一项能力能否成为企业的核心能力，必须通过三项检验。① 用户价值。核心能力必须能够使企业创造客户可以识别的和看重的，而且在客户价值创造中处于关键地位的价值。② 独特性。与竞争对手相比，核心能力必须是企业所独具的。如果是独具的，其必须是比任何竞争对手胜出一筹的能力。③ 延展性。核心能力必须是企业向新市场延展的基础，企业可以通过对核心的延展而创造出丰富多彩的产品。

虽然企业所有能力都对企业竞争优势具有贡献，但只有核心能力才能创造持续的、动态的竞争优势。在企业能力构成中，各种能力的相对重要程度不是一成不变的，或因为客户需求变化，或因为竞争对手在此项能力上发展出更好的能力等。今天的某种能力是自己的核心能力，明天可能不再如此，企业必须认识到这种变化正在加速。

企业能力并不表现为企业的实物资产，甚至不表现为士气、技术或知识。企业能力是企业获取并运用资产的能力，它能使企业资产呈现良好的结构；企业能力是企业通过文化建设和制度安排创造高昂士气的能力，它能使参与者同心同德并步调一致；企业能力是企业获取并充分运用设备、技术和知识的能力，它能使企业人、财、物同先进适用的技术和知识良好地结合。能力不像有形资产那样逐渐“耗损”，能力用得越多就越精进、越有价值。

如何增强企业的竞争力呢？途径只有一个，即充分利用符合外部环境与行业环境的规律，以及企业特有的，并有助于实现消费者看重的价值的核心能力。“充分利用”的内涵是，将自己有限的人力、物力、财力配置于核心能力之上，让核心能力长出丰硕的果实。不认识核心能力，企业很可能分散配置资源，这可能获取一些可观的利润，但它在未来必然失败。“充分利用”的实质是集中精力干最重要的事情。这是企业家的重要才能。充分利用核心能力的另一层含义即充分将企业外部的人力、物力、财力配置于自己的非核心能力之上。因为只有如此，企业才可能将自己有限的人力、物力、财力配置于核心能力之上。但核心能力一般不能与别人共享，因为核心能力必须专有才能成为真正的核心能力。从这种意义上说，企业的功能是专心致志于企业核心能力工作，而其他非核心能力部分的工作则可以通过市场交易、虚拟化、联盟等形式从

企业外部获得。

企业成长的基础是核心能力。核心能力可以通过一体化、多角化和加强型战略等战略形式在企业内扩张，也可以通过出售核心产品、非核心能力的虚拟运作和战略联盟等战略形式在企业间扩张。

（3）防御性战略

在企业成长的道路上，经常采取一些防御性战略，以退为进，以迂为直，可使企业更加健康地成长。企业常采用的防御性战略有收缩战略、剥离战略和清算战略等，各种战略形式的选择原则如表 3-3 所示。

表 3-3　防御性战略选择原则

防御性战略	选择原则
收缩战略	企业具有明显而独特的竞争优势，但在一定时期内并未充分发挥其优势 企业在特定行业的竞争中属于弱者 企业业绩在一段时间持续较差 企业管理出现失误 企业已迅速地成为大型企业，从而需要大规模地改组
剥离战略	企业已采取了收缩战略但未收到成效 分公司为保持竞争优势而需投入的资源大大超出公司的供给能力
剥商战略	分公司失利，使公司整体业绩不佳 分公司与公司其他组织不相适宜 政府反垄断法已对公司构成威胁
清算战略	公司已经采取收缩战略和剥离战略，但均未成功 公司除清算外的唯一选择是破产 企业股东可通过出售企业资产而将损失降至最小

3.3.2　战略管理的概念与特点

战略管理就是企业根据组织外部环境和内部条件设定企业的战略目标，为保证目标的正确落实和实现进行谋划，并依靠企业内部能力将这种谋划和决策付诸实施，以及在实施过程中进行控制的一个动态管理过程。

战略管理是一种崭新的管理思想和管理方式，其实质是动态的管理。其管理方式的特点为指导企业全部活动的是企业战略，全部管理活动的重点是制定战略和实施战略。而制定战略和实施战略的关键都在于对企业外部环境的变化进行分析，对企业的内部条件和素质进行审核，并以此为前提确定企业的战略目标。战略管理的任务就在于通过战略的制定、实施和日常管理，在保持动态平衡的条件下实现企业的战略目标。战略管理是管理理论中的最高层次和整合性的管理理论。对于企业高层管理者来说，最重要的活动就是制定战略和推进战略管理，以保证企业整体的有效性。战略管理的目的是提高企业对外部环境的适应性，使企业做到可持续发展。与传统的职能管理相比，战略管理具有以下特点。

1. 战略管理具有全局性

企业的战略管理是以企业的全局为对象，根据企业总体发展的需要而制定的。它所管理的是企业的总体活动，所追求的是企业的总体效果。具体地说，战略管理不是强调企业某一事业部或某一职能部门的重要性，而是通过制定企业的使命、目标和战略来协调各部门的活动。在评价和控制过程中，战略管理重视的不是各个事业部或职能部门自身的表现，而是它们对实现企业使命、目标、战略所做的贡献大小。所以，战略管理具有综合性和系统性的特点。

2. 战略管理的主体是高层管理者

由于战略决策涉及企业活动的各方面，虽然它也需要企业中、下层管理者和全体员工的参与和支持，但企业的最高层管理人员介入战略决策是必须且非常重要的。这不仅是因为他们能够统观全局、了解企业的全面情况，更重要的是他们具有对战略实施所需资源进行分配的权力。

3. 战略管理涉及大量资源的配置

企业的资源包括人力资源、实体财产和资金，它们或者在企业内部通过调整获得，或者从企业外部筹集而得。战略决策需要在相当长的一段时间内致力于一系列的活动，而实施这些活动需要足够的资源作为保证。因此，为保证战略目标的实现，就需要对企业的资源进行统筹规划与合理配置。

4. 战略管理具有长远性

战略管理中的战略决策是对企业未来较长时间（5 年以上）内，就企业如何生存和发展等问题进行统筹规划。在迅速变化和竞争激烈的环境中，战略决策应以组织者所期望或预测将要发生的情况为基础。企业要取得成功还必须对未来的变化采取预应的准备，这也要求企业做出长期性的战略计划。

5. 战略管理需考虑企业的外部环境因素

当今企业存在于开放的系统中，企业影响着外部环境因素，同时更多地受到那些不能由企业自身控制的因素的影响。所以，在未来竞争的环境中，企业若要使自己占据有利地位并取得竞争优势，就必须考虑与其相关的因素（包括竞争对手、客户、资金来源、政府等外部因素），以使企业能不断地适应不断变化的外部环境。

3.3.3 战略结构

一般来说，一个企业的战略可划分为三个层次，即公司战略、经营战略和职能战略。

1. 公司战略

公司战略是总体的、最高的战略。公司战略的侧重点在两个方面。一是从公司全局出发，根据外部环境的变化及公司的内部条件，选择公司所从事的经营范围和领域，即要回答这样的问题：公司的业务是什么？应在什么业务上经营？二是在确定所从事的业务后，要在各事业部门之间进行资源分配，以实现公司整体的战略意图，这也是公司战略实施的关键内容。

2. 经营战略

经营战略（事业部战略）有时也称竞争战略，它处于战略结构中的第二层次。这种战略所涉及的决策问题是在选定的业务范围内或在选定的市场——产品区域内，事业部门应在什么样的基础上进行竞争，以取得超过竞争对手的竞争优势。为此，事业部门的管理者需要努力鉴别最能赢利和最有发展前途的市场，以发挥其竞争优势。

3. 职能战略

职能战略是指在职能部门中（如生产、市场营销、财会、研究与开发、人力资源等），由职能管理人员制定的短期目标和规划，其目的是实现公司和事业部门的战略计划。职能战略通常包括市场策略、生产策略、研究与开发策略、财务策略、人力资源策略等职能策略。

以上战略层次中，公司战略倾向于价值取向，以抽象概念为基础，与事业部战略和职能战略的制定与实施相比不甚具体。此外，公司战略还具有风险性、成本高、预期收益较大、所需时间长，以及要求有较大的灵活性和大量外部资源的输入等特点。这些特点也是由公司战略的决策具有意义深远性、未来性及革新性的本质特征所决定的。职能战略主要涉及具有作业性取向和可操作性的问题，其所涉及的决策时间跨度比较短。由于依靠已有资源，职能战略决策风险小，所需代价不高，所涉及的活动在公司范围内不需要很大的协调性。事业部战略的特点则介于公司战略和职能战略的特点之间。

公司战略、经营战略、职能战略三者构成了一家公司的战略层次，它们之间相互作用，紧密联系。公司要想获得成功，则必须将三者有机地结合起来。高级层次的战略构成下一层次的战略环境，低级战略为高层次战略目标的实现提供保障和支持。

3.3.4 战略管理过程

战略管理是对一个企业的未来发展方向制定决策和实施这些决策的动态管理过程。一个规范性的、全面的战略管理过程可大体分解为三个阶段，它们分别是战略分析阶段、战略选择及评价阶段、战略实施及控制阶段。这个过程为：确定企业战略目标—战略分析—战略选择及评价—战略实施及控制（之后反馈各环节并修订之）。

1. 战略分析

战略分析是指对企业的战略环境进行分析、评价，并预测这些环境未来发展的趋势，以及这些趋势可能对企业造成的影响及影响方向。一般来说，战略分析包括企业外部环境分析和企业内部环境或条件分析两个部分。企业外部环境一般包括下列因素或力量：政府（法律因素）、经济因素、技术因素、社会因素及企业所处行业中的竞争状况。企业外部环境分析的目的是为了适时地寻找和发现有利于企业发展的机会，以及对企业来说所存在的威胁，做到“知彼”，以便在制定和选择战略中能够利用外部条件所提供的机会而避开对企业的威胁因素。

企业的内部环境也就是企业本身所具备的条件，即企业所具备的素质，它包括企业的有形资源和无形资源，企业的财务能力、营销能力、生产管理能力、组织效能、企业文化等企业能力，企业的核心竞争能力等。企业内部条件分析的目的是为了发现企业的优势和劣势，以便在制定和实施战略时扬长避短、发挥优势，有效地利用企业自身的各种资源，发挥企业的核心竞争力。

2. 战略选择及评价

战略选择及评价过程实质上就是战略决策过程，即对战略进行探索、制定及选择。通常，对于一个跨行业经营的企业来说，它的战略选择应当解决以下两个基本的战略问题：一是企业的经营范围或战略经营领域，即规定企业从事生产经营活动的行业，明确企业的性质和所从事的事业，确定企业以什么样的产品或服务来满足哪一类客户的需求；二是企业在某一特定经营领域的竞争优势，即确定企业提供的产品或服务，以及要在什么基础上取得超越竞争对手的优势。

一个企业可能会制定出达成战略目标的多种战略方案，这就需要对每种方案进行鉴别和评价，以选出适合企业自身的方案。目前对战略的评价已有多种战略评价方法或战略管理工具，如波士顿咨询集团的市场增长率——相对市场占有率矩阵法、行业寿命周期法等。这些方法已在跨行业经营的企业中得到广泛应用。

3．战略实施及控制

一个企业的战略方案确定后，企业必须通过具体化的实际行动，才能实现战略及战略目标。一般来说，企业可在三个方面推进战略的实施。首先，确定企业资源的规划和配置方式，包括公司级和战略经营单位级的资源规划和配置；其次，对企业的组织机构进行构建，以使构造出的机构能够适应所采取的战略，为战略实施提供一个有利的环境；最后，要使领导者的素质及领导能力与所执行的战略相匹配，即挑选合适的企业高层管理者来贯彻既定的战略方案。

在战略的具体化和实施过程中，为了使实施中的战略达到预期目的，实现既定的战略目标，企业必须对战略的实施进行控制。这就是说，将经过信息反馈回来的实际成效与预定的战略目标进行比较，如二者有显著的偏差，就应当采取有效的措施进行纠正。由于原来的分析不周全、判断有误，或者环境发生了意想不到的变化而引起偏差时，企业甚至可能要重新审视环境，制定新的战略方案，进行新一轮的战略管理过程。因此，战略管理是一个动态的和循环往复的不间断过程。

自测题

一、名词解释

计划　计划工作　目标管理　战略管理

二、单项选择题

1．计划工作的第一步骤是（　　）。

A．估量机会　　B．确定前提条件

C．确定目标　　D．拟订可供选择的方案

2．首先提出目标管理的是（　　）。

A．孔茨　　B．德鲁克　　C．巴纳德　　D．西蒙

3．全面的战略管理过程大体分解为三个阶段，下面说法正确的是（　　）。

A．战略分析阶段　　B．战略选择阶段

C．战略评价阶段　　D．控制阶段

三、多项选择题

1．目标的作用有（　　）。

A．为管理工作指明方向　　B．激励组织成员
C．凝聚组织成员　　D．提出考核工作的客观标准
E．主导性
2．目标管理自身的缺点有（　　）。
A．完成结果不易评价　　B．适当的目标不易确定
C．目标一般是短期的，与长期目标脱节　　D．不灵活
E．目标管理理论尚未普及和宣传
3．企业的战略可划分为三个层次，即（　　）。
A．公司战略　　B．经营战略　　C．部门战略
D．职能战略　　E．总体战略

四、判断题

1．管理者在小型组织和大型组织中从事基本相同的工作。（　　）
2．目标是协调人们行动的依据，它既是管理活动的出发点，也是管理活动追求的结果。（　　）
3．俗话说“车到山前必有路”，所以企业管理者事先所做的计划根本没有作用。（　　）

五、简答题

1．计划有哪些类型？
2．目标管理的含义和特点是什么？
3．战略性计划显著的特点是什么？

案例分析

案例 1　科宁公司的新战略计划

科宁是美国一家创建最早的公司之一，主要经营玻璃品生产和加工，一直由其创始人科宁家族掌管。1880 年，科宁公司成功地制造了第一个灯泡。

然而，科宁的这种经营战略却给它带来了许多问题：它的骨干业务——灯泡生产在 30 年前曾占领 1/3 的美国灯泡市场，而今天却丧失了大部分市场；电视显像管的生产也因激烈的竞争而陷入困境。这两条主要产品线都无法再为公司获取利润。面对这种情况，公司既希望开辟新的市场，又不愿意放弃其传统的玻璃生产和加工。对此，公司最高层领导制定了一个新的战略计划。计划包括三个主要方面：第一，缩小类似灯泡和电视显像管这样低利润的部门；第二，减少因市场周期性急剧变化而浮动的产品生产；第三，开辟既有挑战性又具巨大潜在市场的产品。

其中，第三方面又包括三个新的领域：一是开辟光波导器生产——用于电话和电缆电视方面的光波导器和网络系统，以及高级而复杂的医疗设备等，希望这一方面的年销售量能达到 40 亿美元；二是开辟生物工程技术，这种技术在食品行业大有前途；三是利用原来的优势，继续制造医疗用玻璃杯和试管等，并开拓电子医疗诊断设备，希望在这一方面能达到全国同行业中第一或第二的地位。

科宁公司还有次一级的目标。例如，这个公司目前正在搞一条较复杂的玻璃用具生产线，并想向不发达国家扩展业务。很明显，科宁公司在进行着一个雄心勃勃的发展计划，公司希望

通过提高技术和提高效率，获得更大的利润。

但是，在进行新的冒险计划中，科宁公司也碰到了许多问题。例如，如果公司真要从光波导器和生物控制等方面获得成功的话，就必须扩大其经营领域。另外，科宁公司给人的印象是要保持其原来的基础，而不是要获得利润。

问题：

（1）根据案例提供的材料，请概述科宁公司的战略计划和策略计划。

（2）你能分别列出科宁公司的中期计划和短期计划吗？

案例 2　联华超市的战略管理

联华超市初创于 1991 年 5 月，迄今为止已经历了三个不同的发展阶段：1991—1995 年的初创时期；1996—1997 年的调整阶段；1998 年至今的重组扩张阶段。联华在 1997 年有 30 家连锁门店、24 亿元销售额，到 2000 年 11 月底有 950 家网点和 100 亿元销售额。公司以低成本运行和目标管理为核心，在资本运作、市场拓展、技术进步等方面取得了领先优势，成为全国连锁超市中的“领头羊”。公司在最初发展中就十分注重资本运作模式的选择，其最初门店的建立是银行贷款及政府贴息的结果，走的是一条负债经营的发展道路。1996 年通过资本投资，建立控股联合合资子公司，在原先的直营店的基础上不断扩张。1997 年改制，正式组建联华超市有限公司并引进 8 000 多万元人民币，吸引了诸如三菱等国际跨国公司参股。同年，与法国家乐福合资，在上海市区和郊区、扬州、南京等地组建数个联华控股有限公司。1999 年，联华超市又与南京的长江超市资产重组，连锁规模迅速扩大，公司规模呈几何级增长。除全力巩固发展标准食品型超市外，联华还积极探索超市多业态发展的思路，开设了综合型食品加强超市、超市大卖场，还将联华便利店发展视为主力业态的延伸。

联华未来的发展思路是继续以提升资本运作水平和提高资产经营能力为着眼点，在市区以合资收购方法扩大规模优势，尤其是加大便利店的资本扩张力度，巩固业态领先地位；在郊县通过对现有合资公司的资产重组，确保其在郊县的规模优势；在市外积极与当地合作伙伴进行战略联盟，发挥互补效应，迅速确立区域相对优势。

“客户第一”是联华的经营理念。注重个性化的经营特色是联华得以快速发展的关键。在品牌经营中，以贴近日常消费的生活用品为切入点，以同样的品质、不同的价格为核心，通过工商联手、定牌监制的方式，开发联华牌日用纸制品和小商品等系列。品牌战略推动了规模经营，又扩大了无形资产，形成了整体优势。

问题：

（1）联华超市在战略管理上注重了哪些因素？为什么？

（2）根据联华超市的实践，你能描述它采取的战略吗？在采取这一战略时，联华凭借的是哪些优势？可能会遇到哪些问题？

第4章 决　策

学习目标　掌握决策的基本定义、内容；了解决策的类型；掌握决策的过程；理解掌握决策方法。

引导案例

康宁公司应该如何决策

康宁是一家中外合资的企业，中方出资70%，外方出资30%，主要从事电子插件板的修复、制造业务。改革开放以来，随着经济的不断发展，一些企业相继从国外引进了自动化程度较高的设备，如工业过程机、PLC通讯、交直流传动、仪表、计算机等。这些设备的一个共同特点是，主体设备由各种类型的电子元件插件板构成。随着设备运行年限的上升，插件板的元件趋向老化，故障相应增多，许多设备因一两块插件板的故障而不能正常运行。工业自动化设备通常费用昂贵，大多数企业不可能因一两块插件板故障而报废整套设备，因此他们迫切希望有专业的插件板修理制造公司。从国外引进的各类自控设备，品种繁杂、规格众多，随着电子技术集成度的不断提高，集成电路更新换代的周期越来越短，一些要更换的集成块往往是被淘汰的型号，无备件可供替换，而要寻找合适的代用品，没有详细的系统功能图、线路图，没有配备先进的诊断设备、完善的测试手段是非常困难的。

康宁公司的20名员工都是在电子行业有一定工作经验的中青年科技人员，总经理本人就是在自动化领域有一定建树的专业人员。他们每个人都能独当一面，既能诊断、分析故障，又能动手测试、修理及改造，对国外引进的技术、设备能很快消化、吸引，为客户提供详尽的技术支持。康宁公司修复的插件板运行稳定、质量可靠，使一些自动化设备起死回生，因而迅速打开了局面，合同源源不断，公司开张仅四个月就完成了预计的全年业务量。

康宁公司目前实行的是董事会领导下的总经理负责制，公司内分为技术开发部、生产制造部、人事财务部，各设部门经理一人，均由专业技术人员兼任。公司成立后第一年的业务收入为245万元，实现利润总额105万元，税后利润为97万元。据测算，待修插件板的总市场量将按12%～15%的速度逐年递增。由于康宁公司的良好信誉，一些客户找上门来要求他们承担与电气设备、仪表、PLC等自控设备相关的系统设计及改造项目。这是一类比修理插件板利润更可观的业务，市场竞争十分激烈。这类业务从系统设计开始直至编程调试，工作量大且技术复杂、难度系数高，要求更强的专业技术力量，系统改造后是否能达到预定目标有一定风险。一些计算机厂商也相继地找上门来，要求公司作其个人电脑的特约代理销售商，提供的分成比例极为优惠，公司可获得的经济效益非常可观。在公司经营许可范围内，还能从事与插件板相关的设备、仪器的进出口业务，有人提出成立一个贸易部，工贸结合，从事电气设备和食品的进出口贸易，实现多元化经营。随着公司业务的不断扩大和新项目、新机会的出现，公司面临许多新问题，董事会对如何发展业务意见分歧，需要尽快做出抉择。

问题：

1. 康宁公司面临一些什么问题？
2. 如果你是公司的管理人员，你将提出什么建议？

人们在实践活动之前，总要根据目标，明确做什么和怎样做的问题。决策是人们行动的选择，而行为则是决策的执行。当今世界，企业所面临的外界环境变化很快，一个企业的兴衰往往不取决于内部的具体作业管理，而决定于领导者是否能迅速、准确地做出决策并具体实施决策。决策在社会发展，特别是在现代管理中的地位和作用越来越突出。正确的决策决胜千里，错误的决策南辕北辙。

决策职能是管理的核心职能，决策贯穿于管理过程的始终。计划、组织、领导、人员管理和控制等都涉及决策问题。由于决策渗透于管理的各项工作，所以管理者常被称为决策者。

4.1 决策概述

4.1.1 决策的内涵

组织的管理者的大部分工作都是在做决策，管理的各项职能也都离不开决策。西蒙认为管理就是决策。至于决策的概念，不同的学者有不同的看法。美国学者亨利·艾伯斯认为："决策有狭义和广义之分。从狭义上说，进行决策是在几种行为方案中做出选择。从广义上说，决策还包括在做出最后选择之前必须进行的一切活动。"

我们主要从广义上理解决策的含义，即决策是指人们为实现既定的目标，在掌握充分的信息和对有关情况进行深刻分析的基础上，从拟订实现目标的各种可行方案中选择一个合理方案的过程。

从上述决策的含义中可以看出，决策是在几种方案中做出的选择。虽然选择的方法多种多样，但它们也有共同的特征，具体可以概括为以下几点。

1. 目标性

任何决策都是为了实现一定的目标而进行的方案选择。如果决策的目标是模糊不清的或不正确的，则无法以目标为标准评价方案，也就无从选择方案，因而也就谈不上决策。犹豫不决，通常也是由于目标很模糊或设立得不合理。

2．可行性

一个合理的决策是以充分了解和掌握各种信息为前提的，即通过组织外部环境和组织内部条件的调查分析，根据实际需要与可能选择切实可行的方案。

3．选择性

决策的基本含义是抉择。决策是从若干备选的方案中进行选择，如果只有一个方案，就无法比较其优劣，也无选择余地，也就无所谓决策。没有比较就没有鉴别，更谈不上所谓的“最佳”。因此，决策要求必须提供多种可供选择的方案。

提供多个可行方案的过程通常是一个创新的过程。每个可行方案都要具备下列条件。

- 能够实现预期目标。
- 各种影响因素都能定性与定量地分析。
- 不可控的因素也大体能估计出其发生的概率。

另外，在制定可行方案时，还应满足整体详尽性和相互排斥性的要求。

4．满意性

所谓满意决策，是指在现实条件下，决策者的决策使得目标的实现在总体上已达到预期的效果。决策过程是一个研究复杂的、多变的和多约束条件问题的过程，同时人们对客观事物的认识也是一个不断深化的过程，对于任何目标都很难找出全部的可行方案。因此，决策者只能得到一个适宜和满意的方案，不可能得到最优的方案。

5．过程性

决策不是简单地罗列方案和选择方案，而需要决策者做一系列的工作。决策者应先进行调查、分析和预测，然后确定行动目标，找出可行方案，再进行判断、分析，最后选出最终方案。因此，决策是一个过程。

6．动态性

决策的动态性与过程性有关。决策作为一个过程，没有真正的起点，也没有真正的终点，而是一个不断循环的过程。

4.1.2　决策的类型

1．个人决策和集体决策

根据决策的主体不同，可将决策划分为个人决策和集体决策。

个人决策是指由单个人做出的决策。个人决策的优点是处理问题快速、果断；缺点是容易出现鲁莽、武断等情况。

集体决策是指由若干人组成的集体共同做出的决策。集体决策的优点是能够汇总更多的信息，拟订更多的备选方案，有利于提高决策的质量；组织成员之间能够更好地沟通，有利于决策方案的接受性；各部门之间的相互协调有利于决策的更好执行。集体决策的缺点主要是花费的时间较长、费用较高，并且可能导致责任不清和从众现象。

2．长期决策和短期决策

根据决策影响时间的长短，可将决策划分为长期决策和短期决策。

长期决策是指对组织的发展方向做出的长远性、全局性的重大决策。战略性决策就是长期决策，具有周期长、风险大的特点。

短期决策是指为实现长期战略目标而采取的短期策略手段。短期决策一般属于战术决策或业务决策，具有花费少、时间短的特点。

3．战略决策、战术决策和业务决策

根据决策问题的重要程度不同，可将决策划分为战略决策、战术决策和业务决策。

战略决策是指组织最高管理层对组织未来的整体发展做出全局性、长远性和方向性的决策。

战术决策又称管理决策，是指组织的中间管理层为实现组织中各环节的高度协调和资源的合理利用而做出的决策。

业务决策又称作业决策，是指组织中的基层管理者在日常工作中为提高生产效率和工作效率而做出的决策。

4．确定型决策、风险型决策和不确定型决策

根据决策环境的控制程度不同，可将决策划分为确定型决策、风险型决策和不确定型决策。

确定型决策是指在稳定（可控）条件下进行的决策。在确定型决策中，各种可行方案所需的条件是已知的，每个方案只有一个结果，最终选择哪个方案取决于对各个方案结果的直接比较。做出确定型决策一般使用数学模型，如利用量本利分析法来确定企业的保本销售量。

风险型决策也称随机决策，是指决策者不能预先确定未来的环境条件，但能够知道有多少种自然状态出现及每种自然状态发生的概率，根据概率进行计算并做出决策。股票投资就属于风险型决策。

不确定型决策是指在不确定条件下进行的决策。在不确定型决策中，决策者不知道有多少种自然状态产生，也不知道每种自然状态发生的概率，只能根据直觉、经验和判断能力来决策。

5．程序化决策和非程序化决策

根据决策问题的重复性不同，可将决策划分为程序化决策和非程序化决策。

组织中的问题一般可分为两类：一类是例行问题，一类是例外问题。例行问题是指那些重复出现的、日常的管理问题。例外问题是指那些偶然发生的、新颖的、没有前例、无固定模式的问题。处理例行问题，不需要每次都做出决策，而是要建立制度、规则或政策，按例行程序处理即可。处理例外问题，虽然数量不多，但是对决策者的要求较高。西蒙根据解决上述两类不同性质的问题，将决策分为程序化决策和非程序化决策。程序化决策是对涉及例行问题的决策；非程序化决策是对涉及例外问题的决策。

4.2　决策过程

4.2.1　决策的依据和原则

1．决策的依据

管理者在决策时离不开信息。信息的数量和质量直接影响决策水平。这要求管理者在决策之前及决策过程中尽可能地通过多种渠道收集信息，作为决策的依据。但这并不是说管理者要不计成本地收集各方面的信息。管理者在决定收集什么样的信息、收集多少信息及从何处收集信息等问题时，要进行成本—收益分析。只有在所收集的信息带来的收益（因决策水平提高而给组织带来的利益）超过因此而付出的成本时，这种信息才应该被收集。

所以，适量的信息是决策的依据。信息量大固然有助于决策水平的提高，但对组织而言可能不经济；而信息量过少则使管理者无从决策或导致决策收不到应有的效果。

2．决策的原则

决策遵循的是满意原则，而不是最优原则。对决策者来说，要使决策达到最优，必须具备下列条件：

- 容易获得与决策有关的全部信息。
- 真实了解全部信息的价值所在，并据此制定所有可能的方案。
- 准确预期到每个方案在未来的执行结果。

但在现实中，上述这些条件往往得不到满足，具体来说有以下几个原因。

1）组织内外存在的一切对组织的现在和未来都会直接或间接地产生某种程度的影响，但决策者很难收集反映这一切情况的信息。

2）对于收集的有限信息，决策者的利用能力也是有限的，所以决策者只能制定数量有限的方案。

3）任何方案都要在未来实施，而决策者对未来的认识是不全面的，对未来影响的预测也是有限的，所以决策时所预测的未来状况可能与实际的未来状况有出入。

现实中的上述状况决定了决策者难以做出最优决策，只能做出相对满意的决策。

4.2.2　决策的过程

1．决策的过程

（1）识别机会或诊断问题

决策者必须知道哪里需要行动，这决定了决策过程的第一步是识别机会或诊断问题。管理者通常密切关注与其责任范围有关的数据，这些数据包括外部的信息和报告及组织内部的信息。实际状况和理想状况的偏差提醒了管理者潜在机会或问题的存在。识别机会或问题并不总是简单的，因为它要考虑组织中人的行为。有时，问题可能植根于个人的过去经验、组织的复杂结构或个人和组织因素的某种混合。因此，管理者必须特别注意要尽可能精确地评估问题和机会。但也有的时候，问题可能简单明了，管理者只要稍加观察就能识别出来。

评估机会或问题的精确度依赖信息的精确度，所以管理者要尽力获取精确的、可信赖的信息。低质量或不精确的信息会白白浪费时间，并使管理者无从发现导致某种情况出现的潜在原因。

即使收集的信息是高质量的，在解释的过程中也可能发生扭曲。有时，随着信息持续地被误解或有问题的事件一直未被发现，信息的扭曲程度会加重。大多数重大灾难或事故都有一个较长的潜伏期。这一时期，有关征兆被错误地理解或不被重视，从而管理者未能及时采取行动，最终导致灾难或事故的发生。

更糟的是，即使管理者拥有精确的信息并能正确地解释它，而处在管理者控制之外的因素也会对机会或问题的识别产生影响。但是，管理者只要坚持获取高质量的信息并仔细地解释它，就会提高做出正确决策的可能性。

（2）识别目标

目标体现的是组织想要获得的结果。想要获得结果的数量和质量都要明确下来，因为目标的这两个方面都最终指导决策者选择合适的行动路线。目标的衡量方法有很多种，如我们通常用货币单位来衡量利润或成本目标、用每人每小时的产出数量来衡量生产率目标、用次品率或废品率来衡量质量目标。根据时间的长短，可把目标分为长期目标、中期目标和短期目标。长期目标通常用来指导组织的战略决策，中期目标通常用来指导组织的战术决策，短期目标通常用来指导组织的业务决策。无论时间的长短，目标总指导着随后的决策过程。

（3）拟订备选方案

一旦机会或问题被正确地识别出来，管理者就要提出达到目标和解决问题的各种方案。这一步骤需要创造力和想象力。在提出备选方案时，管理者必须把试图达到的目标牢记在心，而且要提出尽可能多的方案。

管理者常常借助其个人经验、经历和对有关情况的把握来提出方案。为了提出更多、更好的方案，管理者需要从多种角度审视问题，这意味着管理者要善于征询他人的意见。

备选方案可以是标准的，也可以是独特的和富有创造性的。标准方案通常是指组织以前采用过的方案。通过头脑风暴法、名义组织技术和德尔菲技术等，管理者可以提出富有创造性的方案。

（4）评估备选方案

决策过程的第四步是确定所拟订的各种方案的价值或恰当性，即确定最优的方案。为此，管理者必须具备评价每种方案价值或相对优势（劣势）的能力，评估过程中要使用预定的决策标准（如想要的质量）及每种方案的预期成本、收益、不确定性和风险等信息，最后对各种方案进行排序。例如，管理者会提出以下问题：该方案会有助于质量目标的实现吗？该方案的预期成本是多少？与该方案有关的不确定性和风险有多大？根据这些问题，对备选方案进行评估。

（5）做出决定

决策过程中，管理者通常要做出最后的选择，但做出决定仅是决策过程中的一个步骤。尽管选择一个方案看起来很简单——只需要考虑全部可行方案并从中挑选一个能最好地解决问题的方案，但实际上，做出选择是很困难的。由于最好的决定通常建立在仔细判断的基础上，所以要想做出一个好的决定，管理者必须仔细考察全部事实、确定是否可以获取足够的信息并最终选择最好方案。

（6）选择实施战略

方案的实施是决策过程中至关重要的一步。方案选定以后，管理者就要制定实施方案的具体措施和步骤。实施过程中通常要注意做好以下工作：

- 制定相应的具体措施，保证方案的正确实施。
- 确保与方案有关的各种指令能被所有有关人员充分接受和彻底了解。
- 应用目标管理方法把决策目标层层分解，落实到每个执行单位和个人。
- 建立重要的工作报告制度，以便及时了解方案进展情况，及时进行调整。

（7）监督和评估

一个方案可能涉及较长的时间。在这段时间内，形势可能发生变化，而初步分析建立在对问题或机会的初步估计上，因此管理者要不断对方案进行修改和完善，以适应不断变化的形势。同时，连续性活动因涉及多阶段控制而需要定期的分析。

由于组织内部条件和外部环境的不断变化，管理者要不断修正方案来减少或消除不确定性，定义新的情况，建立新的分析程序。具体来说，职能部门应对各层次、各岗位履行职责情况进行检查和监督，及时掌握执行进度，检查是否偏离目标，及时将信息反馈给决策者。决策者则要根据职能部门反馈的信息，及时追踪方案实施情况，对与既定目标发生部分偏离的，应采取有效措施，以确保既定目标的顺利实现；对客观情况发生重大变化，原先的目标确实无法实现的，则要重新寻找问题或机会，确定新的目标，重新拟订可行的方案，并进行评估、选择和实施。

需要说明的是，管理者在以上各个步骤的实施中都要受到其个性、态度和行为，以及伦理、价值、文化等诸多因素的影响。

2．决策的影响因素

1）环境。这里的环境包括组织内部和组织外部的环境。环境的特点，以及对环境的习惯反应模式影响着组织的活动选择。环境的变化会引起新的决策，也会影响决策的内容。

2）过去的决策。决策是针对所要解决的问题，在特定的环境下选择最合理的方案。环境是不断变化的，因此过去的决策不能继续适用于新的环境。新的决策则为了解决新的问题应运而生。

3）决策问题的性质。这包括问题的急迫性和重要性。决策涉及的问题对组织来说非常紧迫，这样的决策被称为时间敏感型决策；反之被称为知识敏感型决策。时间敏感型决策对决策速度的要求高于决策质量的要求；而知识敏感型决策对决策质量的要求较高。

4）决策者对风险的态度。对风险的不同态度会影响行动方案的选择。风险偏好者乐观看待结果，因此会选择最好条件下的结果最好的方案；而风险厌恶者则会选择最坏条件下的结果相对好的方案。

5）决策主体的因素。这包括个人能力、个人价值观、决策群体的关系融洽程度等。这些主体因素影响决策过程的顺畅，以及决策结果的科学性和正确性。

4.3 决策理论

4.3.1 古典决策理论

古典决策理论又称规范决策理论，是基于“经济人”的假设提出来的，主要盛行于 20 世纪 50 年代以前。古典决策理论认为，应该从经济的角度来看待决策问题，即决策的目的在于为组织获取最大的经济利益。

古典决策理论的主要内容是：

- 决策者必须全面掌握有关决策环境的信息情报。
- 决策者要充分了解有关备选方案的情况。
- 决策者应建立一个合理的、自上而下的执行命令的组织体系。

- 决策者进行决策的目的始终都是使本组织获取最大的经济利益。

古典决策理论假设，作为决策者的管理者是完全理性的，决策环境条件的稳定与否是可以被改变的，决策者在充分了解有关信息情报的情况下是完全可以做出完成组织目标的最佳决策的。古典决策理论忽视了非经济因素在决策中的作用，不一定能指导实际的决策活动，从而逐渐被更为全面的行为决策理论所代替。

4.3.2　行为决策理论

行为决策理论的发展始于 20 世纪 50 年代。对古典决策理论的“经济人”假设发难的第一人是赫伯特 · A · 西蒙。他在《管理行为》一书中指出，理性的和经济的标准都无法确切说明管理的决策过程，进而提出“有限理性”标准和“满意度”原则。其他学者也对决策者行为做了进一步的研究，他们在研究中发现，影响决策者进行决策的不仅有经济因素，还有其个人的行为表现，如态度、情感、经验和动机等。

行为决策理论的主要内容包括以下几个方面。

1）人的理性介于完全理性和非理性之间，即人是有限理性的。这是因为在高度不确定和极其复杂的现实决策环境中，人的知识、想象力和计算力是有限的。

2）决策者在识别和发现问题中容易受知觉上的偏差的影响，而在对未来的状况做出判断时，知觉的运用往往多于逻辑分析方法的运用。所谓知觉上的偏差，是指由于认知能力的有限，决策者仅把问题的部分信息当作认知对象。

3）由于受决策时间和可利用资源的限制，决策者即使充分了解和掌握有关决策环境的信息情报，也只能做到尽量了解各种备选方案的情况，而不可能做到全部了解，决策者选择的理性是相对的。

4）风险型决策中，与经济利益的考虑相比，决策者对风险的态度起着更为重要的作用。决策者往往厌恶风险，倾向于接受风险较小的方案，尽管风险较大的方案可能带来较为可观的收益。

5）决策者在决策中往往只求满意的结果，而不愿费力寻求最佳方案。导致这一现象的原因有多种：决策者不注意发挥自己和别人继续进行研究的积极性，只满足于在现有的可行方案中进行选择；决策者本身缺乏相关能力，有些情况下，决策者出于个人某些因素的考虑而做出自己的选择；评估所有的方案并选择其中的最佳方案需要花费大量的时间和金钱，这可能得不偿失。

行为决策理论抨击了把决策视为定量方法和固定步骤的片面性，主张把决策视为一种文化现象。例如，日裔美籍学者威廉 · 大内（William Ouchi）在其对美日两国企业在决策方面的差异所进行的比较研究中发现，东西方文化的差异是导致这种决策差异的一种不容忽视的原因，从而开创了决策的跨文化比较研究。

除了西蒙的“有限理性”模式，林德布洛姆的“渐进决策”模式也对“完全理性”模式提出了挑战。林德布洛姆认为，决策过程应是一个渐进过程，而不应大起大落（当然，这种渐进过程积累到一定程度也会形成一次变革），否则会危及社会稳定，给组织带来组织结构、心理倾向和习惯的振荡及资金困难，也使决策者不可能了解和思考全部方案并弄清每种方案的结果（这是由于时间的紧迫和资源的匮乏）。因此，“按部就班、修修补补的渐进主义决策者或安于现状的人，似乎不是一位叱咤风云的英雄人物，而实际上是能够清醒地认识到自己是在与无边无际的宇宙进行搏斗的足智多谋的解决问题的决策者。”这说明，决策不能只遵循一种固定的程序，而应根据组织内外环境的变化进行适时的调整和补充。

4.3.3 当代决策理论

继古典决策理论和行为决策理论之后，决策理论有了进一步的发展，即产生了当代决策理论。当代决策理论的核心内容是，决策贯穿于整个管理过程，决策程序就是整个管理过程。

组织是由作为决策者的个人及其下属、同事所组成的系统。整个决策过程从研究组织的内外环境开始，继而确定组织目标，设计可达到该目标的各种可行方案，比较和评估这些方案，进而进行方案选择，最后实施决策方案，并进行追踪检查和控制，以确保预定目标的实现。这种决策理论对决策的过程、决策的原则、程序化决策和非程序化决策、组织机构的建立同决策过程的联系等做了精辟的论述。

当今的决策者在决策过程中应广泛采用现代化的手段和规范化的程序，以系统理论、运筹学和电子计算机为工具，并辅之以行为科学的有关理论，做出科学合理的决策。这就是说，当代决策理论把古典决策理论和行为决策理论有机地结合起来，它所概括的一套科学行为准则和工作程序既重视科学的理论、方法和手段的应用，又重视人的积极作用。

4.4 决策方法

4.4.1 定性决策法

定性决策法又称软方法，是建立在心理学、社会学和行为科学等基础上的“专家法”，是在决策过程中利用已知的、现有的资料，充分发挥专家集体的智慧、能力和经验，在系统调查研究分析的基础上进行决策的方法。定性决策法主要有头脑风暴法、名义小组法、德尔菲法等。

1．集体决策方法

（1）头脑风暴法

头脑风暴法是比较常用的集体决策方法，主要用于收集新设想。这种方法通常是将对解决某一问题有兴趣的人集合在一起，在完全不受约束的条件下，打开思路，畅所欲言。头脑风暴法的创始人——英国心理学家奥斯本（A. F. Osborn）为该决策方法的实施提出了四项原则：

- 对别人的建议不做任何评价，将相互讨论限制在最低限度内。
- 建议越多越好，参与者不要考虑自己建议的质量，想到什么就说出来。
- 鼓励每个人独立思考，广开思路，想法越新颖、越奇异越好。
- 可以补充和完善已有的建议，以使其更具说服力。

头脑风暴法的目的在于创造一种畅所欲言、自由思考的氛围，诱发创造性思维的共振和连锁反应，以产生更多的新创意。这种方法的时间安排应在 1 ~ 2 小时，参加者应以 5 ~ 6 人为宜。

（2）名义小组法

集体决策中，如对问题的性质不完全了解且意见分歧严重，则可采用名义小组法。在这种方法中，小组的成员互不通气，也不在一起讨论、协商，从而小组只是名义上的。这种名义上的小组可以有效地激发个人的创造力和想象力。

这种方法下，管理者先召集一些有知识的人，把要解决的问题的关键内容告诉他们，并请他们独立思考，要求每个人尽可能地把自己的备选方案和意见写下来。然后，再按顺序让他们依次陈述自己的方案和意见。在此基础上，由小组成员对提出的全部备选方案进行投票，根据投票结果，赞成人数最多的备选方案即为所选方案。当然，管理者最后仍有权决定是否接受这一方案。

（3）德尔菲法

这是兰德公司提出的一种方法，被用来听取有关专家对某一问题或机会的意见。运用这种方法的第一步是设法取得有关专家的合作（专家包括大学教授、研究人员及某方面有经验的管理者）。然后，把要解决的关键问题分别告诉专家，请他们单独发表自己的意见。在此基础上，管理者收集并综合各位专家的意见，再把综合后的意见反馈给各位专家，让他们再次进行分析并发表意见。在此过程中，如遇到差别很大的意见，则把提供这些意见的专家集中起来进行讨论并综合分析。如此反复多次，最终形成代表专家组意见的方案。

运用该方法的关键是：

- 选择好专家，这主要取决于决策所涉及的问题或机会的性质。
- 决定适当的专家人数，一般 10 ~ 50 人较好。
- 拟订好意见征询表，因为它的质量直接关系到决策的有效性。

2．活动方向决策方法

管理者有时需要对企业或企业某一部门的活动方向进行选择，可以采用的方法主要有经营单位组合分析法和政策指导矩阵等。

（1）经营单位组合分析法

该法由美国波士顿咨询公司建立。该法主张，在确定每个经营单位的活动方向时，应综合考虑经营单位在市场上的相对竞争地位和业务增长率。

相对竞争地位往往体现在企业的市场占有率上，它决定了企业获取现金的能力和速度，因为较高的市场占有率可以为企业带来较高的销售量、利润和现金流量。

业务增长率对活动方向的选择有两方面的影响：一是它有利于市场占有率的扩大，因为在稳定的行业中，企业产品销售量的增加往往来自竞争对手市场份额的下降；二是它决定着投资机会的大小，因为业务增长迅速可以使企业迅速收回投资、提高投资报酬。

根据上述两个标准——相对竞争地位和业务增长率，可把企业的经营单位分成四大类，如图 4-1 所示。企业应根据各类经营单位的特征，选择合适的活动方向。

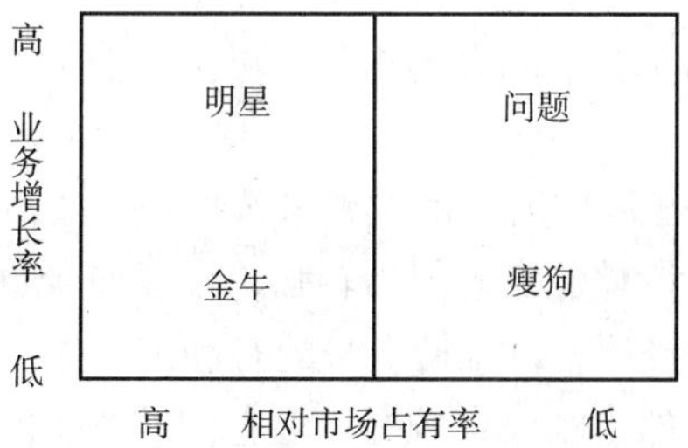

图 4-1　企业经营单位组合图

“问题”经营单位的业务增长率较高，而目前的市场占有率较低，这可能是企业刚开发的很有前途的领域。由于高增长速度需要大量投资，而较低的市场占有率只能提供少量的现金，企业面临的选择是投入必要的资金，以提高市场份额、扩大销售量，使其转变为“明星”。如果认为刚开发的领域不能转变成“明星”，则应及时放弃该领域。

“明星”经营单位的市场占有率和业务增长率都较高，因而所需要的和所产生的现金都很多。“明星”经营单位代表着最高利润增长率和最佳投资机会，因此企业应投入必要的资金，增加它的生产规模。

“金牛”经营单位的特征是市场占有率较高，而业务增长率较低。较高的市场占有率为企业带来较多的利润和现金，而较低的业务增长率需要较少的投资。“金牛”经营单位所产生的大量现金可以满足企业的经营需要。

“瘦狗”经营单位的特征是市场占有率和业务增长率都较低。由于市场占有率和销售量都较低，甚至出现负增长，“瘦狗”经营单位只能带来较少的现金和利润，而维持生产能力和竞争地位所需的资金甚至可能超过其所提供的现金，从而可能成为资金的陷阱。因此，对这种不景气的经营单位，企业应采取收缩或放弃的战略。需要注意的是，对“瘦狗”类产品的判断要利用相关学科知识来进行。

经营单位组合分析法的步骤通常如下。

第一，把企业分成不同的经营单位。

第二，计算各经营单位的市场占有率和业务增长率。

第三，根据各个经营单位在企业中占有资产的比例来衡量其相对规模。

第四，绘制企业的经营单位组合图。

第五，根据经营单位在图中的位置，选择活动方向。

经营单位组合分析法以“企业的目标是追求增长和利润”这一假设为前提。对拥有多个经营单位的企业来说，它可以将获利较多而潜在增长率不高的经营单位所产生的利润投向那些增长率和潜在获利能力都较高的经营单位，从而使资金在企业内部得到有效利用。

（2）政策指导矩阵

该法由荷兰皇家—壳牌公司创立。顾名思义，政策指导矩阵即用矩阵来指导决策。具体地说，即从市场前景和相对竞争能力两个角度来分析企业各个经营单位的现状和特征，并把它们标示在矩阵中，据此指导企业活动方向的选择。

市场前景取决于赢利能力、市场增长率、市场质量和法规限制等因素，可分为吸引力强、中、弱三种。相对竞争能力取决于经营单位在市场上的地位、生产能力、产品研究和开发等因素，可分为强、中、弱三种。

根据上述对市场前景和相对竞争能力的划分，可把企业的经营单位分成九大类，如图 4-2 所示。

管理者可根据经营单位在矩阵中所处的位置来选择企业的活动方向。

处于区域 1 和区域 4 的经营单位竞争能力较强，市场前景也较好。企业应优先发展这些经营单位，确保它们获取足够的资源，以维持自身的有利市场地位。

处于区域 2 的经营单位虽然市场前景较好，但它们的竞争能力不够强。企业应给这些经营单位分配更多的资源，以提高其竞争能力。

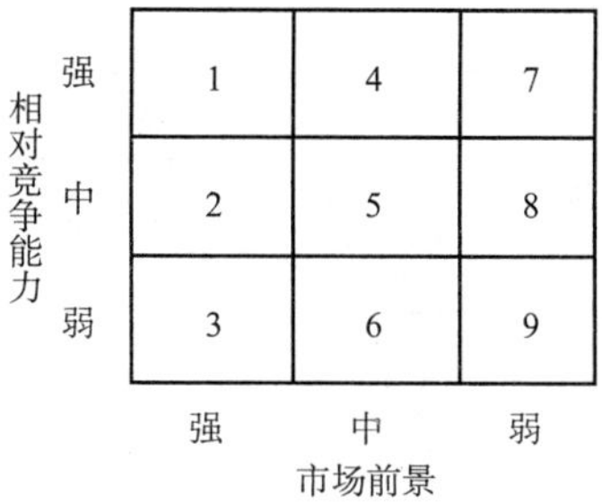

图 4-2　政策指导矩阵图

处于区域 3 的经营单位市场前景虽好，但竞争能力弱。企业要根据不同的情况来区别对待这些经营单位：最有前途的应得到迅速发展，其余的则需逐步淘汰。这是企业资源的有限性造成的。

处于区域 5 的经营单位一般在市场上有 2～4 个强有力的竞争对手。企业应给这些经营单位分配足够的资源，以使它们随着市场的发展而发展。

处于区域 6 和区域 8 的经营单位市场前景不强且竞争能力较弱，或虽有一定的竞争能力（企业对这些经营单位进行了投资并形成了一定的生产能力）但市场吸引力较弱。企业应缓慢放弃这些经营单位，以便把收回的资金投入到赢利能力更强的经营单位。

处于区域 7 的经营单位竞争能力较强但市场前景不容乐观。这些经营单位本身不应得到发展，但可利用它们较强的竞争能力为其他快速发展的经营单位提供资金支持。

处于区域 9 的经营单位市场前景黯淡且竞争能力较弱。企业应尽快放弃这些经营单位，把资金抽出来并转移到更有利的经营单位。

4.4.2　定量决策法

定量决策法又称硬方法，是指建立在数学模型的基础上，运用统计学、运筹学和电子计算机技术对决策对象进行计算和量化研究以解决决策问题的方法。定量决策法主要有确定型决策方法、风险型决策方法和不确定型决策方法三种。

1．确定型决策方法

在比较和选择活动方案时，如果未来情况只有一种并为管理者所知，则可采用确定型决策方法。常用的确定型决策方法有线性规划和量本利分析法等。

（1）线性规划

线性规划是在一些线性等式或不等式的约束条件下，求解线性目标函数的最大值或最小值的方法。运用线性规划建立数学模型的步骤是：

首先，确定影响目标大小的变量。

其次，列出目标函数方程。

再次，找出实现目标的约束条件。

最后，找出使目标函数达到最优的可行解，即为该线性规划的最优解。

📖**例 4-1**　某企业生产两种产品，分别为产品 A 和产品 B，它们都要经过制造和装配两道工序，有关资料如表 4-1 所示。假设市场状况良好，企业生产出来的产品都能卖出去，试问哪种产品组合能使企业利润最大？

表 4-1　企业的生产资料

产品 时间	产品 A	产品 B	工序可利用时间（小时）
在制造工序上的时间（小时）	2	4	48
在装配工序上的时间（小时）	4	2	60
单位产品利润（元）	8	6	

这是一个典型的线性规划问题。

第一步，确定影响目标大小的变量。本例中，目标是利润π，影响利润的变量是产品 A 的数量 T 和产品 B 的数量 C。

第二步，列出目标函数方程：$\pi = 8T+6C$。

第三步，找出约束条件。本例中，两种产品在一道工序上的总时间不能超过该道工序的可利用时间，即

制造工序：$2T+4C \leqslant 48$

装配工序：$4T+2C \leqslant 60$

除此之外，还有两个约束条件，即非负约束：

$T \geqslant 0 \quad C \geqslant 0$

从而线性规划问题成为，如何选取 T 和 C，使π在上述四个约束条件下达到最大。

第四步，求出最优解——最优产品组合。通过图解法（见图 4-3），求出上述线性规划问题的解 $T^*=12$ 和 $C^*=6$，即生产 A 产品 12 个和生产 B 产品 6 个使企业的利润最大。

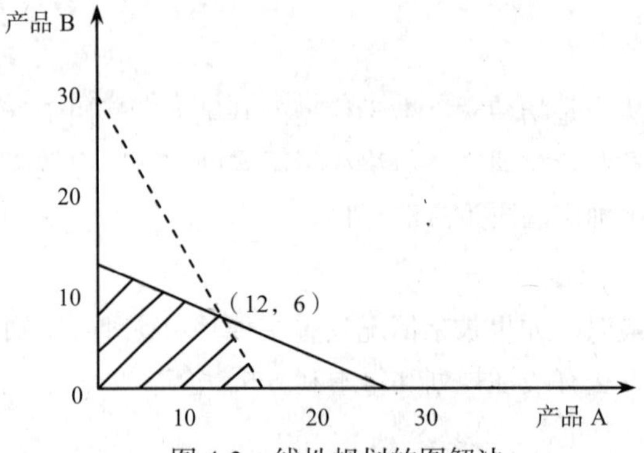

图 4-3　线性规划的图解法

（2）量本利分析法

量本利分析法又称保本分析法或盈亏平衡分析法，是通过考察产量（或销售量）、成本和利润的关系及盈亏变化的规律来为决策提供依据的方法。

应用量本利分析法时，关键是要找出企业盈亏平衡时的产量。这种产量称为保本产量或盈亏平衡产量，此时企业的总收入等于总成本。找出保本产量的方法有图解法和代数法两种。

1）图解法。图解法是用图形来考察产量、成本和利润关系的方法。应用图解法时，通常假设产品价格和单位变动成本都不随产量的变化而变化，所以销售收入曲线、总变动成本曲线和

总成本曲线都是直线。

📖**例 4-2** 某企业生产某产品的总固定成本为 60 000 元，单位变动成本为每件 1.8 元，产品价格为每件 3 元。假设某方案带来的产量为 100 000 件，问该方案是否可取？

利用例子中的数据，在坐标图上画出总固定成本曲线、总成本曲线和销售收入曲线，得出量本利分析图，如图 4-4 所示。

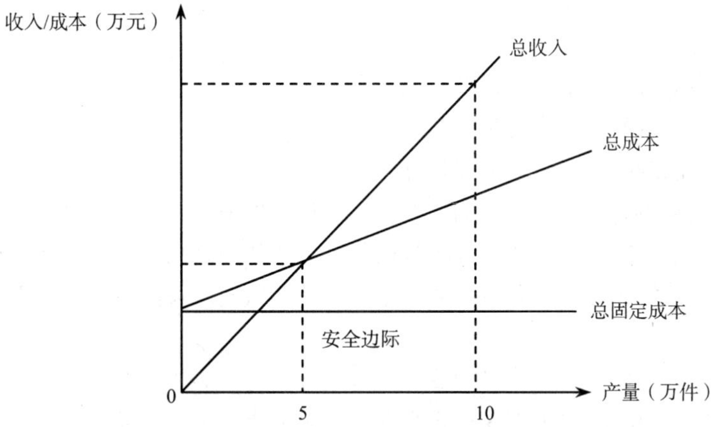

图 4-4 量本利分析图

从图 4-4 中可以得出以下信息，供决策分析之用：

保本产量，即总收入曲线和总成本曲线交点所对应的产量（本例中保本产量为 5 万件）。

各产量上的总收入。

各产量上的总成本。

各产量上的总利润，即各产量上的总收入与总成本之差。

各产量上的总变动成本，即各产量上的总成本与总固定成本之差。

安全边际，即方案带来的产量与保本产量之差（本例中安全边际为 5 万件）。

本例中，由于方案带来的产量（10 万件）大于保本产量（5 万件），所以该方案可取。

2）代数法。代数法是用代数式来表示产量、成本和利润关系的方法。

假设 P 代表单位产品价格，Q 代表产量或销售量，F 代表总固定成本，V 代表单位变动成本，π 代表总利润，C 代表单位产品贡献（$C = P - V$）。

求保本产量：

企业盈亏平衡时，$PQ = F + VQ$

所以保本产量为 $Q = F / (P - V) = F/C$

求保目标利润的产量：

设目标利润为 π，则有 $PQ = F + VQ + \pi$

所以保目标利润 π 的产量 $Q = (F+\pi) / (P-V) = (F+\pi) / C$

求利润：

$$\pi = PQ - F - VQ$$

求安全边际和安全边际率：

安全边际=方案带来的产量–保本产量

安全边际率=安全边际/方案带来的产量

2. 风险型决策方法

风险型决策也叫统计型决策、随机型决策，是指已知决策方案所需的条件，但每个方案的执行都有可能出现不同后果，多种后果的出现有一定的概率，即存在着“风险”，所以称为风险型决策。风险型决策必须具备以下条件：

- 存在着决策者期望达到的目标。
- 有两个以上方案可供决策者选择。
- 存在着不以决策者的意志为转移的几种自然状态。
- 各种自然状态出现的概率已知或可估计出来。
- 不同行动方案在不同自然状态下的损益值可以估算出来。

常用的风险型决策方法是决策树法。决策树法是用树状图来描述各种方案在不同情况（或自然状态）下的收益，据此计算每种方案的期望收益从而做出决策的方法。下面通过举例说明决策树法的原理和应用。

例 4-3 某企业为了扩大某产品的生产，拟建设新厂。据市场预测，产品销路好的概率为 0.7，销路差的概率为 0.3。这里有 3 种方案可供企业选择。

方案 1：新建大厂，需投资 300 万元。据初步估计，销路好时，每年可获利 100 万元；销路差时，每年亏损 20 万元。服务期为 10 年。

方案 2：新建小厂，需投资 140 万元。销路好时，每年可获利 40 万元；销路差时，每年仍可获利 30 万元。服务期为 10 年。

方案 3：先建小厂，3 年后销路好时再扩建，到时需追加投资 200 万元，服务期为 7 年，估计每年获利 95 万元。

问哪种方案最好？

首先画出该问题的决策树，如图 4-5 所示。

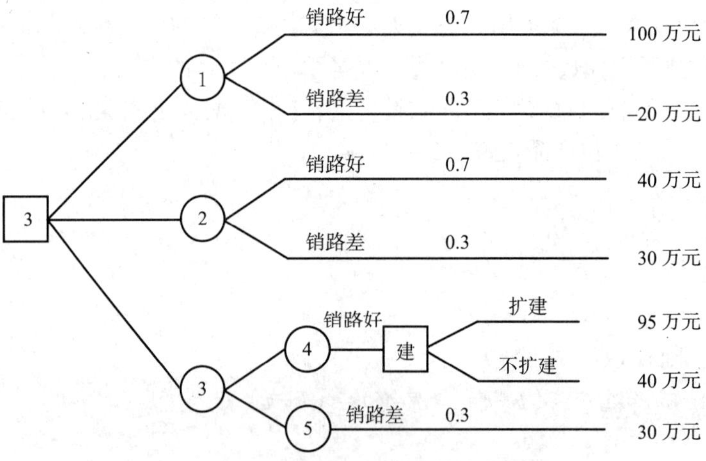

图 4-5　多方案决策的决策树

我们以图 4-5 为例，介绍决策树的构成要素。

图 4-5 中的矩形节点称为决策点。从决策点引出的若干条树枝表示若干种方案，称为方案枝。

圆形节点称为状态点。从状态点引出的若干条树干表示若干种自然状态，称为状态枝。

图中有两种自然状态：销路好和销路差。自然状态后面的数字表示该种自然状态出现的概率。

位于状态枝末端的是各种方案在不同自然状态下的收益或损失。

据此可以算出各种方案的期望收益。

方案 1（节点①）的期望收益为：[0.7×100+0.3×（–20）]×10–300=340（万元）

方案 2（节点②）的期望收益为：（0.7×40+0.3×30）×10–140=230（万元）

至于方案 3（节点③），由于节点④中扩建的期望收益 465（95×7–200）万元大于不扩建的期望收益 280（40×7）万元，所以销路好时，扩建比不扩建好。

方案 3（节点③）的期望收益为：（0.7×40×3+0.7×465+0.3×30×10）–140 =359.5（万元）

计算结果表明，三种方案中，方案 3 最好。

需要说明的是，在上面的计算过程中，为了使问题简化，我们没有考虑货币的时间价值。但在实际中，通常要把货币的时间价值考虑进去。

3. 不确定型决策方法

不确定型决策指各种可行方案发生的后果是未知的，决策时无统计概率可依的决策问题。与风险型问题相比，该类决策缺少第四个条件。常用的不确定型决策方法有小中取大法、大中取大法和最小最大后悔值法等。下面通过举例来介绍这些方法。

📖**例 4-4** 某企业打算生产某产品。据市场预测，产品销路有三种情况：需求高、需求中和需求低。生产该产品有三种方案：a. 改进生产线；b. 新建生产线；c. 与其他企业协作。据估计，各方案在不同情况下的收益如表 4-2 所示。问企业应该选择哪个方案？

表 4-2 各方案在不同情况下的收益　　单位：万元

方案 \ 收益 \ 自然状态	需求高	需求中	需求低
a. 改进生产线	180	120	–40
b. 新建生产线	240	100	–80
c. 与其他企业协作	100	70	16

（1）小中取大法

采用这种方法的管理者对未来持悲观的态度，认为未来会出现最差的自然状态，因此不论采取哪种方案，都只能获取该方案的最小收益。采用小中取大法进行决策时，首先计算各方案在不同自然状态下的收益，并找出各方案所带来的最小收益，即在最差自然状态下的收益；然后进行比较，选择在最差自然状态下收益最大或损失最小的方案作为所要的方案。

本例中，a 方案的最小收益为–40 万元，b 方案的最小收益为–80 万元，c 方案的最小收益为 16 万元。经过比较，c 方案的最小收益最大，所以企业应该选择 c 方案。

（2）大中取大法

采用这种方法的管理者对未来持乐观的看法，认为未来会出现最好的自然状态，因此不论采取哪种方案，都能获取该方案的最大收益。采用大中取大法进行决策时，首先计算各方案在不同自然状态下的收益，并找出各方案所带来的最大收益，即在最好自然状态下的收益；然后进行比较，选择在最好自然状态下收益最大的方案作为所要的方案。

本例中，a 方案的最大收益为 180 万元，b 方案的最大收益为 240 万元，c 方案的最大收益为 100 万元。经过比较，b 方案的最大收益最大，所以企业应该选择 b 方案。

（3）最小最大后悔值法

管理者在选择了某方案后，如果将来发生的自然状态表明其他方案的收益更大，那么他会为自己的选择而后悔。最小最大后悔值法就是使后悔值最小的方法。采用这种方法进行决策时，首先计算各方案在各自然状态下的后悔值（某方案在某自然状态下的后悔值=该自然状态下的最大收益–该方案在该自然状态下的收益），并找出各方案的最大后悔值；然后进行比较，选择最大后悔值最小的方案作为所要的方案。

本例中，在销路好这一自然状态下，b 方案的收益最大，为 240 万元。在将来发生的自然状态是销路好的情况下，如果管理者恰好选择了这一方案，他就不会后悔，即后悔值为 0。如果他选择的不是 b 方案，而是其他方案，他就会后悔（后悔没有选择 b 方案）。比如，他选择的是 c 方案，该方案在销路好时带来的收益是 100 万元，比选择 b 方案少收益 140 万元，即后悔值为 140 万元。各个后悔值的计算结果如表 4-3 所示。

表 4-3　各方案在各自然状态下的后悔值　　单位：万元

自然状态 / 后悔值 / 方案	销 路 好	销路一般	销 路 差
a. 改进生产线	60	0	56
b. 新建生产线	0	20	96
c. 与其他企业协作	140	50	0

由表中可以看出，a 方案的最大后悔值为 60 万元，b 方案的最大后悔值为 96 万元，C 方案的最大后悔值为 140 万元。经过比较，a 方案的最大后悔值最小，所以企业应该选择 a 方案。

值得注意的是，在处理同一不确定型决策问题时，采用的方法不同，其结果也不相同。方法之间不存在统一的评价标准，也没有内在的联系，这就需要决策者自身进行分析和判断。

自测题

一、名词解释

决策　战略决策　头脑风暴法　决策树法

二、单项选择题

1．决策者的个性对（　　）决策影响最大。

A．风险型　　B．确定型　　C．不确定型　　D．程序化

2．管理的核心职能是（　　）。

A．决策　　B．领导　　C．激励　　D．处理好人际关系

3．决策的依据是（　　）。

A．计划　　B．信息　　C．领导者思想　　D．企业战略

三、简答题

1．简述决策的基本过程。

2．如何理解决策应遵循满意原则而不是最优原则？

3．个人决策相对于集体决策的优点有哪些？

4．什么是头脑风暴法？

四、计算题

1．某企业经过市场预测发现 A、B 两种产品有较大市场需求，拟定生产这两种产品，但受到甲、乙、丙、丁四种设备台时数的限制。根据市场行情和企业现状推算，A 产品每件将获利 50 元，B 产品每件将获利 40 元。相关资料如下表所示。

问如何进行产品组合生产才能使企业获利最大？

设备 / 产品	A 产品	B 产品	有效台时数
甲设备	4	8	800
乙设备	5	4	600
丙设备	4	2	500
丁设备	5	2	300

2．据市场预测，今后几年，市场对某公司产品的需求会扩大，但也存在着销售量减少的可能，公司面临下面几种可能的选择。

方案一：扩建厂房，更新设备，需投资 700 万元。若需求量扩大（概率 0.65），公司每年可获利 300 万元；若需求量减少（概率 0.35），公司每年亏损 50 万元。服务期限 6 年。

方案二：使用老厂房，更新设备，需投资 400 万元。若需求扩大（概率 0.7），每年可获利 100 万元；若需求减少（概率 0.3），每年也可获利 60 万元。服务期限 6 年。

方案三：先更新设备，一年后，若销路好，再扩建厂房，每年可获利 300 万元，共需投资 800 万元，服务期限总共 6 年。

方案四：维持原有经营。若销路好（概率 0.3），仍可维持经营 6 年，每年可获利 80 万元；若销路不好（概率 0.7），只能维持 3 年，每年可获利 30 万元。

试用决策树法进行方案选择。

案例分析

案例 1　索尼征服美国牛

日本索尼（SONY）公司的彩色电视机，现已美誉全球。但是，在 20 世纪 70 年代中期，

它最初出现在美国市场上时，还是一种受人歧视的“杂牌货”。卯木肇先生新任索尼公司国外部部长后，其首要任务是打开美国市场的销路。他风尘仆仆地来到美国芝加哥市，不免大吃一惊：索尼彩电竟在当地寄卖商店里睡大觉，蒙尘垢面，无人光顾。

带头牛的启示

在日本国内畅销的优质商品，为什么一到美国就落得如此下场？卯木肇先生日夜思考这一问题，千方百计试图打开产品的销路。卯木肇先生愁肠百结，一筹莫展。一天，他偶然经过一处牧场。当时夕阳西下，飞鸟归林，一位稚气的牧童正牵着一头雄壮的大公牛进牛栏。公牛的脖子上系着一个铃铛，叮叮当当地响着。一大群牛跟在这头公牛后面，温驯地鱼贯而入。异国风情使卯木肇先生流连忘返。看着看着，他忽然大叫一声：“有了！”原来，卯木肇先生触景生情，灵感突发，悟出一种推销索尼彩电的办法：眼前的牛群规规矩矩地被一个高不满三尺的牧童驯服，是因为牧童牵着一条“带头牛”。索尼彩电在芝加哥要是能找到一家“带头牛”商店率先销售，不是很快就能打开局面吗？

百折不挠

经过研究，卯木肇选定当地最大的电器零售商马歇尔公司作为主攻对象。第二天上班时，他兴冲冲地赶到马歇尔公司，约见经理。名片经传达人员递进去，很久才被退回来，回答是“经理不在”。

卯木肇先生心想：刚刚上班，经理肯定在办公室。也许是他太忙，不愿接见，明天再来吧。第二天，他选了一个经理可能较闲的时候去拜访，这次的回答是“外出了”。第三次去，仍然吃了“闭门羹”。卯木肇先生没有因三次碰壁而灰心，他下定决心，不见经理，誓不罢休。第四次，经理终于同意接见。卯木肇先生高高兴兴地走进办公室。“我们不卖索尼的产品!”没等卯木肇先生开口，经理劈头就是这样一句。他还没回过神来，这位经理又大发了一通议论，大意是“你们的产品降价拍卖，像一只瘪气足球，踢来踢去无人要”。为了事业，卯木肇先生忍气吞声，赔陪着笑脸表示一定接受意见，不再搞削价销售，立即着手改变商品形象。

这“一面之缘”使卯木肇先生看到了做成生意的曙光，他决定采用“韧”的方法，继续“缠”住这位经理。他立即从寄卖店取回索尼彩电，取消削价销售，并在当地报纸上重新刊登广告，再塑商品形象。

卯木肇先生带着刊登新广告的报纸，再次去见马歇尔公司的经理时，他满怀信心。哪知见面后，经理又提出：“索尼的销后服务太差，我们不愿销售。”卯木肇先生没有争辩，回驻地后，立即设置索尼彩电特约服务部，负责产品的售后服务工作。随即又刊登广告，公布特约服务部的地址和电话号码，保证客户随叫随到。但是经理在第三次见面时继续刁难，再度提出“索尼在当地形象不佳，知名度不够，不受消费者欢迎”而拒绝销售。虽然仍旧遭到拒绝，但卯木肇先生认为这位经理挑剔的由头越来越少，值得他继续努力。

晓之以“利”

回驻地后，卯木肇先生立即召见公司的30多位工作人员，规定每人每天拨五次电话，向马歇尔公司询购索尼彩电。接连不断的求购电话，搞得马歇尔公司的职员晕头转向，误将索尼彩电列入“待交货名单”。

卯木肇先生再次见到经理时，经理大为恼火：“你搞的什么鬼？！制造舆论，干扰我公司的正常工作，太不像话了!”卯木肇先生不慌不忙，等经理火气消了一点后，大谈索尼彩电的优点。他态度十分诚恳地说：“我三番五次求见您，一方面是为本公司的利益，但同时也考虑了贵公司的利益。在日本国内最畅销的索尼彩电，一定会成为马歇尔公司的摇钱树!”马歇尔公司经理听了这番话，又找了一条理由：索尼产品利润少，比其它彩电的折扣少 2%。这时，卯木肇先生没有急于提高折扣，而是巧妙地说：“折扣高 2%的商品，摆在柜台上卖不出去，贵公司的利润不会增多；索尼折扣虽少一点，但商品俏，销得快，资金周转快，贵公司不是会获得更大的利益吗？”卯木肇先生每次发言都站在经理的立场上，处处考虑马歇尔公司的利益，合情合理，态度诚恳，终于使这位经理动心了，同意代销两台试试。但他提出的条件十分苛刻：如果一周之内卖不出去，就得搬回去。

卯木肇先生满怀信心，回驻地后立即选派两名能干的年轻英俊的推销员，送两台彩电去马歇尔公司，并告诉他们：这两台彩电是百万美元订单的开始。卯木肇要求他们送货后留在店里，与马歇尔公司的店员一起推销，并要求他们与店员搞好关系，休息时轮流请店员到附近咖啡馆喝咖啡。如果一周之内这两台彩电卖不出去，他俩就不要再返回公司了……

当天下午四点钟，两位年轻人回来，报告两台彩电已销出，马歇尔公司又订了两台。卯木肇先生大喜。至此，索尼彩电终于挤进了芝加哥的“带头牛”商店。当时正值 12 月，圣诞节前后是美国市场家用电器销售旺季，一个月之内，竟卖出 700 余台。

马歇尔公司大获利市。经理刮目相看，亲自登门拜访卯木肇先生，并当即决定索尼彩电为该公司下一年度的主销产品，联袂在芝加哥市各大报刊刊登巨幅广告，提高商品知名度。

有马歇尔公司这条“带头牛”开路，芝加哥 100 多家商店纷纷跟在后面要求经销索尼彩电。不到三年，索尼彩电在芝加哥的市场占有率达到 30%。

由于有了芝加哥这条“带头牛”，索尼彩电在美国其他城市的局面也打开了。

卯木肇先生认为：在一个地区总销量占 80%以上的少数几家商店，是最值得注意的客户。他们具有强大的销售能力，能起到“带头牛”的作用。但这些客户财大气粗，难以开拓。如果推销员缺少韧性，一旦碰壁便气馁而归，去寻找那些易打交道的小商店，商品的销路是难以打开的。

问题：

试分析此案例中日本索尼打开美国市场的整个决策过程。

案例 2 新任厂长的产品决策

某工厂从 1990 年以来一直生产经营 A 产品，虽然产品品种单一，但是市场销路一直很好。后来由于经济政策的暂时调整及客观条件的变化，A 产品完全滞销，企业员工连续半年只能拿 50%的工资，更谈不上奖金。员工怨声载道，积极性受到极大的影响。

新厂长上任后，决心在一年内改变工厂的面貌。他发现该厂与其他部门合作的环保产品 B 产品是成功的。于是决定将 A 产品下线，改产 B 产品。一年后，企业总算没有亏损，但日子仍然不太好过。

后来市场形势发生了巨大的变化。原来的 A 产品市场脱销，用户纷纷来函来电希望该厂能尽快恢复 A 产品的生产。与此同时，B 产品销路不好。在这种情况下，厂长又回过头来抓 A 产品。但无论数量还是质量一时都不能恢复到原来的水平。为此，集团公司领导对该厂厂长很不满意，甚至认为改产是错误的决策，厂长感到很委屈，总是想不通。

问题：

（1）你认为该厂长的决策是否有错误？请你做详细分析。

（2）如果你是该厂厂长，在决策过程中你会如何去做？

第 5 章 组织工作

学习目标 了解组织的内涵；掌握组织的性质和构成要素；了解组织的类型；掌握组织工作的含义、特点和工作原则。

引导案例

摩托罗拉公司的组织结构

摩托罗拉公司是一个由两个产品体系构成企业集团，一个是通讯器材，一个是半导体产品，集团下面又分成很多部门。这样一个庞大的企业集团组织，从高层主管到生产线，权力全部分散，整个公司只有一个不足 30 人组成的公司总部统帅。出乎意料的是，公司运转井然有序，效率非常之高，公司发展迅速惊人。而摩托罗拉公司达到如此境界，是付出半个多世纪苦心经营的结果。实际上摩托罗拉公司自诞生之日便打下了家族影响力的痕迹，它是由公司现任董事长劳勃·盖尔文的父亲在 1928 年创立的。劳勃·盖尔文于 1964 年担任公司的董事长之后，事实上公司权力集中在他一个人的手上。1968 年，该公司的半导体产品集团主管李斯特·何根跳槽到加州一家对立公司出任总裁。当时，李斯特·何根带走了 8 名重要员工。大约一个月以后，前前后后一共走了 20 名员工。两年之后，摩托罗拉公司竟然有 80 名员工去投奔何根，主要原因是公司权力过于集中，自主权太小，因而缺少对员工的有效激励。尽管盖尔文矢口否认这是一次惨痛的教训，但他也不得不承认，何根的叛变已经严重地伤害到整个公司。他说："一旦一个机构受到打击而元气大伤，一定会有很多人觉得自己也不得不另谋出路。"这次背叛事件发生后，他意识到在经营管理方针上必须要做一些改变，也就是把权力及责任分散。1970 年盖尔文让位于威廉·卫斯兹，但仍留在董事会。威廉·卫斯兹接任了公司董事长兼营业部经理，并进行大幅度管理改革。他说："通常，我们只保留一些公司的大目标及原则，至于一般权力与责任我们都尽量分散到各个阶层。"他还说："当然，我也承认，就像溜狗一样，由于我们用来管束各部门经理的皮带放得太长，所有我们的脚也经常被石头碰伤。"

从此，摩托罗拉公司致力于把权力分散到各盈利单位。现在公司内的各单位在资源分派及预算编列方面都已经有相当可观的财务控制权，同时，他们也有权力决定加入或退出那些营业项目。根据史蒂芬·李威这位专门负责公司企划、行销、设计及维持公司与政府公共关系和广告事务的高级职员说，摩托罗拉公司似乎已有一种趋势，要把公司内的各部门当作个别事业来处理。他说："一直到现在，说老实话，我们都没有一个明显而确定的整体政策，你绝对看不到任何有关这方面的记载，而且，也绝对不可能从不同的人的描述中去猜测它究竟是些什么东西。"。

摩托罗拉公司之所以有逐渐把权力分散的趋势，一个主要原因是公司有不少服务多年的老经理，同时由于它仍然保留家族经营形态，受家族的影响很深，因此，公司里面有不少家长主宰式的暗流存在。公司愈大，员工愈渴望变成股东。在比较大一点的公司，每个人显然都希望能感觉自己就是老板。公司现在所做的基本上是要把整个公司分成很多智囊团，因为只有这样，才能使大部分人都分享到当年盖尔文家族各分子所拥有的权力与责任。统帅公司整体发展方向的上层组织采明三头马车制，由威廉、劳勃和米歇尔组成一个非正式的董事会核心。米歇尔也是摩托罗拉公司的元老，他们三大巨头加起来，在该公司整整做了 89 年。公司内所有的部门主管如果有事情，可以直接向他们三大巨头报告。

不过，大概一年以前，他们之间第一次有了改变，每个巨头开始专门负责 4～5 种事务，在这些事务方面，他将拥有较大的决定权。不过，尽管每一巨头都有自己的专责，但对于公司的所有决策他们仍然有全部的决定权力及责任。威廉说："通常，我不会越权去管波比及约翰的专责方面的什么事，但如果情况十分紧迫时，我也常毫不犹豫地越俎代庖。我义不容辞地处理这件事情，是因为我知道他们一定会同意我的办法。"事实上，只有在他们三大巨头对同一问题意见相左的时候，才会产生"谁来决定"的问题，不过这种决定只限于几种情形。这几种情形通常都是关系到全体利益的敏感问题，像管理发展、人事管理、组织规划、年度预算的拟定及对员工及工作成效的考核等。

董事会每星期一主持一次例会，先花两小时与公司的高级职员接触，然后再花两小时来单独讨论问题。除此之外，在每隔 4 周一次的工作会议上，他们也花几个小时来讨论一些有关公司长期发展的战略。公司总部人员十分精简，主要负责与海外分公司高级主管联络，代表公司与外国政府或海外机构建立业务关系，包括人事部门及法律会计部门只有 30 人。一般而言，公司内各部门间的目标及方针大致上都很协调，正因为如此，总公司在营运方面长期不加干涉也不致造成问题。公司员工大部分的工作只是确保每个关系集团及部门都能够彻底了解公司五年计划的基本规定，同时及时地把它们付诸行动。任何计划在提到董事长办公室之前都必须经过三人核心审查，五年计划的第一年实绩将作为第二年预算实施的主要参考。如果某个关系集团想在自己的预算内推动一项工程计划，那么他大可以放手去做而不必把详细情况报告总公司或向上级请示。通常，只有在计划进行到最后阶段而突然发生重大修正时，总公司才会发生警觉而加以过问。

问题：

1. 摩托罗拉公司在组织结构上经历了一个什么过程？
2. 1968 年何根的出走主要反映了过分集权的哪一个弊端？
3. 摩托罗拉公司目前的组织结构形式是什么？

5.1　组织与组织理论

计划职能确定了组织的具体目标和计划实施措施之后，为了使组织成员能够有效地工作，还必须设计和维持一种组织结构。这种组织结构包括组织机构、职务系统和相互关系。

组织工作是管理的一项重要职能，任何计划和决策都必须依靠一系列的组织活动来贯彻落实。只有做好组织工作，决策方案才能得以顺利实施，计划目标才能得以顺利实现。

5.1.1　组织的内涵

1. 组织的含义

组织是随着人类社会的出现而出现的。由于生理、物质和社会的限制，为了达到个人和共同的目标，人们就必须合作，从而形成群体，即组织。也就是说，组织是人们为了实现某种目标而形成的群体或集合。

广义上说，组织（Oraganization）是指由诸多要素按照一定方式相互联系起来的系统。系统论、控制论、信息论、耗散结构论和协同论等，都是从不同的侧面研究有组织的系统的。从这个角度看，组织和系统是同等程度的概念。这个定义中包含三种组织：一是生物学中有机体的组织，它在西方原义来源于器官（Organ），因为器官是自成系统的，如皮下组织、肌肉组织等出自细胞组成的活组织；二是动物的群体组织，如一窝蜜蜂就是一个以蜂王为核心、秩序井然、纪律严明的群体；三是人的组织。

狭义上说，组织是指人们为实现一定的目标，互相协作结合而成的集体或团体，如党团组织、工会组织、企业、军事组织等。狭义的组织专门指人群，运用于社会管理之中。现代社会生活中，人们已普遍认识到组织是人们按照一定的目的、任务和形式编制起来的社会集团，组织不仅是社会的细胞和社会的基本单元，而且可以说是社会的基础。

组织一方面指组织职能，即组织是对人员的使用进行合理的分工，对生产要素进行有效的组合，使它们在时间上和空间上相互协调，以提高整体效应。另一方面，组织指社会单位，即组织是为了达到一定的目的，实现人员之间、生产要素之间的协作的社会单位，如企业组织、事业组织。

综上所述，组织是指一个具有明确的目标导向、有序的结构、有意识协调的活动并同外部环境保持密切联系的有机结合的统一体。

这一定义包含四个方面主要内容。

1）组织是一个有明确目标导向的实体，战略管理就是要确立组织的目标，并决定怎样通过各种战术管理来实现目标。战略是一种陈述，陈述组织想要做的事和打算怎样做。它涉及组织在其所处环境中位置的判定，决策、目标和计划的制定，战略的形成和实施，以及组织创新和变革。

2）组织是一个有精心设计的结构和有意识协调的活动的系统。结构管理关注的是建立并协调实现目标的各种方法和手段。结构是组织为实施战略而设立的关于工作、工作关系、操作系统和操作过程的框架。结构管理的任务是监控和协调组织结构，使其与组织的目标相融合。结构管理的内容包括组织结构的设计、控制，组织的信息系统管理，人力资源管理和运作管理等。

3）组织是由人组成的社会实体。组织目标与人的世界观、价值观密切相连，因而组织行为主体的行为方式与组织目标之间就会表现出多层次化、多元化的差异。为了弥合这种差异，就必须对组织行为主体的行为进行管理。行为管理触及的就是如何激励组织中的成员，使其行为有利于组织的发展，注重理解人们在组织中的行为和他们产生这种行为的原因，通过这种理解使组织和组织成员都受到益处。行为管理包括对个体行为的研究，对激励、领导和群体动态的研究，以及组织的沟通、组织冲突和组织压力等。

4）组织不仅内部的子系统相互联系，组织与外部环境也必须成为有机结合的统一体。组织的内部是分工有序的子系统，组织的外部又是开放的、反馈的负熵系统。组织不断地从外界接受资源、能源和信息，经过转换后又将生成物输送到外界去，从而形成负熵流，抵消了组织内部产生的正熵流，最终使组织的总熵最小。

2．组织的性质

组织的性质是由组织本身所决定的，或者说由组织的构成要素所决定的。组织的性质同也反映了组织的构成要素，可以通过了解组织的性质来了解组织的构成要素。从人的认识过程来说，人也是先了解组织的外在性质，然后才能进一步去研究组织的内在构成要素。在系统科学研究中，人们从各个方面描述了系统的具体特征，如整体性、统一性、结构性、功能性、层次性、动态性和目的性等。其中，目的性、整体性和开放性是系统最普遍、最本质的特征。组织也是系统，因此所有组织（无论社会组织还是生物组织）都具有目的性、整体性和开放性三个主要特征。

（1）目的性

人类社会的组织与作为自然客体的物质组织的根本区别在于，前者具有目的性，后者只是自然的存在，无目的性可言。那么，为什么组织具有目的性呢？换言之，稳定的机制是什么呢？围绕目的性这样的中心观点，维纳于 1948 年正式发表了《控制论（或关于在动物和机器中控制和通信的科学）》一书，维纳认为，一切有生命的系统与无生命（机械）的系统都是信息系统，一切有生命的系统与无生命的系统都是反馈系统。他从系统功能的意义上消除了非生命系统与生命系统之间的障碍，而揭示了它们之间某些共同的规律。进而，维纳和罗森勃吕特等人得出了“一切有目的的行为都可以看作需要负反馈的行为”这样一个重要结论。他们认为负反馈就是系统稳定的机制，一个组织系统之所以具有受到干扰后能迅速排除偏差恢复恒定的能力，关键在于存在“负反馈调节”机制：系统必须有一种装置来测量受干扰的变量和维持有机体生存所必需的恒值之间的差别，这种差别称为目标差，然后由目标差来控制效应器，只要效应器的作用能使目标差逐步缩小，那么系统变量在受干扰后能依靠这种调节机制自动恢复到目标值，以保持控制系统中各种变量的稳定。

组织是一种控制系统，人类建立的各种社会系统的目标是组织、协调人类自己的活动。在多层次的大组织中，大系统有总的目标，各子系统除了服从总目标、为总目标服务外，常常还有自己的分目标。如一个国家是一个大系统，它的目标是维护本国的主权和领土完整，发展社会生产力，使自己的国家更加繁荣、昌盛，在国际竞争中立于不败之地。各个省、市、行政区是国家的子系统，它们有自己的分目标，是求得本省、市、本地区的经济和建设的高速发展，它们要根据自己在地理位置、自然资源和历史上的特点，发挥自己的优势，但是它们的分目标不但不能损害或妨碍国家的总目标，而且要为国家的总目标尽量做出贡献。

（2）整体性

在系统和组织研究中，人们从各个方面描述了系统的具体特征。在系统的特性中，整体性是首要的，也是最重要的。

整体性是指系统作为整体所具有的性质不同于它的要素或组成部分的性质，系统的整体所能达到的功能也不同于它的要素或组成部分的功能，整体与其要素在运动规律上也是不同的。从系统中的要素来看，它们在整体中所表现出的性质与功能，与它们自身在独立存在时所表现出的性质和功能也是不相同的。在系统的特性中，整体性是系统最主要的一般特征，是系统的本质属性。系统之所以是系统，而不是要素或集合，都是由系统的整体性所决定的。

（3）开放性

系统管理理论学派的理论要点是组织是一个开放系统。最早提出开放系统概念的是冯·贝塔朗菲。组织的开放性指的是组织具有不断地与外界环境进行物质、能量、信息交换的性质和功能。任何具体组织作为整体，它都不是孤立的，而总是处于一定的环境之中，并且同环境相互联系、相互作用，从而表现出自己的整体性能。组织向环境开放是组织得以向上发展的前提，也是组织得以稳定存在的条件。

3．组织的构成要素

根据组织表现出的性质，我们可以把组织的构成要素确定为组织环境、组织目的、管理主体和管理客体。这四个基本要素相互结合、相互作用，共同构成一个完整的组织。

（1）组织环境

组织环境是组织的必要构成要素。组织是一个开放系统，组织内部各层级、部门之间和组织与组织之间，每时每刻都在交流信息。任何组织都处于一定的环境中，并与环境发生着物质、能量或信息交换关系，脱离一定环境的组织是不存在的。组织是在不断与外界交流信息的过程中得到发展和壮大的。所有管理者都必须高度重视环境因素，必须在不同程度上考虑到外部环境（如经济、技术、社会、政治和伦理等），使组织的内外要素互相协调。

（2）组织目的

组织目的也是组织的一个要素。所谓组织目的，就是组织所有者的共同愿望，是得到组织所有成员认同的。建立一个组织，首先必须有目的，然后才能建立组织的目标。如果没有目的，组织就不可能建立。已有的组织如果失去了目的，这个组织也就名存实亡，从而失去了存在的必要。企业组织的目的就是向社会提供用户满意的商品和服务，从而为企业获取尽量多的利润。政府行政部门的目的是为了提高办公效率，更好地为广大市民服务。

（3）管理主体和管理客体

组织的组成要素应当是相互作用的，或者说是耦合的。在组织中，这两个相互作用的要素就是管理主体和管理客体。管理主体是指具有一定管理能力、拥有相应的权威和责任、从事现实管理活动的人或机构，即通常所说的管理者。管理客体是指管理过程中在组织内所能预测、协调和控制的对象。

管理主体与管理客体之间的相互联系和相互作用构成了组织系统及其运动，这种联系和作用是通过组织这一形式而发生的。管理主体相当于组织的施控系统，管理客体相当于组织的受控系统。组织是管理主体与管理客体依据一定规律相互结合，具有特定功能和统一目标的有序系统。在管理的过程中，管理主体领导管理客体，管理客体实现组织的目的；而管理客体对管理主体又有反作用，管理主体根据管理客体对组织目的的完成情况调整管理主体的行为。它们通过这样的相互作用形成了耦合系统，从而更好地实现组织的目的。

组织在一切管理活动中居于中心地位，它是行使其他各种管理职能的依托。

4．组织职能的作用

1）集中众人的意愿，提出共同的目标和任务，以激励全体成员的积极性，增强组织的凝聚力。

2）设置职位或岗位，确定责权范围，使每个成员各司其职、各负其责，努力做好本职员作。

3）明确成员间、工作单位间的隶属关系和协作关系，从而形成集体的协作力，避免各自为政、彼此脱节、相互制约的现象发生。

4）调配人力、物力、财力，在时间上和空间上实现工作、人员、物料的有机结合，合理组织生产力，以完成工作任务。

5）建立管理机构和指挥系统，有效地行使各项管理职能。由于组织职能渗透于管理工作的各个方面，并在管理中起策动者的作用，决定着其他各项管理职能行使的效果，所以人们往往把“组织”视为“管理”的同义词。

5.1.2　组织的类型

组织可分为不同类型，如政治组织、军事组织、经济组织等。组织类型与结构有关，因为不同结构的组织可以划分出不同的类型。但组织形式的分组又不限于结构这一个标准，而是可以确定其他划分标准。标准不同，分类也就不一样。

1．按组织的规模程度分类

按组织的规模程度划分，可将组织分为小型组织、中型组织和大型组织。

比如，同是企业组织，有小型企业、中型企业和大型企业；同是医院组织，有个人诊所、小型医院和大型医院；同是行政组织，有小单位、中等单位和大单位。按这个标准进行分类是具有普遍性的，任何组织都可以进行这种划分。以组织规模划分组织类型是对组织现象的表面认识。

2．按组织的目标和活动内容分类

1）经济组织。经济组织是人类社会最基本、最普通的社会组织，它担负着提供人们衣食住行和文化娱乐等物质生活资料的任务，执行的是社会经济职能。经济组织是一种专门以追求社会物质财富为目的的社会组织，它存在于生产、交换、分配、消费等不同领域。工厂、工商企业、银行、财团、保险公司等社会组织都属于经济性组织。

2）政治组织。政治性组织是一种为了某个阶级的政治利益而服务的社会组织，它代表着不同阶段的利益和意志，为本阶级确立奋斗目标、制定方针政策。国家的立法机关、司法机关、行政机关、政党、监狱、军队等都属于政治性组织。

3）文化组织。这类组织是以满足人们各种文化生活为目标，以文化活动为基本内容的社会团体。文化组织是一种人们之间相互沟通思想、联络感情、传递知识和文化的社会组织，各类学校、研究机关、艺术团体、图书馆、艺术馆、博物馆、展览馆、纪念馆、报刊出版单位、影视电台机关等都属于文化性组织。文化组织一般不追求经济效益，属于非营利组织。

4）群众组织。这些组织旨在团结各阶层、各领域里具有相关利益的成员，开展各种有益活动，推动社会的进步。工会、共青团、妇联、科协等都属于群众性组织。

5）宗教组织。宗教组织是以某种宗教信仰为宗旨而形成的组织。其基本任务是协助党派和政府贯彻执行宗教信仰自由的政策，帮助广大信教者和宗教界人士提高爱国主义觉悟，代表宗教界的合法利益组织正常的宗教活动。

3. 按组织内部是否有正式分工关系分类

1）正式组织。正式组织是指为实现一定目标，并按照一定程序建立起来的、有明确职责结构的组织。如果一个社会组织内部存在着正式的组织任务分工、组织人员分工和组织制度，那么它就属于正式组织。政府机关、军队、学校、工商企业等都属于正式组织。正式组织是社会中主要的组织形式，是人们研究和关注的重点。

2）非正式组织。非正式组织是指人们在共同工作或活动中，由于抱有共同的社会感情和爱好，以共同的利益和需要等为基础自发形成的团体。如果一个社会组织的内部既没有确定的机构分工和任务分工，也没有固定的成员和正式的组织制度，这种组织就属于非正式组织。非正式组织可以是一个独立的团体（如学术沙龙、文化沙龙、业余俱乐部等），也可以是一种存在于正式组织之中的无名而有实的团体。这是一种事实上存在的社会组织，这种组织正日益受到重视。

在一个正式组织的管理活动中，应特别注意非正式组织的影响作用，对这种组织现象的处理将会影响到组织任务的完成和组织运行的效率。

5.1.3　组织理论的形成与发展

1. 古典学派组织理论

（1）泰勒的组织理论

被西方誉为“科学管理之父”的泰勒主要研究的是工厂内部生产组织管理方面的问题。他对组织理论做出的主要贡献是：① 根据专业化分工的原理，提出设立单独的职能机构，把计划职能同执行职能分开。② 主张实行职能管理制。主张职能管理机构内部的各个管理职能实行专业化、标准化，使所有的职能人员只承担 1～2 种管理职能，并提出了“职能工长制”。虽然这一做法由于造成多头指挥、管理混乱而没有推行开来，但职能管理专业化和部门化的思想却得到后来者的继承和发展。③ 提出了例外原则，实行权力下授。即把职权在上下级之间实行合理配置，上级把一般事务的处置权下授给下级，而只保留对例外管理的决策权。这一原则是泰勒对组织理论的一大贡献，对以后分权体制的产生起到了启示作用。

（2）法约尔的组织理论

法约尔在组织理论方面的主要贡献有：① 提出了管理过程五职能论，指出组织在管理中的地位和重要性。法约尔认为，组织职能包括设计组织结构、建立等级系列、制定规章制度等。② 在法约尔的 14 条管理原则中，至少有 6 条属于组织原则，这些原则为以后组织理论的发展起到了极大的推动作用，而且至今仍是企业实际组织工作中所遵循的基本原则。③ 提出了直线—职能制。法约尔对管理机构做了重大改革，把军队式的直线指挥制同泰勒提出的职能管理制结合起来，提出了直线—职能制。这一体制至今仍被广泛采用，成为组织结构的基本形式之一。

（3）韦伯的组织理论

韦伯的组织理论主要包括以下内容：① 提出了所谓理想的行政组织体系。他认为组织内的职务和岗位要按照职权等级来组织，形成一个权责明确的逐级分层指挥系统。② 行政组织体系的基础是合法的权力。韦伯认为，任何组织都必须有某种形式的权力做基础，这样才能保证组织的正常秩序并在此基础上达到组织的目标。③ 行政组织体系的结构模式主要分为高层管理、中层管理和基层管理三个层次。高层管理的主要职能是决策；中层管理的主要职能是贯彻主要负责人所做出的决策；基层管理的主要职能是从事具体的业务工作。这种模式对以后的组织结构形式影响巨大，至今仍为众多企业所采用。

（4）厄威克的组织理论

厄威克的组织理论的主要内容是组织的 10 条原则：① 目标原则；② 专业化原则；③ 协调原则；④ 等级原则；⑤ 责任原则；⑥ 明确原则；⑦ 一致原则；⑧ 管理幅度原则；⑨ 平衡原则；⑩ 连续原则。

古典组织理论的特点在于把人看作机器的附属物，强调的是等级、命令和服从，并且用一种封闭模式的观点来对待组织，忽视了人的因素和环境的作用。在古典组织理论的盛行期，常见的几种组织结构为直线制、职能制、直线参谋制和直线职能参谋制。

2．现代组织理论

（1）社会系统学派的组织理论

巴纳德是社会系统学派的主要代表人物，其理论的主要观点如下。

1）组织是一个合作系统。巴纳德认为“组织是有意识地协调两个人以上的活动或力量的系统”，他所强调的是人的行为，是活动和相互作用的系统。

2）诱因贡献平衡论。巴纳德注重从社会学的角度研究分析企业和组织，把组织定义为“两个或两个以上的人的有意识协调的活动或效力的系统”。他认为，组织的产生是人们协作愿望导致的结果，个人办不到的许多事，协作就可以办到。组织成员将自己在工作中的贡献（个人对组织的牺牲）同所得到的诱因（所得）进行比较后，如果其净结果（个人欲望的满足）是正数，则产生协作意愿；如果是负数，则协作意愿消失，成员就会退出组织。诱因与贡献之比决定了组织能否继续存在和发展。

3）权力接受论。巴纳德认为，权力不是来自从上而下的行政授予，而是来自下级是否接受。这是巴纳德对权力的一种全新看法，这一观点对推动管理沟通、职员参与、领导方式等问题的研究具有重大影响。

4）非正式组织的功能。巴纳德称非正式组织是不属于正式组织的个人联系和相互作用的团体，它产生于同工作有关的广泛联系中。正式组织是以组织目标为基础建立起来的；非正式组织是以共同的价值观为基础，强调感情关系。两者具有很大的区别，但两者又有密切的联系。如果管理者善于利用非正式组织，那么它对正式组织则有着积极的作用。

5）信息沟通原则。在构成组织的三要素中，信息沟通是另外两个要素发挥作用的基础。

（2）管理过程学派的组织理论

孔茨是管理过程学派的主要代表人物之一，他提出了健全组织工作的若干原则：① 目标一致原则，即组织结构设计必须有利于组织目标的实现。② 效率原则，即组织结构的设计和组织形式的选择应该有助于使意外事故降到最低限度或用尽可能低的成本来实现企业目标。③ 管理幅度原则，即每个管理人员所管辖的人员是有限度的，其具体人数应随情况不同而灵活确定。④ 层级原则，即从组织最高层到基层的职权划分必须明确。⑤ 授权原则，即下授的权力必须适当。⑥ 权责对等原则，即管理者所承担的职责应与所授职权对等。⑦ 职责绝对性原则，即下级有执行上级命令的责任，而上级要承担应有的职责。⑧ 统一指挥原则。⑨ 灵活性原则，即所设计的组织结构应具有灵活性，能适应组织的内外部环境的变化。⑩ 业务部门和监督检查部门分设的原则。

（3）经验学派的组织理论

经验学派的主要代表人物有德鲁克、戴尔、斯隆等人，他们在组织理论方面的主要观点如下。

1）将“以工作任务为中心”和“以人为中心”结合起来设计组织结构。古典组织理论是以工作任务为中心来设计组织结构；人际关系理论则是以人为中心，在组织设计时考虑到工作轮换、工作丰富化及人的素质要求等。经验学派的任务就在于根据企业的实际经验，把这两方面的内容结合起来进行组织设计。

2）总结出一些适合高层管理和创新工作的组织结构。德鲁克把当今企业中出现的各种组织结构概括为五种基本类型：集权的职能性结构，分权的“联邦式”结构，模拟性分权结构，矩阵结构和系统结构。他还分析了这些结构的特点、优缺点及适用条件。

（4）系统管理学派的组织理论

系统管理学派的主要代表人物是卡斯特和罗森茨韦克，他们的组织理论的主要观点有以下三点。① 研究组织必须采用系统论的方法。传统的组织理论运用的主要是静态的、以结构分析为主的方法；而系统学派则认为，研究组织必须用动态的、开放的、整体的系统观点。② 组织是一个开放的社会技术系统。对任何组织来说，它都要从外部输入人力、材料、资金和信息等资源，通过内部的转换，形成产品、服务，从而产生社会效益。组织本身只是一个转换系统，在与其环境的交互作用过程中达到一种动态平衡的状态。任何组织都具有这种开放性。③ 组织是由诸多子系统结合而成的有机系统。组织内部可以看作由以下几个子系统构成的：目标和价值子系统；技术子系统；社会心理子系统；结构子系统；管理子系统。

（5）权变学派的组织理论

权变学派的代表人物较多，在组织理论方面主要有汤姆·伯恩斯、琼·伍德沃德 、保罗·劳伦斯、杰伊·洛希、赫里格尔和斯洛坎姆等人。这一学派在组织理论方面的主要观点和贡献是：① 认为组织不存在一成不变的、最佳的结构模式，不同的组织在不同的情景下都应当根据当时的具体情况灵活地设计组织结构。② 强调外部环境对组织结构设计的影响。劳伦斯认为，企业的组织设计应当是开放式的，因为企业的外部环境条件对企业目标和战略具有极大的影响。企业的组织结构不仅要有稳定性，而且要有对环境的适应性，这样才能保证企业的生存和发展。③ 从组织结构设计的角度研究企业的分类和主要因素，并试图在此基础上找出不同类型企业所适用的一般性组织结构模式。研究中所涉及的主要因素有企业的工艺技术复杂程度、企业规模、外部环境等。

（6）新组织结构学派的组织理论

明茨伯格是该学派的主要代表人物，他在其代表作——1979 年出版的《组织结构》和 1983 年出版的《“五”字组织结构》中提出了组织结构的五种协调机制、五个基本构成部分、五种流程系统和五种结构类型理论。

5.2 组织工作理论

5.2.1 组织工作的含义

组织工作这个职能是由人类在生产劳动中需要合作而产生的。正如巴德所强调的那样，人类由于受到生理、心理和社会的种种限制，为了达到某种目的就必须进行合作，而合作之所以能有更高的效率、能更有效地实现某种目标，多数情况下都是由于有了组织结构的缘故。因此，从组织工作的含义看，设计、建立并保持一种组织结构，基本上就是主管人员的组织工作职能的内容。

组织工作是指为了实现组织的共同目标而确定组织内各要素及其相互关系的活动过程，即设计一种组织结构，并使之运转的过程。它的目的就是要通过建立一个适于组织成员相互作用、发挥各自才能的良好环境，消除由于工作或职责方面所引起的冲突，使组织成员都能在各自的岗位上为组织目标的实现做出应有的贡献。

5.2.2 组织工作的特点

1. 组织工作是一个过程

组织工作是根据组织的目标，考虑组织内外部环境来建立和协调组织结构的过程。这个过程的一般步骤如下。

1）确定组织目标。

2）对目标进行分解，拟订派生目标。

3）确认为实现目标所需的各项业务工作并将其分类。

4）根据可利用的人力、物力及利用它们的最好方法来划分各种工作，由此形成部门。

5）将进行业务活动所需的职权授予各部门的负责人，由此形成职务说明书，规定该职务的职责和权限。

6）通过职权关系和信息系统，把各部门的业务活动上下左右紧密地联系起来，通过组织系统图达到对组织的整体认识。

2. 组织工作是动态的

通过组织工作建立起来的组织结构不是一成不变的，而是随着组织内外部要素的变化而变化的。由于任何组织都是社会系统中的一个子系统，它在不断地与外部环境进行能量、信息、材料的输入和输出，而这种输入和输出一般都会影响到组织目标。随着时间的推移，原来的目标由于环境变化可能不太适宜了，这时依据计划工作中的改航道原理，必须根据环境条件的变化不断地修正目标。目标的变化自然会影响到随同目标而产生的组织结构，为使组织结构能切实起到促进组织目标实现的作用，就必须对组织结构做出适应性的调整。此外，即使组织的内外要素的变化对组织目标影响不大，但随着社会的进步和科学技术的发展，原有的组织结构已不能高效地适应实现目标的要求，此时也需要进行组织结的调整和变革。所以，我们说组织工作具有动态的特点。

3. 组织工作应重视非正式组织的影响

由霍桑试验及巴纳德等人的研究成果可知，组织有正式组织和非正式组织之分。在组织工作职能的实施过程中，随着组织结构的建立，一个正式组织就形成了。但是，任何正式组织中都必然伴随着非正式组织。

组织工作中应着重考虑非正式组织的两个特点。

1）非正式组织在满足组织成员个人的心理和感情需要上比正式组织更有优越性，所以应发挥非正式组织比正式组织更强的凝聚力的作用。

2）非正式组织形式灵活，稳定性弱，覆盖面广，几乎所有正式组织的成员都会介入某种类型的非正式组织。

根据这两个特点，主管人员在组织工作中应有意识、有计划地促进某些具有较多积极意义的非正式组织的形成和发展（如技术钻研、学习互助、业余娱乐等），使其成为正式组织的辅助。时机成熟和条件许可的情况下，也可将其中一些转化为正式组织，使其成为组织工作所设计和保持的组织结构的有机组成部分。

5.2.3　组织工作的内容

1. 组织结构方面的主要内容

- 设计和建立合理的组织结构。
- 确定权责关系，进行适度分权。
- 选择和配备合适的主管人员。
- 保证组织系统正常、有效地运转。
- 适应环境，适时调整组织结构。

2. 组织行为方面的主要内容

- 影响个体行为，激发个体积极性。
- 引导群体行为，使之服从于组织目标。

5.2.4　组织工作的基本原则

组织工作是设计和建立合理的组织结构，根据组织内外部要素的变化适时地调整组织结构，其目的都是为了更有效地实现组织目标。那么，怎样才能做好组织工作，使通过组织工作所设计、建立并维持的组织结构及其表现形式更好地促进组织目标的实现呢？由于组织所处的环境、采用的技术、制定的战略、发展的规模不同，其所需的职务和部门及其相互关系也不同。但是，任何组织在进行机构和结构的设计时都需遵守一些共同的原则。

1. 权责对等原则

组织中的每个部门和职务都必须完成规定的工作，而为了从事一定的活动，它们都需要利用一定的人、财、物等资源。因此，为了保证“事事有人做”，“事事都能被正确地做好”，不仅要明确各个部门的任务和责任，而且在组织设计中还要规定相应的取得和利用人力、物力、财力及信息等工作条件的权力。没有明确的权力或权力的应用范围小于工作的要求，则可能使责任无法履行、任务无法完成。当然，对等的权责也意味着赋予某个部门或岗位的权力不能超过其应负的职责。权力大于工作的要求，虽能保证任务的完成，但会导致不负责任地滥用权力，甚至会危及整个组织系统的正常运行。

2．统一指挥原则

统一指挥原则就是要求每位下属应该有且仅有一个上级，要求在上下级之间形成一条清晰的指挥链。如果下属有多个上级，就会因为上级可能存有不同甚至相互冲突的命令而无所适从。虽然有时在例外场合必须打破统一指挥原则，但是为了避免多头领导和多头指挥，组织的各项活动应该有明确的区分，并且应该明确上下级的职权、职责及沟通联系的具体方式。统一指挥原则可以防止出现越级指挥、多头领导等现象，从而提高组织的工作效率。

3．集权与分权相结合原则

设计企业组织时，既要有必要的权力集中，又要有必要的权力分散，两者不可偏废。集权是大生产的客观要求，它有利于保证企业的统一领导和指挥，有利于人力、物力、财力的合理分配和使用。而分权也是调动下级积极性、主动性的必要组织条件。合理分权有利于基层根据实际情况迅速而正确地做出决策，也有利于上层领导摆脱日常事务、集中精力抓重大问题。因此，集权与分权是相辅相成的，是矛盾统一的。没有绝对的集权，也没有绝对的分权。但是，企业在具体执行这一原则时，哪些权力应集中、哪些应分散，以及集权与分权应达到什么程度，应进行具体分析，要克服不分时间和地点和条件而采取一个模式的做法。企业在确定内部上下级管理权力分工时主要应考虑的因素有企业规模的大小、企业生产技术特点、各项专业工作的性质、各单位的管理水平和干部条件等。不同的行业和企业，其集权和分权的程度应有差别。就一个企业而言，所属各分厂、车间也有大有小，情况各异，所以也应区别对待。一个企业处于不同的成长发展时期，集权与分权的程度也会发生变化。

4．稳定性和适应性相结合原则

稳定性和适应性相结合原则要求组织设计时既保证组织在外部环境和企业任务发生变化时能够有序地正常运转，同时保证组织在运转过程中能够根据变化了的情况做出相应的变更，以及组织应具有一定的弹性或适应性。为此，企业需要在组织中建立明确的指挥系统、责权关系及规章制度；同时要求选用一些具有较好适应性的组织形式和措施，使组织在变动的环境中具有一种内在的自动调节机制。

5．执行和监督机构分设原则

执行和监督机构分设原则要求企业管理系统中的监督性机构（如质量监督、安全监督、环保监督、财务监督等）应当单独设置，不应当同执行性机构合并为同一机构。只有分开设置，才能使监督性机构起到应有的作用。贯彻这一原则时，要使员工懂得，对管理机构的监督并不是对某个人员的不信任，而是为了对企业的整体目标负责，是整个企业管理职能的有机组成部分。监督性机构分开设置后，必须强调在监督的同时加强对被监督部门的服务。既监督又服务，有利于监督职能的顺利履行。

6．精简机构原则

精简机构原则要求，企业组织机构的设置和人员的配备应当在保证完成任务目标的前提下，力求紧凑和精干，机构越简单越好，人员越少越好。如果企业机构臃肿、人浮于事，不仅会降低经济效益，更重要的是必将导致管理效率低下，助长文牍主义、推诿拖拉的官僚主义作风。贯彻这一原则要注意在保证实现企业任务目标的大前提下来讲精简，避免单纯为精简而精简的倾向。实现精简要注意同员工培训和改进管理工作同步进行，以取得实效。

自测题

一、名词解释

组织 正式组织 非正式组织 组织工作

二、单项选择题

1. 避免企业出现机构臃肿、人浮于事的现象，应遵循组织工作的（　　）原则。

A. 统一指挥　　B. 权责对等

C. 精简机构　　D. 集权分权相结合

2. 人们在共同工作或活动中，由于抱有共同的社会感情和爱好，以共同的利益和需要等为基础自发形成的团体，属于（　　）。

A. 正式组织　　B. 非正式组织

C. 经济组织　　D. 政治组织

3. 社会系统学派的主要代表人物是（　　）。

A. 巴纳德　　B. 梅奥　　C. 泰勒　　D. 法约尔

三、多项选择题

1. 组织的构成要素包括（　　）。

A. 组织环境　　B. 组织目的　　C. 管理主体　　D. 管理客体

2. 组织工作的特点包括（　　）。

A. 组织工作是一个过程

B. 组织工作是一个动态的过程

C. 组织工作要充分发挥组织成员的个性

D. 组织工作要重视非正式组织的作用

3. 组织的性质包括（　　）。

A. 目的性　　B. 整体性　　C. 开放性　　D. 层次性

4. 组织工作的主要内容包括（　　）。

A. 组织结构　　B. 组织行为　　C. 组织环境　　D. 组织目的

四、判断题

1. 组织是由人组成的社会实体。（　　）

2. 组织工作是一个静态的过程。（　　）

3. 为了保证“事事有人做”，“事事都能被正确地做好”，组织工作应当遵循权责对等原则。（　　）

五、简答题

1．试简述组织的性质。

2．简述组织工作的内容。

案例分析

案例1　小周的困境

事件背景：三个女孩儿应聘一个职位，这三个女孩分别为小段（段丽），小周（周洁）和小王（王炜），节目分三个阶段。

阶段测试A：三个女孩都没有经过培训，分别为客人做茶道表演

A阶段观众评分

小周 高；小段 中；小王 低

A阶段三人互评

小周给小段和小王评：　每人5分

小段给小周：0分，　给小王：10分

小王给小周：0分，　给小段：10分

（这期间，小段跟小王表现很亲密，两人都疏远小周。小周在被主持人问及互评情况时，说小段与小王对她有排斥心理，但被小段与小王否定。）

阶段测试B：三人共同经过培训后，再次为客人表演茶道

B阶段观众评分和三人互评都跟上个阶段一样，但是观众评分小周虽还是高于小段，但差距减小了些。而且小王跟小段明显结成了一个小集团（相当于我们日常工作中存在于正式组织中的非正式组织），并排斥小周于她们小集团之外，小周虽希望减弱这种排斥，但明显无奈。

阶段测试C：三人组成促销小组，轮流做小组长，按照自己的计划进行一次茶叶的促销活动

1. 先是小段做组长。小段和小王一起做促销，吸引客户，小段吩咐小周在一旁弹古筝，小周问小段她还要做什么，小段说随便。其间，小段跟小王不断耳语，有时冲小周努努嘴，并继续耳语。

2. 接着小周做组长。她给小段和小王分别布置了任务，让小王在附近发传单，小段在自己旁边给大家介绍茶叶，小周自己一边弹古筝招揽客户，一边过来帮小段介绍茶叶（小周显然弹古筝时静不下心来）。后来她发现小王发传单走出了自己的视线，就吩咐小段把她找回来。

3. 最后是小王做组长，大致重复了小段做组长的那一幕，而且小段和小王更亲密地耳语。

主持人让三人互相指出其他两个人的缺点：小段和小王还是首先指出小周不信任他们和其他缺点，对另一个的缺点只轻描淡写地说一下；小周则指出小段跟小王对她布置不合理，她自己主动要任务也没什么结果。

然后是C阶段专家点评。专家并没有同情小周，有一个评委还指出小周官不大，布置任务时却还有官架子；给小段的评价较好；小王得到的专家点评最次。

招聘结果是小段胜出。

问题：

（1）你对这种工作中存在的非正式组织（小集团）问题是怎么看待的？

（2）如果你就是节目中的小周，你有什么办法改变自己在这种小集团中的被动地位？

（3）如果你是领导，你的下属有这种小集团，你会怎么处理？

案例 2　宇宙厂的重复设置

H 市宇宙冰箱厂近几年来有了很大的发展，该厂厂长周冰是个思路敏捷、有战略眼光的人，早在前几年“冰箱热”的风潮中，他就预见到今后几年冰箱热会渐渐降温，由畅销变为滞销。于是他命该厂新产品开发部着手研制新产品，以保证企业能够长盛不衰。果然，不久冰箱市场就急转直下，各大商场冰箱都存在不同程度的积压。好在宇宙厂早有准备，立即将新研制生产出的小型冰柜投入市场，这种冰柜物美价廉且很实用，一经上市便立即受到广大消费者的欢迎。宇宙厂不仅保住了原有的市场，而且又开拓了一些新市场。

但是，近几个月来，该厂产品出现一些问题，用户接二连三地退货，要求赔偿，影响了该厂产品的声誉。究其原因，原来问题主要出在生产上，主管生产的副厂长李英是半年前从 H 市二轻局调来的。她今年 42 岁，是个工作勤恳、兢兢业业的女同志，工作认真负责，口才好，有一定的社交能力，但对冰箱生产技术不太了解，组织生产能力欠缺，该厂常因所需零部件供应不上而停产。加之质量检查没有严格把关，尤其是外协件的质量常常不能保证，故产品接连出现问题，影响了宇宙厂的销售收入，原来较好的产品形象也有一定程度的破坏，这种状况如不及时改变，该厂几年来的努力也许会付诸东流。

周厂长为此很伤脑筋，有心把李英撤换下去，但又为难。因为李英是市二轻局派来的干部，和上面联系密切，并且她也没犯什么错误，如硬要撤，搞不好会弄僵上下级之间的关系（因为该厂隶属于市二轻局主管）。不撤换吧，厂里的生产又抓不上去，长此以往，企业很可能会出现亏损局面。周厂长想来想去不知如何是好，于是就去找该厂的咨询顾问某大学王教授商量。王教授听罢周厂长的诉说，思忖一阵，对周厂长说：“你何不如此呢……”周厂长听完，喜上眉梢，连声说：“好办法、好办法”。于是便回去按王教授的意图组织实施。果然，不出两个月，宇宙厂又恢复了生机。

王教授到底如何给周厂长出谋划策的呢？原来他建议该厂再设一个生产指挥部，把李英升为副指挥长，另任命懂生产有能力的赵翔为生产指挥长主管生产，而让李英负责零部件、外协件的生产和供应。这样既没有得罪二轻局，又使企业的生产指挥得到了保证，同时还充分利用了李、赵两位同志的特长，调动了两人的积极性，解决了一个两难的难题。

小刘是该厂新分来的大学生。他看到厂里近来一系列的变化，很是不解，于是就问周厂长：“厂长，咱们厂已经有了生产科和技术科，为什么还要设置一个生产指挥部呢？这不是机构重复设置吗？我在学校里学过有关组织设置方面的知识，从理论上讲组织设置应该因事设人，咱们厂怎么是因人设事，这是违背组织设置原则的呀!”周厂长听完小刘一连串的提问，拍拍他的肩膀说:”小伙子，这你就不懂了，理论是理论，实践中并不见得都有效。”小刘听了，仍不明白，难道是书上讲错了吗？

问题：

（1）在企业中如何设置组织机构？到底应该“因事设人”还是应该“因人设事”？

（2）你认为王教授的建议是否合适？

（3）你认为应该如何看待小刘的提问？

（4）如果你是厂长，你将如何处理这个难题？

第6章 组织结构

学习目标 掌握组织结构的定义及其影响因素；掌握管理层次与管理幅度的关系；了解几种典型的组织结构类型。理解组织变革的动因、类型、内容；掌握组织变革模型；掌握组织变革的阻力及其管理对策。

引导案例

杨家八宝饭

杨利平本是莹县杨家村的一位普通农民，不过人们早就知道他有一种祖传绝招——烹制一种美味绝伦的糯米甜品——杨家八宝饭。他称自己是这种绝技的第五代传人，早在清朝道光年间，他祖宗所创的这种美食就远近闻名，而且代代在本村开有一家专卖此种八宝饭的小饭馆。他的父亲直到解放初期还经营着这祖传的小饭馆，那时才十来岁的杨利平就时常在店前店后地帮忙干活了。后来合作化，跟着又公社化，他爸又病死，饭馆不开了，他成了一名普通的公社社员，人家似乎已不知道他居然还保留了那种绝技。

20 世纪 80 年代，改革之风吹来，杨利平丢了锄把，又办起了"杨家店"，而他做的八宝饭绝不亚于他的祖上。由于生意兴隆，他很快发财了。开始是到邻村去开分店，后来竟把分店开到了县城乃至省城去。1987 年，不知是他自己想的还是别人给他出的主意，他就在本村办起了利平糯米美食厂，开始生产"老饕"牌袋装和罐装系列糯米食品。由于其独特风味和优良质量，牌子很快打响了。不说本县，其食品连省里许多市县都畅销，出现了供不应求之势。杨利平厂长如今已在经管着这家 450 多名员工的美食厂和分布很广的甜品小食店网。

奇怪的是，杨厂长似乎并未注意利用这个大好形势去扩大业务。他似乎并未想到要去满足还在扩大着的对他那独特产品的需要。外省市买不到这种美食，连本省也不是处处都有供应，原因是杨利平固执地要保持产品的独特风味与优秀质量。小食品店服务达不到规定标准，员工的培训未达到应有水平，杨利平宁可不设新点，不渗入新区。杨利平强调质量是生命，绝不允许采取任何措施危及产品质量。他说客户期待着高质量，而他们知道自己所得到的杨家美食准是高质量。

杨利平糯米美食厂的主要部门是质量检验科、生产科、销售科和设备维修科，当然还有一个财会科及一个小小的开发科。其实，工厂的产品很少有什么改变，品种也不多。杨利平坚持生产“杨家一绝”这种传统产品，服务的对象也是“老”主顾，彼此都很熟悉。杨家美食厂里质检科要检测进厂的所有原料，保证必须是最优质的。每批产品都一定要抽检，化验构成成分、甜度、酸碱度。当然，最重要的是检控产品的味道，厂里高薪聘请了几位品尝师，他们的唯一职责是品尝本厂生产的美食。他们经验丰富，可以尝出与要求的标准的微小偏差。所以，杨家美食始终在努力保持着它固有的形象。

不久前，杨利平的表哥汤正龙回村探亲。他原在县城念中学，“文革”中回乡，20世纪80年代初便只身南去深圳闯天下。大家知道他聪明能干，有文化，敢冒险。他一去十来年，只听说他靠两头奶牛起家，如今已是千万元户了。汤正龙来访表弟杨利平，对美食厂的发展称赞一番，还表示想投资入伙。但他指出杨利平观点太迂腐保守，不敢开拓，认为牌子已创出，不必僵守原有标准，应当大力扩充品种与产量，向省外甚至海外扩展。他还指出，工厂目前这种职能型结构太僵化，只适合于常规化生产，为定型的、稳定的客户服务，适应不了变化与发展，各职能部门眼光只限在本领域内，看不到整体和长远，彼此沟通和协调不易。他建议杨利平彻底改组本厂结构，按不同产品系列来划分部门，这样才好适应大发展的新形势，千万别坐失良机。但杨利平对表哥发表的建议听不进去，且产生反感。他说他在基本原则上决不动摇。两人话不投机，语句转为激烈。最后，汤正龙说杨利平是“土包子”、“死脑筋”、“眼看着大财不会赚”。杨利平反唇相讥：“有大财你去赚得了，我并不想发大财，要损害质量和名声的事坚决不做。你走你的阳关道，我过我的独木桥！”汤正龙听罢拂袖而去，两个人不欢而散。

厂里干部和职员对此反应不一，有人说杨厂长有原则；有人则认为他认死理，顽固不化。

问题：

1. 本案例反映了管理学中的哪些问题？
2. 你认为企业一定要做大吗？
3. 假如你是企业的所有者和决策者，在杨利平和汤正龙之间，你将如何选择？

6.1 组织结构概述

6.1.1 组织结构的内涵

1．组织结构的概念

组织结构的概念有广义和狭义之分。狭义的组织结构是指为了实现组织的目标，在组织理论的指导下，经过组织设计形成的组织内部各个部门、各个层次之间固定的排列方式，即组织内部的构成方式。广义的组织结构除了包含狭义的组织结构内容外，还包括组织之间的相互关系类型，如专业化协作、经济联合体、企业集团等。

所谓组织结构，是指为了有效实现共同目标，进行分工协作，从而对组织内部各个组成部分的空间位置、结合方式、隶属关系所做的体制形式安排，即组织的骨骼、框架体系。组织结构的功能在于它为组织成员的分工协作提供了“框架”基础。

2．组织结构的维度

（1）纵向维度——管理层次

所谓管理层次，就是在职权等级链上所设置的管理职位的级数。当组织规模相当有限时，一个管理者可以直接管理每位作业人员的活动，这时组织就只存在一个管理层次。而当规模的扩大导致管理工作量超出了一个人所能承担的范围时，为了保证组织的正常运转，管理者就必须委托他人来分担自己的一部分管理工作，这时管理层次增加到两个层次。随着组织规模的进一步扩大，受托者又不得不进而委托其他人来分担自己的工作，依次类推，而形成了组织的等级制或层次性管理结构。

（2）横向维度——管理幅度

一名主管人员有效地监督、管理其直接下属的人数是有限的，当超这个限度时，管理的效率就会随之下降。因此，要想有效地领导下属，主管人员就必须认真考虑究竟能直接管辖多少下属的问题，即管理幅度问题。管理幅度又称管理宽度，是指在一个组织结构中，管理人员所能直接管理或控制的部属数目。一个上级主管能有效地指挥下级的人数，称为有效管理幅度。管理学家格兰丘纳斯（Graicunas）指出，当增加一个下属时，直接单独联系的数量按算术级数增加；而相应的联系总数，由于要加上直接团体联系和交叉联系，所以是按指数比例增加的。

（3）管理幅度与管理层次的关系

管理层次受到组织规模和管理幅度的影响。它与组织规模成正比，组织规模越大，包括的成员越多，则层次越多；在组织规模已定的条件下，它与管理幅度成反比。主管直接控制的下属越多，管理层次越少，管理幅度减小；相反，管理幅度减小，则管理层次增加。当组织规模一定时，管理宽度和管理层次之间存在着一种反比关系。

管理层次与管理幅度的反比关系决定了两种基本的组织结构形态：扁平式组织结构和金字塔式组织结构。现代组织结构有由金字塔式向扁平式发展的趋势。

扁平式组织结构是指管理层次少而管理宽度大的结构，金字塔式组织结构则相反。扁平结构有利于密切上下级之间的关系，信息纵向流动快，管理费用低，被管理者有较大的自由度和创造性，因而有满足感，同时有利于选择和培训下属人员。但这种组织结构不能严密地监督下级，上下级协调较差，同级间相互沟通联络困难。金字塔式结构具有管理严密、分工细致明确、上下级易于协调的特点，但层次增多带来的问题也越多：管理人员之间的协调工作急剧增加，互相扯皮的事不断发生；管理费用增加；上下级的意见沟通和交流受阻；上层对下层的控制变得困难；管理严密影响了下级人员的积极性与创造性。一般来说，为了达到有效管理，应尽可能地减少管理层次。

6.1.2 影响组织结构的权变因素

企业组织结构及其运行总是发生在一定的环境中，受制于一定的技术条件，并在组织总体战略的指导下进行的。组织结构设计必须考虑这些因素的影响。此外，组织的规模及其所处阶段不同也会对组织的结构形式提出相应的要求。

影响组织结构的权变因素有四个，即环境、战略、技术和组织规模。图 6-1 显示了这些因素之间的互动关系。

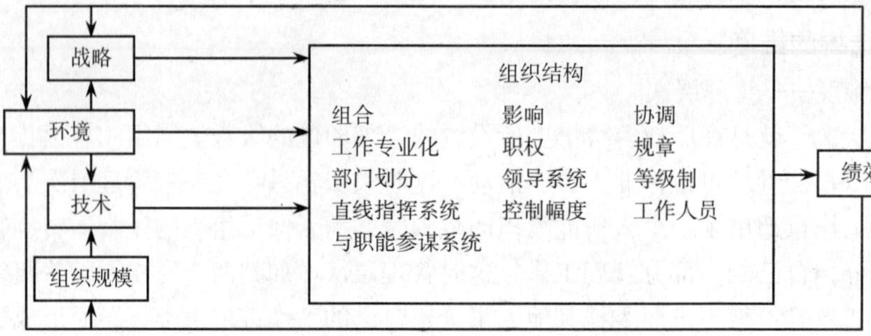

图 6-1　影响组织结构的权变因素

1．环境

环境包括一般环境和特定环境两部分。一般环境包括对组织管理目标产生间接影响的诸如经济、政治、社会文化及技术等环境条件，这些条件最终会影响到组织现行的管理实践。特定环境包括对组织管理目标产生直接影响的诸如政府、客户、竞争对手、供应商等具体环境条件。这些条件对每个组织而言都是不同的，并且会随一般环境条件的变化而变化。一般环境与特定环境具有互动性。

环境的复杂性和变动性决定了环境的不确定性。所谓的不确定性是指决策者由于缺乏完整的外部环境信息，以至于无法预测未来的变化而做出正确的判断和决策。当环境由简单的稳态性向复杂的变动性转移时，关于环境的信息不完整性也逐渐增强，管理决策过程中的不确定因素也大为增加，只有那种与外部环境相适应的组织结构才可能成为有效的组织结构。

机械式组织在稳定的环境中运作最为有效；有机式组织则与动态的、不确定的环境最匹配。外部环境变化得越快，不确定性就越大，管理者在获取稀缺资源时面临的问题就越多。这种情况下，管理者为了加快决策和沟通的速度，往往使组织更加有机化。当前全球竞争激烈，市场形势迅速变化，无论在国内还是在国外，这种竞争的不断加强都给管理者在吸引客户、提高效率和效益上施加了更大的压力，迫使管理者寻找各种方式来构造组织，如通过授权和自我管理的团队，将组织改造得更加精干、快速和灵活。

2．战略

组织结构是帮助管理者实现其目标的手段。目标产生于组织的总体战略，所以组织结构与组织的总体战略是紧密联系在一起的，组织结构应当服从于组织的总体战略，如果总体战略做了重大调整，就必须修改组织结构以适应和支持战略的调整和变革。

艾尔弗雷德·D·钱德勒第一个对战略和组织结构做了研究。他对美国 100 家大公司进行了考察，追踪了这些公司长达 50 年的发展历程，广泛收集了诸如杜邦（DuPont）、通用汽车（General Motors）、新泽西标准石油（Standard Oil of New Jersey）及西尔斯（Sears）等公司的历史案例资料后，他写了《战略与结构：工业企业史考证》。在这部著作中，他第一次把军事上的战略思想引入了企业的研究。

组织建立初期，一般实行单一产品战略。简单的战略要求一种简单、松散的组织结构来执行这一战略，决策权集中在一个高层管理者手中，组织的复杂性和正规化程度都很低。这种情况下，企业可采用直线型组织结构。

随着组织的成长，它开始实行纵向集成战略，合并供应商或直接向客户销售产品，把活动范围不断扩大。纵向集成战略使组织间的相互依赖性增强，需要组织间更加复杂的协调手段。

当组织进一步成长，进入产品多样化经营阶段时，组织结构需要再次调整，以便有效地配置资源，控制工作绩效和保持各单位间的协调。

钱德勒得出结论，公司战略的变化先行于并且导致了组织结构的变化。他建议，随着公司战略从单一产品向纵向集成再向多样化经营转变，管理者会将组织从有机式向更加机械式转变。

3. 技术

技术是指把原材料等资源转化为最终产品或服务的机械力和智力转换过程。任何组织都需要通过技术将投入转换为产出，那么组织的设计就需要因技术的变化而变化，特别是技术范式的重大转变往往要求组织结构做出相应的改变和调整。

琼·伍德沃德是一位调查技术与组织结构之间关系的教授。她专门研究了制造业中的生产技术和组织结构的关系，认为制造业企业可分为单件生产、大量生产和连续生产三种类型，每类企业都有其特定的组织结构形式，成功的企业是那些能根据技术的要求采取合适的结构安排的企业。学者们发现，这些不同的技术类型和相应的公司结构之间存在着明显的相关性，而且组织的绩效与技术和结构之间的“适应度”密切相关（见表 6-1）。

表 6-1　组织结构特征和技术类型的关系

组织结构 \ 技术类型	单件小批量生产技术	大批量生产技术	流程生产技术
纵向管理层级	3	4	6
高层管理人员的控制幅度	4	7	10
基层管理人员的控制幅度	23	23	15
管理人员与一般人员的比例	1 : 23	1 : 23	1:8
技术人员的比例	高	低	高
规范化程度	低	高	低
集权化程度	低	高	低
复杂化程度	低	高	低
组织结构	有机	机械	有机

伍德沃德发现，制造业企业的组织并不存在一种最好的形式。单件小批量生产企业生产以小批量提供的定制化产品，生产以在车间、小组工作的人员技能为基础。小批量技术生产的产品包括定制汽车，以及按磅而不是按吨生产的高度专门化的金属和化学制品。由于小批量产品是定制化的、独特的，工人必须对各种不同的需求情况做出反应。因此，在小批量生产的企业里，没有很多的规章制度和正式的程序，决策是分权化的，有机式组织结构是最合适的。大批量生产企业基本上使用自动化的机器，这些机器连续地从事相同的操作。当每个人从事一项重复性工作任务时，大批量生产运作效率最高。在大批量生产技术的组织中，由于管理者必须严格控制生产过程，组织适合严格的规范化管理，以有效地提高效率，因此最合适的一种选择是机械式的组织结构。大规模生产可用于生产大量的标准化产品，如罐头盒、洗衣机、灯泡，甚至包括提供标准化的服务，如汽车清洗或服装干洗。连续生产型企业几乎完全机械化，产品是

由按特定的顺序安排的机器或设备生产的，由中央监控站的计算机控制。流程型生产技术的例子包括炼油厂、钢铁制造厂及酿酒厂等。这种技术下，工人的角色是监视突然发生的、危险的事件。例如，机器或电脑的故障可能是这种技术所具有的不确定性的主要来源。对于出现的不可预料的情况，工人必须做出迅速的反应，阻止事故的发生。因此，在这种技术下，有机式组织结构成为首选。

总之，一个组织的技术性质是组织结构的重要决定因素。成功的企业大多是那些根据技术的要求而采取合适组织结构的企业。单件小批量生产企业和连续型生产企业采用有机式结构最为有效，而大批量生产企业与机械式结构相匹配则是最为有效的。如今，随着计算机技术在生产中的广泛应用，以及应用自我管理团队推动创新、提高质量和降低成本的趋势，许多组织正在尝试使它们的组织更加精干、灵活，以利用复杂技术的价值创造竞争优势。

4．组织规模

组织规模对其结构具有明显的影响。大型组织会提高组织的复杂性程度，并连带提高专业化和规范化程度，规则条例也更多。但是，这种影响不是呈线性关系的，组织规模对结构的影响随着规模的增大在逐渐减弱。也就是说，当组织发展到一定程度之后，随着组织规模的再扩大，规模的影响显得不再重要。例如，已经有 5 000 名员工的组织，再增加 500 名员工，对组织结构不会产生多大影响；而只有 500 名员工的组织，若再增加 500 名，就有可能会使它的组织结构向机械式方向转变。

6.1.3 建立合理组织结构的意义

1）提供了分工与协作的基本框架，明确了各管理部门、各管理层次的合作关系与隶属关系，使管理工作有章可循。

2）通过明确每个部门的权责关系，可以使成员做到各司其职、各负其责，有利于高层领导进行例外管理。

3）每个成员归属于一个特定部门，可以增强成员的归属意识；通过协作实现组织目标来达到个人目标，可以培养成员的团队精神。

4）成员之间在组织中建立了稳定的工作关系，有助于组织的稳定。

6.2 组织设计

6.2.1 组织设计的内涵与特点

1．组织设计的内涵

组织工作的成果之一就是形成了一个组织结构，人们常说的组织设计指的就是组织结构的设计。

组织设计是一个动态的工作过程，包含众多的工作内容。科学地进行组织设计要根据组织设计的内在规律性有步骤地进行，这样才能取得良好效果。组织设计有三种情况。

1）新建的企业需要进行组织结构设计。

2）原有组织结构出现较大的问题或企业的目标发生变化，原有组织结构需要进行重新评价和设计。

3）组织结构需要进行局部的调整和完善。

2．组织设计的特点

1）组织设计应当看成一个过程。

2）组织设计是随机制宜和因地、因时、因人而异的。

3）组织结构不是一成不变的，组织设计也不是一次就能完成的事，相反，它是一种连续的或至少是周期性的活动。

6.2.2　组织设计的任务和内容

1．组织设计的任务

组织设计的任务是设计清晰的组织结构，规划和设计组织中各部门的职能和职权，确定组织中职能职权、参谋职权、直线职权的活动范围并编制职务说明书。

组织结构是组织设计的核心部分，通过组织结构的设计和安排，一个组织可以形成管理活动的结构框架。所谓组织结构，是指组织的基本架构，是对完成组织目标的人员、工作、技术和信息所做的制度性安排。就像人类由骨骼确定体形一样，组织也是由结构来决定其形状的。

组织结构可以用复杂性、规范性和集权性三种特性来描述。

复杂性是指每个组织内部的专业化分工程度、组织层级、管理幅度，以及人员之间、部门之间关系所存在着的巨大差别性。分工越细、组织层级越多、管理幅度越大，组织的复杂性就越高；组织的人员部门越多、分布越散，人员与事物之间的协调也就越难。

规范性是指组织需要靠制定规章制度及程序化、标准化的工作，规范性地引导员工的行为。规范的内容既包括以文字形式表述的规章制度、工作程序、各项指令，也包括以非文字形式表达的组织文化、管理伦理及行为准则等。组织中的规章条例越多，组织结构也就越正式化。

集权性是指组织在决策时正式权力在管理层级中分布与集中的程度。当组织的权力高度集中在上层，问题要由下至上反映并最终要由最高层决策时，组织的集权化程度就较高；反之，组织授予下层人员更多决策权力时，组织的集权化程度较低，这种授权方式被称为分权。

图 6-2 是一个典型的组织系统示意图。图中的方框表示各种管理职务或相应的部门，箭线表示不同职权的指向。通过直线将各方框进行连接，虽然没有表示出各种职权与职责的具体内容，以及在哪个阶段哪个部门最重要，但却清晰地显示了组织内正式职位系统的决策层级和联系网络，同时标明了各种管理职务或各个部门在组织结构中的地位及它们之间的相互关系。比如，主管营销的副总经理必须服从总经理的指示，并向总经理汇报工作情况，同时他又直接领导着销售部经理、广告部经理及研发部经理的工作。

从图中我们还可以看出，组织的活动可以分解为横向和纵向两种结构形式。组织纵向结构设计的结果是决策的层级化，即确定了由上到下的指挥链及链上每一级的权责关系。显然，这种关系具有明确的方向性和连续性。组织横向结构设计的结果是组织的部门化，即确定了每一部门的基本职能、每位主管的控制幅度、部门划分的标准及各部门之间的工作关系。

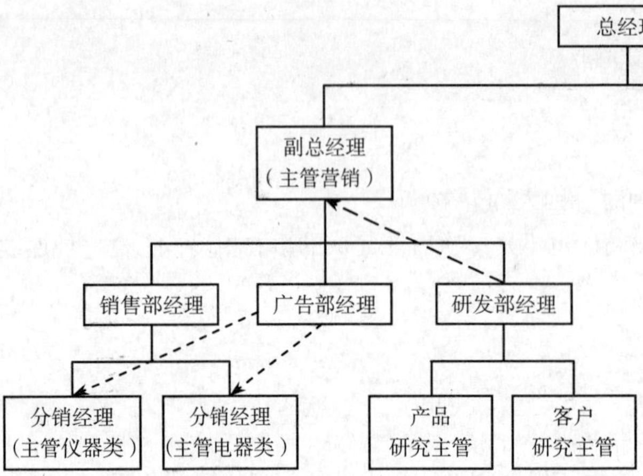

图 6-2　组织系统示意图

2. 组织设计的内容

尽管组织结构日益复杂、类型演化越来越多，但任何一个组织结构都存在三个相互联系的问题，即职权如何划分、部门如何确立、管理层次如何划分。由于组织内外环境的变化影响着这三个相互关联的问题，使得组织结构的形式始终围绕这三个问题发展变化。因此，要进行组织结构的设计，首先要正确处理以下三个问题。

（1）职能与职务的分析与设计

组织首先需要将总的任务目标进行层层分解，分析并确定为完成组织任务究竟需要哪些基本的职能与职务，然后设计和确定组织内从事具体管理工作所需的各类职能部门，以及各项管理职务的类别和数量，分析每位职务人员应具备的资格条件、应享有的权利范围和应担负的职责。

组织系统图是自上而下绘制的。创构组织时，可以根据组织的宗旨、任务目标及组织内外环境的变化，自上而下地确定组织运行所需要的部门、职位及相应的权责。另外，组织设计也可以根据组织内部的资源条件，在组织目标层层分解的基础上，从基层开始自下而上地进行。

（2）部门设计

根据每位职务人员所从事的工作性质不同及职务间的区别和联系，可以根据组织职能相似、活动相似或关系紧密的原则，将各个职务人员聚集在“部门”这一基本管理单位内。组织活动的特点、环境和条件不同，划分部门所依据的标准也是不一样的。对同一组织来说，在不同时期、不同的战略目标指导下，划分部门的标准可以根据需要进行动态调整。

（3）层级设计

在职能与职务设计及部门划分的基础上，必须根据组织内外能够获取的现有人力资源情况，对初步设计的职能和职务进行调整和平衡；同时根据每项工作的性质和内容，确定管理层级并规定相应的职责、权限，通过规范化的制度安排，使各个职能部门和各项职务形成一个严密、有序的活动网络。

6.2.3　组织设计的一般模式

由于组织的各种活动总要受到组织内外部各种因素的影响，因此不同的组织具有不同的结构形式。也就是说，组织结构的确定和变化都受到许多因素的影响。

按照传统的组织设计原则，早期大多数学者相信理想化的组织结构设计是机械式组织或官僚行政组织。今天，人们已经认识到并不存在适合于所有情况的唯一的“理想”组织设计。真正理想的组织设计取决于各种权变因素。下面我们介绍组织设计的两种一般模式。

1. 机械式组织

机械式组织也称官僚行政组织，是综合使用传统组织设计原则的自然产物。坚持统一指挥就会产生一条正式的职权等级链，每个人只受一个上级的控制和监督。而保持窄的管理幅度，并随着组织层次的提高缩小管理幅度，这样就形成了一个高耸的、非人格化的组织结构。随着组织规模的扩大，组织高层与低层的距离日益增大，这样高层则无法对低层的活动直接监督和控制。所以，高层管理就增加了规则、条例，以保证标准作业行为的贯彻。古典学者相信劳动分工能使工作简单化、常规化和标准化。

古典学者提倡所有组织都必须是高度复杂化、高度正规化和高度集权化的，认为组织结构应该像高效率的机器，以规则、条例和正规化作为润滑剂。

这种结构使组织的稳定性、高效率达到了相当水平，但也导致了组织的僵化、反应迟钝的弱点。职能型组织结构、事业部制组织结构均属于机械式组织结构。

2. 有机式组织

有机式组织也称适应型组织，是低复杂性、低正规化和分权化的组织结构。它是一种松散、灵活、具有高度适应性的组织形式，组织不具有高度标准化的工作程序和严格的规则、条例，可根据需要迅速做出调整。有机式组织也进行劳动分工，但人们所做的工作并不是标准化的。这种结构下，员工多是职业化的，具有熟练的技巧，经过培训能处理多种多样的问题，对他们进行教育时已将职业行为的标准灌输到他们体内，所以不需要多少正式的规则和直接监督。例如，向一个计算机工程师分配一项任务，无须告诉他做事的程序，他遇到问题时能够自行解决，或通过向同事咨询后得到解决。这就是依靠职业标准来指导他的行为。

有机式组织之所以保持低程度的集权化，就是为了使职业人员能对问题做出迅速反应，同时不能要求高层管理者一定具备做出必要决策所需要的各种技能。

6.3　组织结构类型

6.3.1　直线型组织结构

1. 直线型组织结构的含义与特点

直线型组织结构是最古老的组织结构形式。所谓的“直线”是指在这种组织结构下，职权直接从高层开始向下“流动”（传递、分解），经过若干个管理层次达到组织最低层。直线型组织结构如图 6-3 所示。

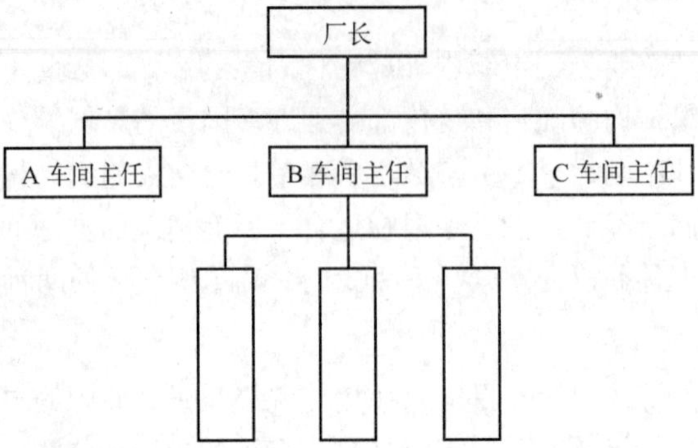

图 6-3　直线型组织结构示意图

直线型组织结构具有如下特点。

1）组织中的每位主管人员对其直接下属拥有直接职权。

2）组织中的每个人只对他的直接上级负责或报告工作。

3）主管人员在其管辖范围内拥有绝对的职权或完全职权，即主管人员对所管辖的部门的所有业务活动行使决策权、指挥权和监督权。

2. 直线型组织结构的优缺点

这种组织结构形式的优点是权力集中、权责分明、命令统一、信息沟通简捷方便、便于统一指挥和集中管理。但这种组织结构也有其显著缺点：各级行政领导必须熟悉与本部门业务相关的各种活动（尤其是最高行政首脑，必须是全能管理者）；缺乏横向的协调关系，没有职能机构作为行政首脑的助手，容易使行政首脑产生忙乱现象。所以，这种组织结构下，一旦企业规模扩大，管理工作复杂化，行政首脑可能由于经验、精力不足而顾此失彼，难以进行有效的管理。

3. 直线型组织结构的适用性

这种组织结构适用于企业规模不大、职员人数不多、生产和管理工作都比较简单的情况或现场作业管理。

6.3.2　职能型组织结构

1. 职能型组织结构的含义

职能型组织结构也称 U 形组织，又称多线性组织结构。职能型组织结构起源于 20 世纪初法约尔在其经营的煤矿公司担任总经理时所建立的组织结构形式，故又称“法约尔模型”。它是按职能来组织部门分工，即从企业高层到基层，均把承担相同职能的管理业务及其人员组合在一起，设置相应的管理部门和管理职务。职能型组织结构如图 6-4 所示。

这是以工作方法和技能作为部门划分的依据。现代企业中，许多业务活动都需要有专门的知识和能力，通过将专业技能紧密联系的业务活动归类组合到一个单位内部，可以更有效地开发和使用技能，提高工作效率。

对大多数生产企业来说，它们都具有市场营销、生产、财务、研究与开发、人事管理等职能。

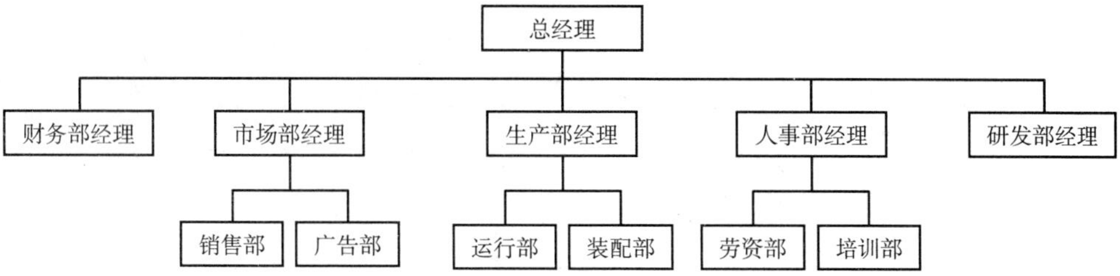

图 6-4　职能型组织结构示意图

2．职能型组织结构的特点

1）各级管理机构和人员实行高度的专业化分工，各自履行一定的管理职能。因此，每个职能部门所开展的业务活动将为整个组织服务。

2）实行直线—参谋制。整个管理系统划分为两大类机构和人员：一类是直线指挥机构和人员，对其直属下级有发号施令的权力；另一类是参谋机构和人员，其职责是为同级直线指挥人员出谋划策，对下级单位不能发号施令，而是起业务上的指导、监督和服务的作用。

3）管理权力高度集中。由于各个职能部门和人员都只负责某个方面的职能工作，唯有最高领导层才能纵观企业全局，所以企业生产经营的决策权必然集中于最高领导层，主要是经理身上。

3．职能型组织结构的优缺点

其主要优点是适应了大生产分工合作的要求，提高了专业化的管理水平，降低了设备和职能人员的重复性，同时减轻了高层管理者的责任压力，使其能专心致力于最主要的决策工作。其缺点是各职能部门往往会片面追求本部门的利益，部门之间缺乏交流合作，且矛盾冲突会增多，这又会增加最高主管协调、统领全局的难度，加大其完成任务的压力。另外，由于受各职能部门狭窄的专业知识的限制，职能结构难以培养出“多面手”式的管理通才。

4．职能型组织实行的条件

职能型组织实行的条件是：企业必须有较高的综合平衡能力，各职能部门按企业综合平衡的结果为同一个目标进行专业管理。否则，不宜采用职能型组织结构。

5．职能型组织结构的适用性

在各种企业里，职能型结构主要适用于中小型的、产品品种比较单一、生产技术发展变化较慢、外部环境比较稳定的企业。具备以上特性的企业，其经营管理相对简单，部门较少，横向协调的难度小，对适应性的要求较低，因此职能制结构的缺点不突出，而优点却能得到较为充分的发挥。

6.3.3　直线—职能型组织结构

直线—职能型组织结构被称为单一职能型结构或单元结构。

直线—职能型是综合了直线型和职能型两种组织结构的特点而形成的一种组织结构形式。直线—职能型组织结构如图 6-5 所示。

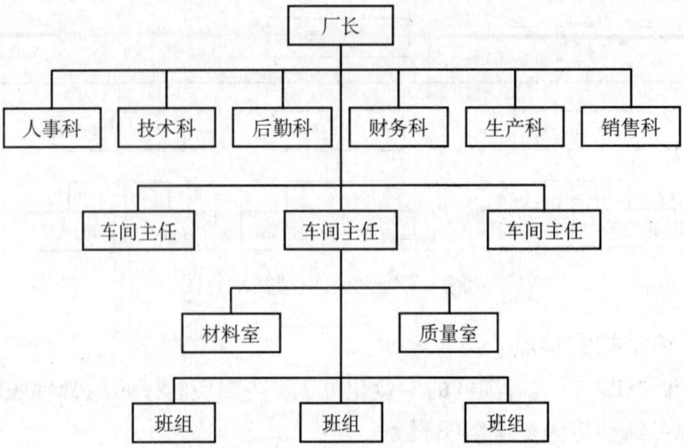

图 6-5　直线—职能型组织结构示意图

1．直线—职能型组织结构的特点

这种组织结构的特点是以直线为基础，在各级行政主管之下设置相应的职能部门（如计划、销售、供应、财务等部门）从事专业管理，作为该级行政主管的参谋，实行主管统一指挥与职能部门参谋—指导相结合的方式。在直线—职能型组织结构下，下级机构既受上级部门的管理，又受同级职能管理部门的业务指导和监督，各级行政领导逐级负责、高度集权。因而，这是一种按经营管理职能划分部门，并由最高经营者直接指挥各职能部门的体制。

2．直线—职能型组织结构的优缺点

这种组织结构的优点是，它比直线型组织结构具有优越性，既保持了直线型结构集中统一指挥的优点，又吸收了职能型结构分工细密、注重专业化管理的长处，从而有助于提高管理工作的效率。

直线—职能型组织结构的缺点如下。

1）属于典型的“集权式”结构，权力集中于最高管理层，下级缺乏必要的自主权。

2）各职能部门之间的横向联系较差，容易产生脱节和矛盾。

3）这种组织结构建立在高度 “职权分裂”的基础上，如果各职能部门与直线部门之间目标不统一，则容易产生矛盾。特别是对于需要多部门合作的事项，往往难以确定责任的归属。

4）信息传递路线较长，反馈较慢，难以适应环境的迅速变化。

直线—职能型组织结构存在的问题是经常产生权力纠纷，从而导致直线人员和职能参谋人员的摩擦。为了避免这两类人员的摩擦，管理层应明确其各自的作用，鼓励直线人员合理运用职能参谋人员所提供的服务。

3．直线—职能型组织结构的适用性

这种组织结构对于产品单一、销量大、决策信息少的企业非常有效。

6.3.4　事业部型组织结构

事业部型组织结构也称分部型组织结构、产品结构或战略经营单位，是指按照各个产品或

服务、产品群组、大型项目或利润中心设计的组织结构。事业部型组织是设计建立“自我包容”的单位，每个单位或事业部一般都是自治的，分部经理对全面绩效负责，同时拥有充分的战略和运营决策的权力，执行“集中决策，分散经营”的管理原则。

1．事业部型组织结构的特点

事业部型是在集团公司中实行分权式的多分支部门的组织结构模式。

事业部型组织结构的主要特点如下。

1）针对特定的产品、地区及目标客户成立特定的事业部。

2）在纵向关系上，按照“集中决策，分散经营”的原则划分总部和事业部之间的管理权限。

3）在横向关系方面，事业部为利润中心，实行独立核算。

4）总部和事业部内部仍然按照职能制结构进行组织设计，这样保证了事业部型组织结构的稳定性。

5）事业部的独立性是相对的，它不是独立的法人，只是总部的一个分支机构，对利润没有支配权，不能对外进行融资和投资。

2．事业部型组织结构的划分形式

按产品区域划分，事业部型组织结构可分为产品事业部和区域事业部。

（1）产品事业部

产品事业部又称产品部门化。按照产品或产品系列组织业务活动，这在经营多种产品的大型企业中早已显得日益重要。产品部门化主要是以企业所生产的产品为基础，将生产某一产品有关的活动完全置于同一产品部门内，再在产品部门内细分职能部门，进行生产该产品的工作。这种结构形态在设计中往往将一些共用的职能进行集中，然后由上级委派以辅导各产品部门，做到资源共享。产品事业部型组织结构如图 6-6 所示。

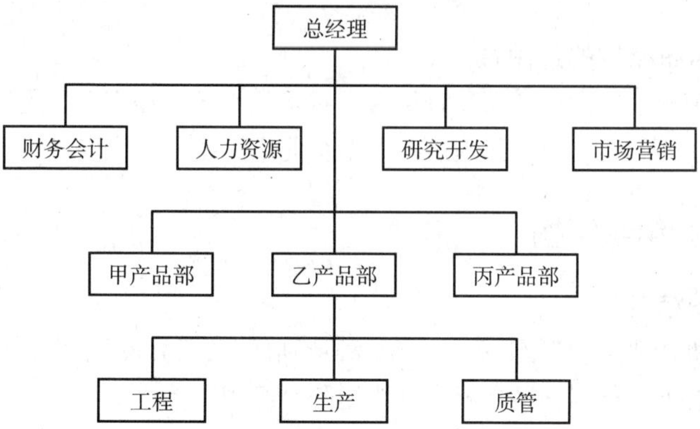

图 6-6　产品事业部型组织结构示意图

（2）区域事业部

区域事业部又称区域部门化。对于在地理上分散的企业来说，按地区划分部门是一种比较普遍的方法。其原则是把某个地区或区域内的业务工作集中起来，委派一位经理来主管其工作。按地区划分部门，特别适用于规模大的公司，尤其是跨国公司。这种组织结构形态在设计上往往设有中央服务部门（如采购、人事、财务、广告等），向各区域提供专业性的服务。区域事业部型组织结构如图 6-7 所示。

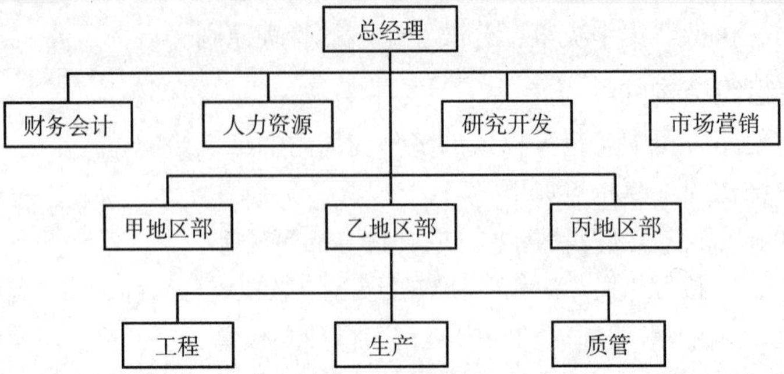

图 6-7　区域事业部型组织结构示意图

3．事业部型组织结构的优点

事业部型组织结构的优点是：总公司领导可以摆脱日常事务，集中精力考虑全局问题；事业部实行独立核算，更能发挥经营管理的积极性，有利于组织专业化生产和实现企业的内部协作；各事业部之间有比较、有竞争，这种比较和竞争有利于企业的发展；事业部内部的供、产、销之间容易协调，不像在直线—职能型下需要高层管理部门过问；事业部经理要从整个事业部的角度出发考虑问题，这有利于培养和培训管理人才。

4．事业部型组织结构的缺点

事业部的缺点是：公司与事业部的职能机构重叠，造成管理人才浪费；事业部实行独立核算，各事业部只考虑自身的利益，影响事业部之间的协作，一些业务联系与沟通往往也被经济关系所替代，甚至连总部的职能机构为事业部提供决策咨询服务时，也要事业部支付咨询服务费。

5．事业部型组织结构的适用性

事业部型适用于规模庞大、产品品种繁多、技术复杂的大型企业，是国外较大的联合公司所采用的一种组织形式。近几年，我国一些大型企业集团或公司也引进了这种组织结构形式。

6.3.5　矩阵型组织结构

1．矩阵型组织结构的含义

在一个机构之机能式组织形态下，为了某种特别任务，另外成立专案小组，此专案小组与原组织配合，在形态上有行列交叉之式，即为矩阵型组织。

矩阵指组织结构是由纵横两套管理系统组成的矩形组织结构，一套是纵向的职能管理系统，另一套是为完成某项任务而组成的横向项目系统。横向和纵向的职权具有平衡对等性。

这种组织结构把按职能划分的部门和按产品（项目）划分的小组结合起来组成一个矩阵，一名管理人员既同原职能部门保持组织与业务上的联系，又参加项目小组的工作。矩阵型组织结构如图 6-8 所示。

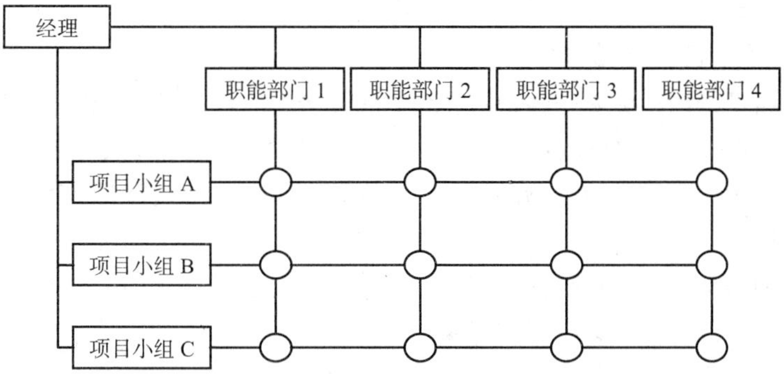

图 6-8 矩阵型组织结构示意图

2．矩阵型组织结构的特点

矩阵型组织是为了改进直线职能型横向联系差、缺乏弹性的缺点而形成的一种组织形式。它的特点表现在围绕某项专门任务成立跨职能部门的专门机构上。例如，组成一个专门的产品（项目）小组去从事新产品开发工作，在研究、设计、试验、制造各个不同阶段，有关部门派人参加，力图做到条块结合，以协调有关部门的活动，保证任务的完成。这种组织结构形式是固定的，人员却是变动的，需要谁，谁就来，任务完成后就可以离开；项目小组和负责人也是临时组织和委任的；任务完成后就解散，有关人员回原单位工作。因此，这种组织结构非常适用于横向协作和攻关项目。

3．矩阵型组织结构的优点

1）将企业的横向与纵向关系相结合，有利于协作生产。

2）针对特定的任务进行人员配置，有利于发挥个体优势、集众家之长，有利于提高项目完成的质量和提高劳动生产率。

3）各部门人员不定期的组合有利于信息交流、增加互相学习机会、提高专业管理水平。

4．矩阵型组织结构的缺点

矩阵型组织结构的缺点是：① 项目负责人的责任大于权力，因为参加项目的人员都来自不同部门，隶属关系仍在原单位，只是为“会战”而来，所以项目负责人对他们管理困难，没有足够的激励手段与惩治手段，这种人员上的双重管理是矩阵结构的先天缺陷；② 由于项目组成人员来自各个职能部门，当任务完成以后，他们仍要回原单位，因而容易产生临时观念，对工作有一定影响；③ 由于项目一般涉及较多的专业，而项目负责人对项目的成败具有举足轻重的作用，所以要求项目负责人具有较高的协调能力和丰富的经验，但是优秀的项目负责人比较难找到。

5．矩阵型组织结构的适用性

矩阵结构适用于一些重大攻关项目，企业可用来完成涉及面广的、临时性的、复杂的重大工程项目或管理改革任务。此外，这种结构特别适用于以开发与实验为主的单位（如科学研究），尤其是应用性研究单位等。

6.3.6 多维立体型组织结构

1．多维立体型组织结构的含义

多维立体型组织结构是由美国道—科宁化学工业公司（Dow Corning）于 1967 年首先建立的，其结构如图 6-9 所示。它是矩阵型和事业部型机构形式的综合发展，故又称多维组织。

多维立体型组织结构是在矩阵型结构（二维平面）的基础上构建产品利润中心、地区利润中心和专业成本中心的三维立体结构。若再加上时间维，则可构成四维立体结构。虽然其细分结构比较复杂，但每个结构层面仍然是二维制结构，而且多维制结构未改变矩阵型结构的基本特征，多重领导和各部门配合只是增加了组织系统的多重性。因而，其基础结构形式仍然是矩阵型，或者说它只是矩阵型结构的扩展形式。

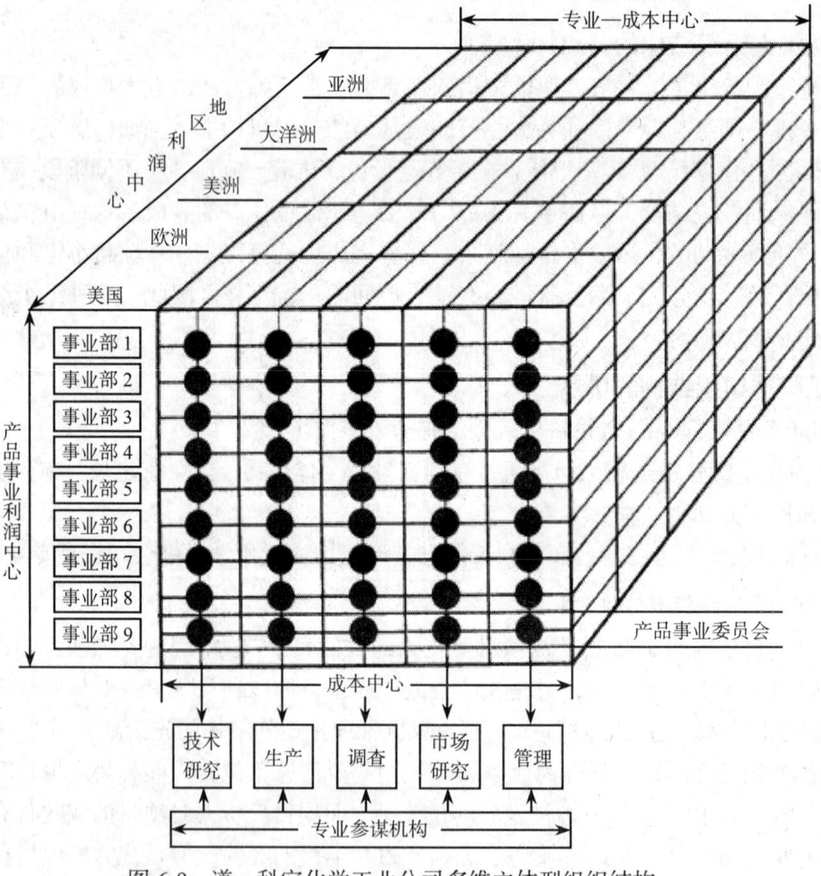

图 6-9 道—科宁化学工业公司多维立体型组织结构

2．多维立体型组织结构的组成系统

所谓多维，是指在组织内部存在三类以上（含三类）的管理机制。这种结构形式由三方面的管理系统组成。

1）按产品（项目或服务）划分的部门（事业部）是产品利润中心。

2）按职能如市场研究、生产、技术、质量管理等，划分的部门是职能利润中心。

3）按地区划分的管理机构是地区利润中心。

3. 多维立体型组织结构的特点

这种组织结构形式下，每一系统都不能单独做出决定，而必须由三方代表通过共同的协商才能采取行动。因此，多维立体型组织结构能够促使各部门从组织整体的角度来考虑问题，从而减少了产品、职能和地区各部门之间的矛盾，即使三者之间有摩擦，也比较容易统一和协调。这种组织结构形式的最大特点是有利于形成群策群力、信息共享、共同决策的协作关系。

4. 多维立体型组织结构的适用性

这种组织结构形式适用于跨国公司或规模巨大的跨地区公司。

6.3.7　网络型组织结构

1. 网络型组织结构的含义

网络型组织结构是利用现代信息技术手段发展起来的一种新型的组织结构。它是目前正在流行的一种新形式的组织设计，它使组织具有更大的适应性和应变能力。网络结构是一种很小的中心组织，依靠其他组织，以合同为基础进行制造、分销、营销或其他关键业务的经营活动的结构。

网络型组织结构中，组织的大部分职能从组织外“购买”，这给管理者提供了高度的灵活性，并使组织能集中精力做其最擅长的事情。网络型组织结构如图 6-10 所示。

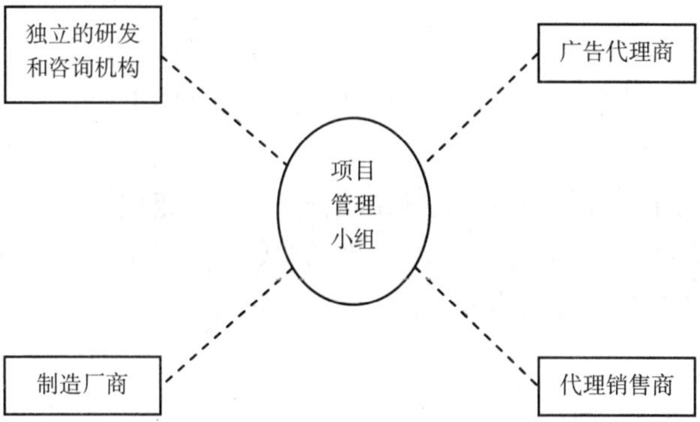

图 6-10　网络型组织结构示意图

2. 网络型组织结构的表现形式

网络型组织结构是一种只有很精干的中心机构，以契约关系的建立和维持为基础，依靠外部机构进行制造、销售或其他重要业务经营活动的组织结构形式。被联结在这一结构中的各经营单位之间并没有正式的资本所有关系和行政隶属关系，它们只是通过相对松散的契约（正式的协议契约书）纽带，通过一种互惠互利、相互协作、相互信任和支持的机制来进行密切的合作。

采用网络型结构的组织，它们所做的就是通过公司内联网和公司外互联网，创设一个物理和契约“关系”网络，与独立的制造商、销售代理商及其他机构达成长期协作协议，使它们按照契约要求执行相应的生产经营功能。由于网络型企业组织的大部分活动都是外包、外协的，因此公司的管理机构就只是一个精干的经理班子，负责监管公司内部开展的活动，同时协调和控制与外部协作机构之间的关系。

3．网络型组织结构的优缺点

这种组织结构的优点是极大地促进了企业经济效益实现质的飞跃，这主要表现在三个方面：一是降低了管理成本，提高了管理效益；二是实现了企业全世界范围内供应链与销售环节的整合；三是简化了机构和管理层次，实现了企业充分授权式的管理。

这种组织结构的缺点如下。

1）需要科技与外部环境的支持。

2）对制造活动缺乏传统组织所具有的严密的控制力，质量有时缺乏保证。

3）假如依赖程度太强，也会带来一定问题，如台湾地震对美国硅谷的计算机行业的生产产生了较大的影响。

4）创新产品交由其他组织生产与管理，这样容易泄密。

4．网络型组织结构的适用性

网络型组织结构并不是对所有的企业都适用，它比较适合于玩具和服装制造企业。这类企业需要相当大的灵活性，以及对流行趋势的变化做出迅速反应。网络组织也适合于那些制造活动需要低廉劳动力的企业。

6.3.8　有机的附加结构设计

前面介绍的设计选择适用于整个组织范围。但是，管理者有时可能需要保持总体的机械式结构，同时需要获得有机式结构的灵活性。一个可考虑的选择是，将一个有机式结构单位附加在机械式组织之上。任务小组和委员会就是这种附加设计的两个例子。

1．任务小组

任务小组是一种为了完成某项特定且复杂的任务而临时组成的组织结构形式。这种任务小组是由各种不同技能的人员跨越不同职能领域而组成的，小组担负特殊任务，为了同一目标进行专业化协作，一直到任务目标完成为止。任务一旦完成，小组即告解散，成员具有流动性和不确定性。

2．委员会

委员会是由一些具有丰富经验和知识背景的专家跨部门组成的一种组织结构。它既可以是临时性的，也可以是长久性的。前者类似于任务小组，后者却具有稳定持久性。委员会成员一般固定地归属于某个职能部门，他们通过定期、不定期地开会，针对一些具体问题提出建议或进行决策、协调事务、研究可行性报告等。委员会可以是正式的，作为组织结构的一个组成部分存在，具有专门的职责和权力；也可以是非正式的，即可以在没有具体授权情况下，为对某项具体问题进行集体讨论而临时组织起来。显然，这种设计是一个用来调控组织运行的有效手段。

委员会的缺点也比较明显。由于各方利益难以协调，委员会对某些问题的讨论可能议而不决，为谋求完全一致或接近完全一致的结论或决定，委员们可能不得不维持少数人的专断，这又可能与委员会设置的初衷相矛盾。久而久之，由于离目标效果距离太远，委员会可能陷于不得不自我解体的窘境。

6.4　组织变革的一般规律

组织在完成了结构设计、人员配备之后，其管理任务并没有结束。因为组织内外环境随时都在变化，组织必须适时进行变革才能应对未来的挑战。

6.4.1　组织变革概述

1．组织变革的含义

企业的发展离不开组织变革。内外部环境的变化和企业资源的不断整合与变动都给企业带来了机遇与挑战，这就要求企业关注组织变革。

组织变革是指运用行为科学和相关管理方法，对组织的权力结构、组织规模、沟通渠道、角色设定、组织与其他组织之间的关系，对组织成员的观念、态度和行为，以及成员之间的合作精神等进行有目的的、系统的调整和革新，以适应组织所处的内外环境、技术特征和组织任务等方面的变化，提高组织效能。

2．组织变革的动因

组织变革最初是对组织某些部分或某些方面进行变革和修正，社会的不断发展对组织提出越来越高的要求，现在已发展到对全部组织进行有计划的、系统的、长远的变革和开发，并形成了一整套开发和变革的战略、措施和方法，成为组织行为学的一个专门的研究领域。

任何组织变革的行为都是有因而发的行为。要制定科学的组织变革对策，首先需要对组织变革的基本动因进行分析，以求对这一问题有一个清醒的认识。如果在制定组织变革对策时不考虑或没有正确认识产生变革的原因，变革的行为就很难成功。因此，组织变革的基本动因研究是研究组织变革的起点。组织变革是多种因素综合作用的结果。

（1）企业经营环境的变化

这一变化诸如国内经济增长速度的变化、产业结构的调整、政府经济政策的调整、科学技术的发展引起产品和工艺的变革等。企业组织结构是实现企业战略目标的手段，企业外部环境的变化必然要求企业组织结构做出适应性的调整。这些变化包括：① 现代科技的迅速发展；② 市场竞争更加激烈，消费者需求不断变化；③ 社会对组织的要求越来越高，增加了组织的社会责任。

（2）企业内部条件的变化

企业内部条件的变化主要包括：① 技术条件的变化，如企业实行技术改造，引进新的设备要求技术服务部门管理的加强，以及技术、生产、营销等部门的调整。② 人员条件的变化，如人员结构和人员素质的提高等。③ 管理条件的变化，如实行计算机辅助管理、实行优化组合等。④ 职员队伍发生变化，促使劳资关系发生变化。

（3）企业本身成长的要求

企业处于不同的生命周期时对组织结构的要求也各不相同。例如，小企业成长为中型或大型企业，单一品种企业成长为多品种企业，单厂企业成长为企业集团等，这期间对组织结构的要求也不相同。

3．组织变革的征兆

一般来说，企业中的组织变革是一项“软任务”，即有时组织结构不改变，企业仿佛也能运转下去，但如果等到企业无法运转时再进行组织结构的变革则为时已晚。因此，企业管理者必须抓住组织变革的征兆，及时进行组织变革。组织结构需要变革的征兆有以下几个。

1）决策失灵。当组织决策经常出现错误或决策过于迟缓，以致无法把握良好机会时，表示组织结构需要变革。决策失灵会导致企业经营成绩的下降，如市场占有率下降、产品质量下降、消耗和浪费严重，企业资金周转不灵等。

2）沟通受阻。这主要表现为组织内意见沟通不良，上下级常常不能进行顺利、有效的意见沟通，以致造成活动失调。另外，沟通受阻还会导致人事纠纷等严重后果。

3）机能失效。这主要表现为组织的主要机能不能发挥效率或不能起到真正的作用，无法保证达到组织目标，组织成员的积极性无法充分发挥出来。组织机构本身的病症也显露出来，如决策迟缓、指挥不灵、信息交流不畅、机构臃肿、职责重叠、管理幅度过大、扯皮现象增多、人事纠纷增多、管理效率下降等。

4）缺乏创新。企业生产经营缺乏创新主要表现为企业缺乏新的战略和适应性措施，缺乏新的产品和技术更新，没有新的管理办法或新的管理办法推行起来困难等；组织墨守成规，因循守旧，难以产生新观念、新制度、新方法，以致阻碍组织目标的实现。

5）士气低落。这主要表现为职员士气低落、不满情绪增加，如管理人员离职率增加，员工旷工率增加，病、事假率增加等。

当一个企业出现以上征兆时，管理者应及时进行组织诊断，以判定企业组织结构是否有变革的必要。

4．组织变革的公式

美国的研究者格莱彻尔提出了有关变革的公式：

$$C=a\times b\times d>X$$

式中 C——企业变革；

a——企业成员对现状不满意程度；

b——变革把握的大小；

d——变革的起步措施；

X——变革所付出的代价。

从公式可以看出，组织是否进行变革取决于需要变革的各种因素的乘积是否大于变革所付出的代价，否则进行变革就没有多大的经济意义。只有当员工对现状不满程度高、变革的把握大、起步措施得力、所付出的代价较小时，企业才能实施组织的变革。

6.4.2　组织变革的类型

按变革的不同侧重点，可将组织变革分为以下四种类型。

1．战略性变革

战略性变革是指组织对其长期发展战略所做的变革。如果组织决定进行业务收缩，则必须考虑如何剥离非关联业务；如果组织决定进行战略扩张，则必须考虑并购的对象和方式，以及组织文化重构等问题。

2．结构性变革

结构性变革是指组织需要根据环境的变化适时地对组织的结构进行变革，并重新在组织中进行权力和责任的分配，使组织变得更为柔性灵活、易于合作。

3．流程主导性变革

流程主导性变革是指组织紧密围绕其关键目标和核心能力，充分应用现代信息技术对业务流程进行重新构造。这种变革会使组织结构、组织文化、用户服务、质量、成本等各个方面产生重大的改变。

4．以人为中心的变革

组织中人的因素最为重要，组织若不能改变人的观念和态度，组织变革就无从谈起。以人为中心的变革是指组织必须通过对员工的培训、教育等，引导他们在观念、态度和行为方面与组织保持一致。

6.4.3　组织变革的内容

组织变革实践中，首先应该解决的问题就是组织变革冲突的焦点。组织变革大致涉及四个方面的内容：组织的人员、组织的任务与技术、组织的结构、组织的环境。不同的变革内容所采取的变革对策是不同的。

组织变革的四个方面及其在各自基础上制定的各种变革对策是相互依赖、相互影响、相互促进的。在制定组织变革对策的过程中，这四个方面往往构成一个完整的变革规划体系。当然，由于不同组织所处的变革环境及组织内部状况不同，在选择变革内容时，其侧重点也是不同的。

1．以组织结构为重点的变革

这是一种通过组织结构的变革来实现组织变革的方式，它包括变动组织的部门或单位、改变职位及其责权范围、各部门之间关系的重新协调、调整管理幅度和管理层次、向下授权等。但是，变革组织的具体操作中，可以着重通过报酬制度、工作表现的评价鉴定制度和控制指挥系统的变革来实现组织结构的变革。报酬制度是关于工资报酬、福利、晋升等的制度。

2．以任务和技术为重点的变革

这种变革是通过对组织工作与流程的再设计，变革完成组织目标所采用的方法和设备，并建立组织目标体系达到组织变革的目的。比如，在企业组织中，重新构造作业流程，更新生产设备，采用新工艺、新方法（如引进设备、新技术、提高机械化和计算机化程度等），进行技术革新挖潜，实行控制技术和生产进度等新的管理技术，以此提高生产效率和产品质量，实现组织变革的目的。这一方面的变革一般包括扩大工作范围、丰富工作内容、工作群体自治和工作岗位轮换等内容。

3．以人为重点的变革

人是一个企业组织中最宝贵的资源，人是实现组织所有变革的基础。无论是组织结构的变革还是任务和技术的变革，都离不开人的作用，都是通过改变组织成员的观念和态度而实现的。以人为重点的变革主要包括观念与态度的变革（通过培训、教育和组织文化等来实现）、技术知识的变革（通过招聘、培训与发展教育来实现）、改变个人和群体的行为（主要通过奖惩、参与管理及教育来进行）等。

以人为重点的变革是建立在一个假设基础上的，那就是假定人是推动变革或反抗变革的主要力量，贯穿于这一变革中的一条主线是组织成员之间的权力和利益的再分配，这种权力和利益的再分配可以起到鼓励下级人员参与的作用，并能够通过进行独立决策和开辟信息沟通的渠道来实现。总之，以人为重点的变革所要达到的目的是鼓励下级人员承担更多的责任，使其与下级部门共同享有管理的职权。

6.4.4 组织变革的方法

对于企业组织变革的必要性，社会上有这样一种流行的认识：企业要么实施变革，要么灭亡。然而，事实并非总是如此，有些企业进行了变革，反而加快了灭亡。这就涉及组织变革模式的选择问题。这里将比较两种典型的组织变革模式：激进式变革和渐进式变革。

1．激进式变革

激进式变革力求在短时间内对企业组织进行大幅度的全面调整，以求彻底打破初态组织模式并迅速建立目的态组织模式。激进式变革能够以较快的速度达到目的态，因为这种变革模式对组织进行的调整是大幅度的、全面的，可谓是超调量大，所以变革过程就会较快；但是，超调量大会导致组织的平稳性差，严重的时候还会导致组织崩溃。这就是为什么许多企业的组织变革反而加速了企业灭亡。

2．渐进式变革

渐进式变革则是通过对组织进行小幅度的局部调整，力求通过渐进的过程实现初态组织模式向目的态组织模式的转变。渐进式变革能通过局部的修补和调整来实现。与激进式变革相反，渐进式变革依靠持续的、小幅度变革来达到目的态，即超调量小，但波动次数多、变革持续的时间长，这样有利于维持组织的稳定性。

对于企业组织变革的两种典型模式，企业在实践中应当加以综合利用。在企业内外部环境发生重大变化时，企业有必要采取激进式组织变革，以适应环境的变化。但是，激进式变革不宜过于频繁，否则会影响企业组织的稳定性，甚至导致组织的毁灭。因此，在两次激进式变革之间，在更长的时间里，组织应当进行渐进式变革。

6.5 管理组织变革

6.5.1 组织变革的模型

1．勒温组织变革模型

组织变革模型中最具影响力的也许就是勒温（Lewin）变革模型。勒温于 1951 年提出了一个包含解冻、变革、再冻结三个步骤的有计划的组织变革模型，用以解释和指导如何发动、管理和稳定变革过程。

（1）解冻

这一步骤的焦点在于创设变革的动机，鼓励员工改变原有的行为模式和工作态度，采取新的适应组织战略发展的行为与态度。为了做到这一点，一方面需要对旧的行为与态度加以否定，另一方面要使员工认识到变革的紧迫性。企业可以采用比较评估的办法，把本企业的总体情况、经营指标和业绩水平与其他优秀企业或竞争对手加以比较，找出差距和解冻的依据，帮助员工“解冻”现有态度和行为，使其迫切要求变革并愿意接受新的工作模式。此外，企业应注意创造一种开放的氛围和心理上的安全感，减少变革的心理障碍，提高变革成功的信心。

（2）变革

变革是一个学习过程，需要给员工提供新信息、新行为模式和新的视角，指明变革方向，实施变革，进而形成新的行为和态度。这一步骤中，应该注意为新的工作态度和行为树立榜样，可以采用角色模范、导师指导、专家演讲、群体培训等多种途径进行。勒温认为，变革是一个认知的过程，它由获得新的概念和信息得以完成。

（3）再冻结

在再冻结阶段，企业要利用必要的强化手段使新的态度与行为固定下来，使组织变革处于稳定状态。为了确保组织变革的稳定性，企业需要注意使员工有机会尝试和检验新的态度与行为，并及时给予正面的强化；同时，企业要加强群体变革行为的稳定性，促使形成稳定持久的群体行为规范。

2. 克利组织变革模型

克利组织变革模型包括三个阶段九个步骤。三个阶段即诊断、执行、评估。这一模型如图 6-11 所示。

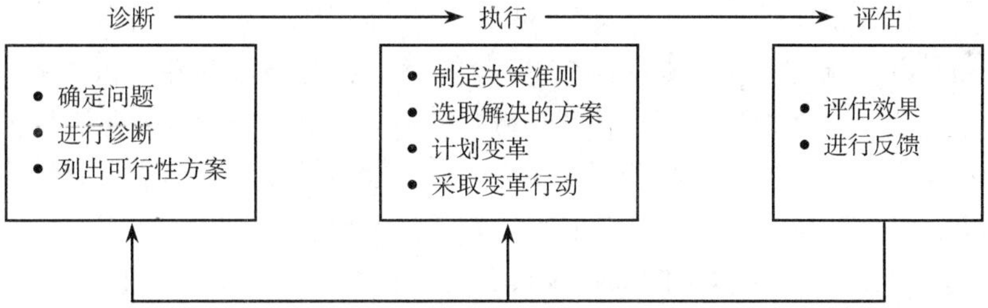

图 6-11 克利组织变革模型示意图

3. 系统变革模型

系统变革模型是在更大的范围内解释组织变革过程中各种变量之间的相互联系和相互影响关系。这个模型包括输入、变革元素和输出三个部分。

（1）输入

输入部分包括内部的强点和弱项，以及外部的机会和威胁。其基本构架则是组织的使命、愿景和相应的战略规划。企业组织用使命句表示其存在的理由；愿景是描述组织所追求的长远目标；战略规划则是为实现长远目标而制定的有计划变革的行动方案。

（2）变革元素

变革元素包括目标、人员、社会因素、方法和组织体制等。这些元素相互制约、相互影响。组织需要根据战略规划，组合相应的变革元素，实现变革的目标。

（3）输出

输出部分包括变革的结果。企业需要根据组织战略规划，从组织、部门群体、个体三个层面，增强组织的整体效能。

6.5.2 组织变革的阻力及管理对策

1．组织变革阻力的来源

组织变革就是要改变那些不能适应企业的内外环境、阻碍企业可持续发展的各种因素，如企业的管理制度、企业文化、员工的工作方式、工作习惯等。这种变革必然会涉及企业的各个层面，引起企业内部个人和部门利益的重新分配，因此必然会遇到来自企业各个方面的阻力。

（1）个人层面的阻力

人们对待组织变革的态度与其个性有十分密切的关系。那些敢于接受挑战、乐于创新、具有全局观念、有较强适应能力的人的变革的意识通常较为强烈。而那些有强烈成就欲望的人，或者一些因循守旧、心胸狭窄、崇尚稳定的人对变革的容忍度较低，变革的抵触情绪较大。一些依赖性较强、没有主见的员工常常在变革中不知所措，从而依附于组织中群体的态度倾向。除此之外，由于变革会打破现状，破坏已有的均衡，必然会损害一部分人的既得利益，这类人常常是组织变革的最大抵触者。他们常常散步谣言，制造混乱，甚至采取强硬措施抵制变革。个人层面的阻力主要来源于员工的个性心理和经济利益的驱使，变革阻力的力度较小，但却是构成组织变革阻力的基本单元。

（2）组织层面的阻力

在组织层面上产生变革阻力的因素有很多，它既包括组织结构、规章制度等显性阻力，还包括组织文化、氛围、员工的工作习惯等隐性阻力。由于组织变革会对组织内部各部门、各个群体的利益进行重新分配，那些原本在组织中权力较大、地位较高的部门和群体必然会将变革视为一种威胁，它们为了保护自身利益常常会抵制变革。另外，企业的业务流程再造必然会重组企业的组织结构，对某些部门、某些层次予以合并、撤减，以及重新进行权责界定，一些处于不利地位的部门和层次就会反对变革。相对组织内的显性阻力而言，组织内的隐性阻力更加隐蔽，而且一时难以克服。组织内的文化及员工的工作方式已经成为一种工作习惯。在长期的工作中，员工与员工之间、员工与领导之间、员工与组织之间已经形成了某种默契或契约，一旦实行变革，就意味着改变员工业已形成的工作关系和工作方式，这必然会引起员工的不满。

2．组织变革阻力产生的原因

（1）企业员工在个人利益和整体利益上难以取舍

一般而言，企业变革的目标就是要追求企业整体利益的最大化，这与组织内各个利益主体的根本利益是一致的。但是，组织利益最大化的实现需要各利益主体的有效组合，这样必然会对组织内各个主体的权力和利益进行重新分配。因此，一些群体和个人的既得利益就会有所损失。这就要求企业的员工要有一种舍小家、顾大家的全局意识，从组织的整体利益和全局利益去看待变革的意义。然而，现实社会中，一些领导和员工只顾自己的个人利益和短期利益，盲目地抵制变革，使得企业的变革难以有效实施。

（2）员工不明变革的意义，对变革的发动者缺乏信心

组织变革的过程中，一些员工对企业变革的紧迫性认识不足，认为变革没有必要，认为企业推动变革是多此一举，并且会对自己的利益造成损害。更有甚者，为了维护个人利益，有的员工常常捏造事实，散布谣言。还有一些员工认为变革很有必要，但对变革发动者发动变革的动机和实施变革的能力产生怀疑，其中有的人认为变革是发动者为了获得私利而进行的伎俩，有的人认为发动者的知识和能力不足以实现既定的目标。

（3）员工对变革的后果不确定

在实施变革的过程中，一些员工虽然认识到了变革的迫切要求，但却不能准确地把握变革实施的后果，他们常常会对变革产生各种猜疑，认为变革有可能达不到预期的效果，很可能会对组织及个人的利益产生损害。这类人常常认为变革是在冒风险，因此在变革的过程中，他们常常依附于群体的态度倾向，有的甚至公开抵制变革。

（4）员工对自己的能力产生怀疑，认为变革是对自己的一种威胁

企业的变革常常伴随着技术变革和人员变革。每次变革的实施都会对企业员工提出更高的要求。先进生产线的引进、办公自动化的建立、新技术的应用等都要求员工不断地提高自己的知识和能力，以适应企业变革的需要。而一些员工担心自己的技术已经过时，一旦企业发生变革，自己就会被淘汰或地位遭到挑战，因此他们宁愿维持现状。这类人常常是那些墨守成规、进取心较低的员工或是企业中的高龄员工。

3. 组织变革阻力的克服

（1）企业的人力资源要为组织变革服务

员工的个性与其对待变革的态度有着密切的关系，因此企业在招聘的过程中首先应该引入心理测评，通过测评招聘一些有较强适应能力、敢于接受挑战的员工。其次，在组织变革的过程中，企业要加强对员工的培训，提高员工的知识水平和技能水平，使得企业的人力资源素质和企业变革同步推进。再次，在日常经营过程中，企业应该树立一种团体主义的文化，培养员工对组织的归属感，形成一种员工愿意与企业同甘共苦的企业文化。

（2）教育员工

管理者要教育员工，加强与员工的沟通，让员工明白变革的意义。在变革实施之前，企业决策者应该营造一种危机感，让员工认识到变革的紧迫，让他们了解变革对组织、对自己的好处，并适时提供有关变革的信息，澄清变革的各种谣言，为变革营造良好的氛围。在变革的实施过程中，企业要让员工理解变革的实施方案，并且尽可能地听取员工的意见和建议，让员工参与到变革中来。与此同时，企业还应该时刻关注员工的心理变化，及时与员工交流，在适当的时候可以做出某种承诺，以消除员工的心理顾虑。

（3）奖励建设性行为

在组织变革的过程中适当运用激励手段，将达到意想不到的效果。一方面，企业可以在变革实施的过程中提高员工的工资和福利待遇，使员工感受到变革的好处和希望。另一方面，企业可以对一些员工予以重用，以稳住关键员工，消除他们的顾虑，使他们安心地为企业工作。一个十分明显的、成功推进组织变革的有效机制是奖励那些按照理想趋势工作的员工。变革组织的经营操作不得不涉及组织中那些受奖励的行为。这在过渡时期（如当变革被引入之时）尤为关键。

（4）塑造政治动力学

要想使变革被接受，就要争取公司中最有权力、最有影响力的人的支持，虽然不是必需的，但这一点常常十分有效。这样做能够建立起一个支持变革的关键性内部群体。向关键的组织领导人解释清楚，使其赞同变革是争取其他人走到一起的有效方法，因为其他人或许认同这位领导的远见卓识或者是害怕领导的报复，所以不得不屈从。不管出于何种原因，他们的支持都将使变革更易于接受。

（5）使员工参与到变革中

员工一旦参与某项决策的制定，那么他们将比那些没有参与其中的人更愿意为决策的结果付出努力。同样，参与应对非计划性变革的员工，或者那些已经成为变革团队成员的员工，他们负责规划必要的组织变革，所以很少抵制变革。然而，在没有提醒或提醒很少的情况下，出现在员工中的变革必将遭遇抵制，这仅是一种自然反应，除非员工能估计出变革将在多大程度上影响到自己。相反，如果员工参与了变革的过程，他们将更好地理解变革的需求，所以也将更少地抵制变革。杜恩·哈特雷（Duane Hanley）说："我认为人们并不是真正喜欢变革，但如果他们可以参与其中并理解变革，那么这可以成为他们一个积极的人生体验。"

（6）创建"学习型组织"

不论管理者是否想要变革，在所有的组织变革中，必定有一些组织比其他组织做得更为有效。学习型组织是通过培养弥漫于整个组织的学习气氛，充分发挥员工的创造性思维能力而建立起来的一种有机的、高度柔性的、扁平的、符合人性的、能持续发展的组织。在这些组织中，人们摈弃了他们旧的思想方式，和其他人一起分享某些思想观念，形成了对组织的某种愿景，并且在达成这一愿景的计划下共同工作。这种学习型组织的例子包括福特、通用电气、摩托罗拉、沃尔玛及施乐等。

自测题

一、名词解释

组织结构　职能型组织结构　事业部型组织结构　组织设计　有机式组织　机械式组织

二、单项选择题

1．没有实行管理分工的组织结构是（　　）。

A．直线型　　B．矩阵型

C．职能型　　D．多维立体型

2．采用"集中决策，分散经营"的组织结构是（　　）。

A．直线型组织结构　　B．职能型组织结构

C．事业部型组织结构　　D．矩阵型组织结构

3．组织规模一定时，管理层次和管理幅度呈（　　）关系。

A．正比　　B．指数　　C．反比　　D．相关

三、多项选择题

1．组织设计的内容包括（　　）。

A．职能与职务的分析与设计　B．环境设计
C．部门设计　D．层级设计
2．根据组织变革的侧重点不同，可以将组织变革划分为（　　）。
A．渐进式变革与激进式变革
B．主动性变革与被动式变革
C．以组织为重心的变革、以人为重心的变革、以技术为重心的变革
D．战略性变革、结构性变革、流程主导性变革、以人为重心的变革
3．组织变革的方法包括（　　）。
A．主动式变革　B．渐进式变革　C．激进式变革　D．被动式变革
4．勒温的组织变革模型包括下列（　　）步骤。
A．解冻　B．变革　C．再冻结　D．融化

四、判断题

1．职能型组织结构、事业部型组织结构均属于机械式组织结构。（　　）
2．由纵横两套管理系统组成的组织结构是事业部型组织结构。（　　）
3．组织紧密围绕其关键目标和核心能力，充分应用现代信息技术对业务流程进行重新构造属于流程主导性变革。（　　）

五、简答题

1．试简述有机式组织与机械式组织的特点。
2．试简述事业部型组织结构的优缺点及适用类型。
3．试简述矩阵型组织结构的优缺点及适用类型。
4．简述组织变革的阻力及管理对策。

案例分析

案例 1　快乐的美国西南航空公司

美国西南航空公司，创建于 1971 年，现在已成为拥有 1.8 万名员工、服务范围横跨美国 22 个州 45 大城市的美国第六大航空公司。

公司现任总裁和董事长赫伯·凯勒是一位传奇人物，他用爱心（LUV）建立了这家公司。LUV 说明了公司总部设在达拉斯的友爱机场，同时是他们在纽约上市股票的标志，又是西南航空公司的精神。

踏进西南航空公司总部大门，你就会感受到一种特殊的气氛。一个巨大、敞顶的三层楼高的门厅内，展示着公司历史上值得纪念的事件。穿越欢迎区域进入办公室两侧的长走廊，你能看到数百幅配有镜架的图片，镶嵌着成千上万张员工的照片，内容有公司主办的晚会和集体活动、垒球队比赛、社区节目及欢度万圣节、复活节的场景。员工们制作的一些艺术品、油画也巧妙地穿插在图案中。

当员工们轻松地穿越大厅过道前往自己的工作岗位时，到处洋溢着微笑和欢乐，谈论着“好

得不能再好的服务”和“爱心”等。公司制定的“三句话训示”挂满了整个建筑物，最后一行写着：“员工们在公司内部将得到关心、尊敬和爱护。公司盼望他们能和外面的每位客户共同分享这种关爱。”

如果你要见总裁，可以直接去办公室，不用通报，也没有人会对你说：“你不能见他。”公司每年举行两次“新员工午餐会”，为在公司里工作了 10 年以上的员工专设了“一线座谈会”，领导们和员工们直接见面，保持公开联系。在赫伯和员工们一起拍的照片上，他从不站在主要位置，而是站在群众当中。赫伯要每位员工知道他不过是众员工之一，是企业合伙人之一。

上层经理们每季度必须有一天参加第一线实际工作，担任订票员、售票员或行李搬运工等。“行走一英里计划”安排员工们每年有一天去其他营业区工作，以了解不同营业区的情况。

爱心精神在西南航空公司内部闪闪发光，正是依靠这种爱心精神，当整个行业在赤字中跋涉时，西南航空公司却连续 22 年有利润，创造了全行业个人生产率最高的纪录。

问题：

（1）西南航空公司的管理制度同传统的管理方法相比有没有本质的区别？

（2）爱心精神体现了一种怎样的管理理念？

（3）如果西南航空公司实行变革，其动力和阻力分别会是什么？

案例 2　通用的组织结构创新

1916 年，随着联合汽车公司并入通用，阿尔弗雷德·斯隆出任通用副总裁。作为通用副总裁的斯隆察觉出通用管理上存在的问题。他先后写了 3 份分析通用内部管理弱点的报告。但是，总裁杜兰特只是赞赏，不予采纳。1920—1921 年的经济危机期间，通用在经营管理上的问题彻底暴露出来。公司危机四伏，摇摇欲坠。这时杜兰特引咎辞职，皮埃尔·S·杜邦兼任总裁。斯隆在他的支持下，开始了改革的进程。

这场改革从 1921 年开始一直持续了 10 年。斯隆分析了通用公司的弊病，指出公司过去将领导权完全集中在少数高级领导人身上，他们事无巨细，大包大揽，反而事与愿违，造成了公司各部门失去控制的局面。他认为，大公司较为完善的组织管理体制，应以集中管理与分散经营二者之间的协调为基础。只有在这两种显然相互冲突的原则之间取得平衡，把两者的优点结合起来，才能获得最好的效果。由此他认为，通用公司应采取“分散经营、协调控制”的组织体制。根据这一思想，斯隆提出了改组通用公司的组织机构的计划，并第一次提出了事业部制的概念。

1920 年 12 月 30 日，斯隆的计划得到公司董事会的一致同意。次年 1 月 3 日这个计划开始在通用公司内推行。斯隆将管理部门分成参谋部和前线工作部（前者在总部进行工作，后者负责各个方面的经营活动）的做法很为大家熟悉，这种分组在 19 世纪较大的铁路公司里已经成型。现代军队，特别是普鲁士军队也率先使用了这种组织形式，许多概念同时在工业公司里获得发展。斯隆也确实用过军事方面的例子来说明他要在通用汽车公司里干什么。斯隆在通用汽车公司创造了一个多部门的结构。他废除了杜兰特的许多附属机构，将力量最强的汽车制造单位集中成几个部门。这种战略现在人们已经熟悉，但在当时是一流的主意并且出色地执行了。

多年后斯隆这样说明：我们的产品品种是有缺陷的。通用汽车公司生产一系列不同的汽车，聪明的办法是造出价格尽可能不同的汽车，就好像指挥战役的将军希望在可能遭到进攻的每个地方都有一支军队一样。“我们的车在一些地方太多，而在另一些地方却没有。”首先要做的事情之一是开发系列产品，在各个阵地上应对挑战。斯隆认为，通用汽车公司出产的车应从卡迪拉克往下安排到别克、奥克兰最后到雪佛来。这时 20 世纪 20 年代早期的产品阵容。后来有了改变：1925 年增加了庞蒂艾克，以填补雪佛来和奥尔兹莫比尔中间的缺口；奥克兰被淘汰了，增加了拉萨利，后来它也被淘汰了。

每个牌子的汽车都有自己专门的管理人员，每个单位的总经理之间不得不进行合作和竞争。这意味着生产别克的部门与生产奥尔兹莫比尔的部门都要生产零件，但价格和式样有重叠之处。这样，许多买别克的客户可能对奥尔兹莫比尔也感兴趣，反之亦然。这样，斯隆希望在保证竞争的有利之处的同时，也获得规模经济的成果。零件、卡车、金融和通用汽车公司的其他单位有较大程度的自主权，其领导者成功则获奖赏，失败则让位。通用汽车公司后来成为一台巨大的机器，但斯隆力图使它确实保有较小公司所具有的激情和活力。

斯隆的战略及其实施产生了效果。1921 年，通用汽车公司生产了 21.5 万辆汽车，占国内销售的 7%；到 1926 年年底，斯隆将小汽车和卡车的产量增加到 120 万辆，拥有了 40%以上的汽车市场。1940 年该公司产车 180 万辆，已达该年全国总销量的一半。相反，福特公司的市场份额 1921 年是 56%，而 1940 年是 19%，不仅远远落后于通用汽车公司，而且低于克莱斯勒公司而成第三位，后者在 1921 年时甚至还不曾出现。这是美国商业史上最戏剧性的沉浮升降之一。

问题：

（1）集权式组织结构有百害而无一利，对不对?

（2）关于事业部制组织结构的优势，是各事业部具有相对独立的利益和自主权，以及各事业部之间协调方便，对不对?

第7章 员工培训

学习目标 理解员工培训的目的与作用；了解培训课程体系与培训方法；掌握员工培训的系统模型。

引导案例

迪士尼公司对员工的培训与激励

自1983年以来，世界著名的迪士尼公司经过艰苦卓绝的尝试，终于在1988年使每股股利由1984年的0.69美元上升到3.8美元。而且，迪士尼王国的规模也不断扩大，拥有了沃尔特迪士尼制片厂、沃尔特迪士尼世界及东京迪士尼乐园。迪士尼公司在短短的几年间取得如此大的成功，除其最高主宰沃尔特·迪士尼慧眼定位的产品——欢乐具有特殊价值外，更重要的一点是迪士尼公司在对人力资源的培训与激励上具有独到之处。

让成千上万的游客心甘情愿付出高额费用去享受迪士尼的超值服务是该公司的宗旨，因此精心规划、培养培训有素的员工成为公司的首要任务。随着迪士尼公司兼并旅馆及其他休闲设施事业的发展，新员工来源更加广泛。这些人员有两种分配方向：计时员和支援专业人员的员工。前者从事身着特色服饰扮演美国拓荒英雄及各种卡通人物以吸引游客的工作，后者则可能成为担任设计师或构想新计划的理财专家等职务的管理者。由于员工的需要不同，对其培训方式也应不同。为此，在20世纪60年代，沃尔特先生创办了迪士尼大学。该大学负责研究与分析公司员工的需要，并提出培训计划来满足这些要求。大学根据各个营业点面临的不同问题，成立了众多在培训基地，针对不同的工作人员设计培训课程。例如，对“卡通人物”的要求，他们强调“这不是在做一项工作，而是在扮演一个角色”。对前往应聘的人，他们首先要求其做自我估价，找到合适自己的位置，之后，会放一段影片给应聘者看，详细介绍工作纪律、培训过程及服饰，然后才能进入面谈。最后再经过评选，被选中的卡通人物由穿着全套角色服饰的教师带领进入受训阶段。

迪士尼大学的教师大多由各相关单位指派的杰出卡通人物担当，这类杰出人选的主要工作与其他卡通人员一样，但每周有一部分时间要承担上课任务。迪士尼大学的课程之一是8小时的新人指导课，目的是让新人了解公司的历史、哲学和对客户的服务标准。这一课程是他们接授无形产品——欢乐的时候。课程之二是让他们了解自己所要担任的角色，并学习如何扮演。培训目的是使新人更加敏锐。接下来就是老手带新手的“配对培训”，时间长短视参与的节目而定，一般是 16～48 小时。在这期间，新手可以向备受尊敬的优秀员工直接学习，同时培养以迪士尼为荣的理念，使他们能更有热情地投入工作，并努力自我要求。在完成这一部分的学习，并熟练掌握培训单上所列的项目之后，新手才能单独接待游客。迪士尼的干部有 25%是从内部提升的，为此，公司制定了“迪士尼乐园实习办法”作为主要的人力规划手段。对新人的指导课包括密集培训和主管介绍，以了解公司的产品和历史。之后再对各部门高级主管访谈，以了解各部门的目标及其在组织结构中所扮演的角色，例如，如何从销售或财务的角度为游客创造欢乐。最后，参加正式的培训课程，了解公司策略及节目的制作过程。这些来自各部门具有管理才能发展潜力的人，在接授 6 个月的在职培训（他们每天要穿上卡通人物服饰）之后要通过期末考试才算结业，但结业并不保证晋升。受训目的不只是培训在职干部，更是培训储备干部，及早发掘人才。对初级管理者进行密集培训，一旦晋升到中级阶层，他们对公司的期望已经完全了解，并且具备了必要的专业技能，其后的培训就没有那么密集了。

迪士尼的卡通人物日复一日、年复一年，天天回答同样的问题、做同样的工作，这也是重复枯燥的，而且迪士尼将“面带微笑，服务客户”视为宗旨，期望所有的卡通人物都遵守公司高标准的要求。因此，为使卡通人物每天都能设法翻出一些新花样，让游客在这里看米老鼠时会感受到不同的滋味，迪士尼公司提供了各种奖励措施，包括服务优良奖、同人表扬活动、全勤奖，以及服务期满 10 年、15 年及 20 年的特别奖励会餐，此外，公司餐厅提供免费啤酒以提高士气，还辅助进行各种社团活动。另外，为更好地激励员工，公司还在各类节日期间，以各种方式感谢卡通人物及其家属。例如，在圣诞节期间，园区为其开放，干部则穿上各种角色的服装，取代卡通人物的工作，向员工庆贺；迪士尼乐园中，管理者充当售货员，贩卖汉堡和热狗。所有活动的共同目标是：激发员工的活力、热忱、投入和荣耀，使他能在适合自己的工作岗位上自我要求，认同公司，与管理者一起为客户提供更好的服务。

问题：

从企业外部招聘管理人员的优点主要有哪些？

7.1　培训概述

7.1.1　员工培训的概念

关于什么是培训，不同的人给出的定义不同。我们结合其他人的成果，对培训概念做如下界定。员工培训简称培训，是指组织实施的有计划的、连续的、系统的学习过程，其目的是改变员工的知识、技能、态度、思维、观念、心理，提高其思想水平及行为能力，从而确保员工能够按照预期的标准或水平完成所承担或将要承担的工作任务。员工培训的终极目标是实现个人发展与组织永续的和谐统一。

7.1.2 培训的目的及价值

培训的出发点和归宿是“企业的生存与发展”，可以把企业培训概括为这样一个三位一体的目的，即通过企业或员工履行教育培训的责任和权力，使企业工作富有成效，使企业维持生存和发展。培训的目的如图 7-1 所示。

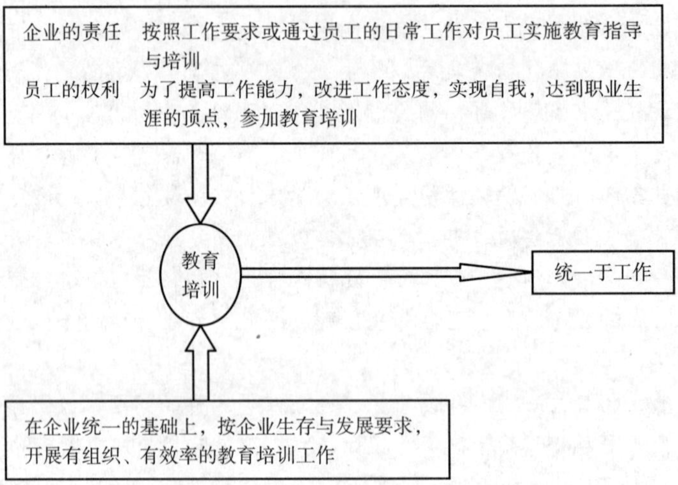

图 7-1 培训的目的

1. 培训是社会发展的需要

我们处于“知识大爆炸”的新时代。英国科学家詹姆斯·马丁认为，人类科学知识在 19 世纪每 50 年增长 1 倍，20 世纪中叶每 10 年增长 1 倍，20 世纪 70 年代每 5 年增长 1 倍。目前，专家估计科学知识每 3 年增长 1 倍。不仅知识的绝对量呈现指数增长的趋势，而且知识、技能及工作的结构也变得越来越复杂和专业化。知识的增长速度远远超过学习力的增长速度；知识淘汰得越来越快，让人往往来不及更新。在许多领域，知识的“半衰退期”约为 5 年，即在学校学到的东西的一半在五年内就会过时。一名走出校门近 10 年的工程师如果不经常更新自己的知识，他早就落伍了。律师、教师、管理人员等概莫能外。因此，持续学习成为在知识社会的生存和发展之道。想在瞬息万变的市场中立于不败之地，企业就必须比竞争对手学得更快，需要对其员工不断进行再投资，即进行持续的员工培训与发展，以提升企业的竞争能力。

2. 培训是企业生存的需要

培训是企业生存发展的需要，是提高管理效能的重要手段，是成为吸引、留住人才的关键，它有助于营造企业文化，有助于建立和提高企业核心竞争力。

一些著名企业的员工培训会对我们有所启发。上海贝尔鼓励员工接受继续教育，如 MBA 教育和博士、硕士学历教育，并为员工负担学习费用。各种各样的培训项目不但提高了公司对各类专业人士的吸引力，也极大地提高了在职员工的工作满意度和对公司的忠诚度。其成立的上海贝尔大学，堪称公司培训员工方面的点睛之笔。惠普公司允许员工脱产攻读更高学位，学费 100%报销，同时还主办时间管理、公众演讲等多种专业进修课程。

（1）培训能提高企业管理水平

培训通过唤起员工的主体意识和自主意识，为其自主管理打下坚实的基础。培训通过让员工对指定的、标准的信息的接受和消化，影响其认识和行为，从而达到管理的目的。

例如，CICSO 将员工放在开车的位置上。CICSO 系统公司是目前全球领先的网络解决方案供应商。1997 年，CICSO 被评为美国《工业周刊》100 家管理最佳公司中的第一名；1999 年被评为 100 家网上最受欢迎的公司的第一名；2000 年，《财富》杂志将 CICSO 公司列为美国 100 家工作场所的第四名。CICSO 能在发展的道路上取得如此令人激动的业绩，得益于其四通八达的培训网络。培训网络成为公司强大的技术支持力量，为 CICSO 公司构造了一个虚拟的知识海洋。CICSO 关于员工培训的计划，完全由员工自己来决定，培训时间也不会有限制。因为 CICSO 认为业务和培训是一体的，甚至包括出差什么时候走都不会有人管，更不会有老板不让员工接受培训的现象，完全由员工自己管理自己的工作和培训。CICSO 将员工放在了一个开车的位置上，认为让他自己做决定更重要。公司也从不对某个员工进行重点培养，每个人都是潜在的经理，这正体现了 Internet 世界里人人平等的原则。

（2）培训有助于吸引人才、留住人才

由企业出资提供的培训是吸引年轻有为的求职者的关键因素之一。以往大学毕业生找工作最看重的是薪水的高低，但是近几年来，毕业生已不再过分关心第一份工作能挣多少钱，而是更多地关心自己在公司里能否得到锻炼、学到本领，是否有机会提高自己，以便将来能够胜任更重要的岗位。随着毕业生就业观念的转变，不少企业的人力资源部门也逐渐认识到，要吸引优秀的高校毕业生，除了保证一定的薪酬福利外，“为人才提供培训和发展机会”越来越成为吸引优秀人才的重要砝码。大多数员工表示，他们将是否能享受到新公司提供的培训作为决定自己是否跳槽的一个因素。今天的员工越来越关心“这对我有什么样的好处”，他们期望获得学习和成长的机会。

我们看麦当劳是如何留住人才的。北京麦当劳有限公司认为，要使培训后的人才保持稳定，关键是要把培训与个人的发展相结合，要和员工一起分析未来一两年内他可能到达什么位置，让其清楚上面的职位需要多少人，现有多少人，有多少职位有待升迁和补充。让其感觉到在麦当劳的前途是看得见、摸得着的。就一个经理人的培训来说，见习经理有一套 4 ~ 6 个月的基本应用技能培训，主要采用开放式、参与式讨论，培训不同的行动能力；升到二副时有一套 5 ~ 6 天的基本管理课程培训；升到一副时有一套中级管理课程培训；当了 3 年餐厅经理后，就有机会被送往美国接受高级的应用课程培训；继续升迁，就担任营业督导，同时管理几家店；再上升到营业经理，管理一个地区等。公司员工每一步晋升总是和培训联系在一起，培训方式总是开放式、参与式，在培训前订立行动目标，目标都很具体，既针对个人的具体情况，又体现公司的总体规划，同时具有挑战性，使受训人才与企业发展紧紧联系在一起。

（3）培训有助于营造企业文化

企业文化对企业具有很重要的作用。丰田公司就是通过树立良好的内外部形象来稳定原有员工并吸引新员工加盟的。综观国内外所有取得成功的知名企业，无论是美国的微软、日本的索尼，还是我国的海尔与联想，它们都十分重视企业文化的建立。优秀的企业文化以人为本，把企业的发展与员工的发展结合起来，把提高员工素质与企业的长远发展结合起来，从而通过提高员工满意度来促使其发挥主动性、积极性，真正把自己融入企业中去，想企业之想，急企业之急。

培训是塑造、传播企业文化的重要方式。IBM 长期以来坚持对员工进行终身教育，每年的员工培训费用达 7 亿美元，受训者不仅有在职人员，还包括即将退休或已经离开公司的人员。终身教育活动渗透到每个员工的一言一行中，从而真正把企业文化灌输到员工心底，一方面提高了员工的素质，另一方面扩大了公司的影响。

总之，培训是有效的投资，它已成为众多著名外资企业赖以生存、蓬勃发展的资本。例如，IBM、美台电讯、P&G 等正是凭着科学、规范的培训机制在世界各地市场“独占鳌头”；也正是借助于有效的培训提高了员工素质，确保了员工发展和企业运作、企业发展的协调。实践证明，培训是一种高回报的投资，投资于培训和投资于人的回报远远高于投资于设备或技术等其他投资的回报。据美国培训与发展年会统计，投资培训的公司，其利润的提升比其他企业的平均值高 37%，人均产值比平均值高 57%，股票市值的提升比平均值高 20%。

摩托罗拉公司的培训理念就是“培训是投资不是成本”。摩托罗拉大学是摩托罗拉公司的培训机构，总部在伊利诺伊州，全球有 14 个分校，每年教育经费约为 1.2 亿美元，这不亚于国内名牌大学全年的教育经费投入。美国政府曾提出，企业用于教育的资金占工资总额的比例不应低于 1.5%，摩托罗拉的比例高达 3.6%。摩托罗拉大学给企业带来的凝聚力和品牌价值是无法用金钱计算的。

3. 培训是员工个人成长的需要

员工希望学习新的知识和技能，希望接受具有挑战性的任务，希望晋升，这些都离不开培训。因此，培训可增强员工的满足感。

对于新员工来说，培训可以使他们及时了解其工作环境，引导他们尽快进入工作状态。企业新员工大致有两种类型：一类是刚刚走出校门的毕业生；另一类是来自其他企业的“空降兵”。对于前者而言，他们面临的是一个完全陌生和新鲜的生活环境，不同的企业文化会在其行为举止和内心体验上画出不同色彩的图案。而对于那些从另一个企业进入本企业的新员工而言，他们可能面临的是两种企业文化的激烈碰撞。新员工在刚到企业的过渡时期内（通常是三个月到半年），他们会以自己对企业的直观感受和评价来决定自己如何表现。因此，企业应当通过系统的定向培训尽快消除新员工的各种担心和疑虑，让他们全面客观地了解其工作环境、工作氛围及新工作所需要的知识与技能等。

对于老员工来说，培训是他们胜任工作和进一步发展的需要。如果不想被社会淘汰，如果还想有更好的发展，那么就要抓住每个培训机会，通过学习使自己更具竞争力。“未来唯一持久的优势是有能力比你的竞争对手学习得更快。”有人曾在人才市场上对人才需求进行过一项调查，调查表明现在的人才市场从对单一专业人才的需求转向了对复合型人才的需求。人们只有具备了较强的学习能力，才能在巩固原有知识和技能的基础上，向新的领域冲刺，成为市场所需要的多面手。

7.1.3 培训的内容

培训的内容指企业要培训什么，通常指知识、技能或对工作态度的培训，目的是让员工增加知识、提高技能、建立正确态度、达到企业的工作要求。培训内容体系可以用图 7-2 进行说明。[①]

---

① 胡君辰，郑绍濂. 人力资源开发与管理. 第 2 版，第 128 页.

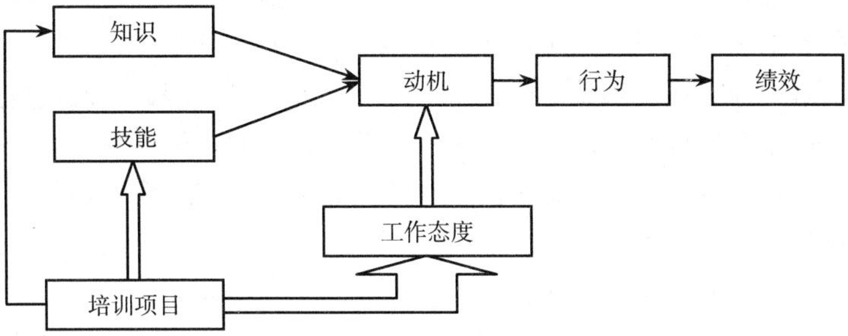

图 7-2　培训内容体系

1．KSAs 内容体系

传统的培训三要素为知识、技能和能力，即 KSAs 内容体系。

（1）K——知识培训

知识（Knowledge）是人类对已知过程和事件的认识的成果。知识培训是培训开发的主要方面。“知识就是力量”，知识是员工获取持续提高和发展的基础。知识培训的主要任务是对受训者所拥有的知识进行更新。企业通过对员工的培训，使其具备一定的基础及专业知识，帮助其了解企业的发展战略、经营方针、经营状况、规章制度等，使其能胜任本职员作，并为其进一步发展提供坚实的支撑。对于各级管理者来说，他们必须懂得如何去处理问题、履行职责、熟悉所管理的技术领域；同时也必须具备管理方面的知识，如计划、组织、领导和控制等方面的知识。

（2）S——技能培训

技能（Skills）是指在书本或老师的指导下，通过反复完成一个动作或操作的方式，依靠自觉的控制和矫正，逐渐形成技能和行为习惯的过程。知识只有转化为技能，才能真正产生价值。员工的工作技能是企业产生效益、获得发展的根本源泉。技能培训的主要任务是传授受训者工作所需的技能，它是对员工能力的必要补充，能够使其具有将知识及时转化为能力的本领，如本工作岗位所需要的基本技能技巧，熟练的工艺操作技术，适应工作环境的能力，学会合作、沟通和创造性解决问题的能力等。

（3）A——能力培训

能力（Abilities）是指人们顺利地完成某种活动的心理特性。能力有许多种，有的能力是一般的能力（如观察能力、记忆能力等），它们适合于多种活动；而适合于某种专业活动的能力就属于特殊能力，如色彩辨别力、方位辨别力等。

2．现代培训内容体系

更深入的研究发现，仅有 KSAs 的培训是不够的。在外界环境不断变化的情况下，现代企业发展越来越依赖于创新和变革，人们对变化的心理承受能力、适应能力、创新能力则显得尤为重要。因此，在现代企业的培训中，心理、观念、思维成为新的培训内容。

（1）态度培训

培训中，管理者有时会强调知识及技能的重要性，而忽视对企业员工的态度的关注。倘若员工具备了扎实的理论和过硬的技能，但没有正确的价值观和积极的工作态度，那么他们给企业带来的很可能不是财富而是损失。而那些有积极态度的员工，即使现在暂时在知识和技能上存在不足，但他们也会为实现目标而主动、有效地去学习和不断提升自我，从而最终成为企业所需要的人才。心理学家的相关理论证明，态度是可以改变的。因此，态度也是影响员工能力和工作效能的重要因素。态度培训的内容包括：清楚认识自我，树立自信心；分析把握自己和企业的将来；如何看待自己的工作团队、岗位、上级、下属；如何应付责任和挑战；建立正确的人生观、价值观等。

需要注意的是，许多研究结果表明，员工对工作的态度与他们的工作业绩之间并没有直接的因果关系，很大程度上是“管理”这个中间变量在起作用。培养积极的态度不能仅靠培训，更关键的是管理工作本身。

（2）思维培训

思维培训的主要任务是打破受训者固有的思维定式，从而得以不断创新。现代社会唯一不变的就是变，创新成为企业生存和发展的重要内容。因此，培训中要加强创新思维的培训和创新意识的培养。

（3）观念培训

观念培训的主要任务是使受训者持有的与外界环境不相适应的观念得到改变。培训中，可通过认真地引导受训者来实现其观念的转变，以适应社会环境的急剧变化。

（4）心理培训

心理培训的主要任务是开发受训者的潜能。随着竞争的日益激烈，员工的生活和工作节奏加快，工作压力加重，容易出现心理紧张、挫折感、痛苦、自责、丧失信心等不良心理状态，所以对员工进行心理教育疏导十分必要。目前市场上开发的企业心理培训项目有职业心理培训、入职心理培训、员工心理管理、员工心理帮助计划、裁员心理帮助、压力管理培训、员工沟通培训、员工激励培训等。大多数的素质管理培训、团队培训、领导力培训、体验培训和户外培训都把心理培训贯穿其中。比如，联想集团定期邀请心理培训机构的专业人士为员工做“压力管理”等心理培训；TCL、实达公司等都常年邀请培训公司开展心理培训；世界 500 强企业中至少有 80%的企业为员工提供心理帮助计划。因此，员工心理档案建设和心理培训已成为企业人力资源开发和管理中不可缺少的环节。

7.1.4 培训的原则

1. 战略性原则

企业的培训不应是头痛医头、脚痛医脚的权宜之计，而应该具有全局观念，有长远眼光。员工培训要服从组织的整体发展战略，其最终目的是实现组织的发展目标。

1）培训必须服从于企业的人力资源规划。人力资源规划是在企业明确了战略发展方向和目标基础上制定的在未来较长时间内人员供需平衡的计划。这是人力资源管理的基础。所以，企业的培训活动必须根据人力资源规划的内容来安排课程，制定教学计划并付诸实施。

2）必须制定长期的、系统的培训规划。长期系统的培训规划制定好后，再将其分解成不同时段的系列培训项目，所以安排企业培训项目时，要以明确的整体培训计划为依托，不能发现一个培训需求，搞一个培训项目。每个培训项目也必须有详细的实施计划，这样才能保证培训顺利进行。

3）必须坚持培训的长期性和持续性。员工培训需要企业投入大量的人力、物力，有时甚至会影响当前的工作，而培训效果很难立竿见影，具有时滞性。因此，企业要摒弃急功近利的态度，正确认识智力投资和人才开发的长期性和持续性。

青春化妆品公司是南方某市一家有名的生产女士化妆品的国有公司。在创办最初的十多年里，该公司每年以 25%的速度迅速发展，产品不但销往全国各省市，而且销往十多个国家和地区，成为一家享誉国内外的化妆品公司。公司销售部新上任的经理春花参照国外的经验制定了销售人员的培训计划。计划规定，对销售人员集中培训两次，一次在春节期间，另一次为 6 月的最后一个星期。每次培训时间为 3～5 天，方式是把所有的销售人员集中起来，听取一些专家顾问的讲座和报告，并结合公司销售现状进行讨论。培训费用不高（每次 40 多人，费用只用 6 000 多元），但培训效果却很大。近年来，由于化妆品的激烈竞争，公司的生意停滞不前，为了扭转局势，总经理下令，要求削减销售人员的培训费用。他认为，在公司困难的情况下只能削减各个项目，并且目前的销售人员大多数是大学毕业生，他们在学校里都已经学过关于销售方面的最新理论知识，其他销售人员也已经有了丰富的经验，所以销售人员的培训项目属于不必要的开支。春花则认为，大学毕业生学的只是书本上的理论知识，并且在市场经济条件下，他们对国内外相关的销售技术还了解得很少，只有坚持不懈地进行培训，才能在国内和国外两个市场上扩大销售量，赢得客户的信任，所以绝不能消减这个培训项目。但是，公司最终还是裁减了培训项目的开支。也许，待公司好转后，会再考虑是否恢复销售人员的培训费用问题。

从上面这个案例中可以看出公司在培训问题上的真正做法。这种做法并没有贯彻战略性原则，并没有把培训长期坚持下去，其结果对公司未来的发展是没有好处的。虽然短期内提高了利润，但这样做是以公司销售水平降低、客户满意度降低为代价的。

2．理论联系实际、学以致用的原则

组织实施的培训不应搞形式主义，而要讲究实效。据调查，一些组织的管理者喜欢赶时髦，上面在推广整体营销，就马上办一期“整体营销培训班”；报纸上宣传知识经济，就立即开展“知识经济研讨会”。于是，资产重组培训班、精益生产培训班、ISO9000 研讨会、外贸短训班、办公室自动化培训班等办了一期又一期，表面上看轰轰烈烈，其实是无的放矢，效果并不一定理想。

3．因材施教的原则

从普通员工到最高决策者，他们所从事的工作不同，创造的绩效不同，能力和应当达到的工作标准也不相同，所以员工培训工作应充分考虑员工各自的特点，做到因材施教，而不能采取“齐步走”的办法。培训只有从实际工作的需要出发，与职位特点紧密结合，进而与培训对象的年龄、知识结构、能力结构、思想状况相吻合，才能真正收到实效。例如，对于一线人员来说，技术能力是最重要的；对于高层管理者而言，则应该从提高其决策能力和战略眼光入手，培训应使其了解本行业最新进展、市场动向及最新的经营管理知识；对于中层管理人员而言，培训应该立足于提高经营管理能力，提高在本职员作领域中的专业知识和技能；对工程技术人员的培训，其重点应放在专业技能的提高上，使其掌握新工艺、新技术。

4．知识技能培训与组织文化培训兼顾的原则

对员工的培训要注重知识技能的传授，更要注重组织文化的灌输。IBM 就是这样的典范。IBM 中流传着这样一个说法：一间黑屋里坐满许多公司互不相识的员工，突然开灯后，IBM 的员工能准确地认出自己公司的人。因为 IBM 的人大脑上都贴有一个蓝色标签：“无论你进 IBM 时是什么颜色，经过培训，最后都会变成蓝色。”鼓励员工学习和提高，是 IBM 培训文化的精髓：“如果你要加薪，IBM 可能会犹豫；如果你要学习，IBM 肯定非常欢迎。”

5．严格考核和择优奖励的原则

真正要学习的人才会学习，这种学习愿望称为动机。一般而言，动机多来自需要，所以在培训过程中可应用种种激励方法，使受训者在学习过程中因想获得需要的满足而产生学习意愿。

首先，企业应把培训和员工的职业生涯规划结合起来。因为随着企业的发展，员工在每一阶段都有不同的学习要求。其次，必须把培训结果和薪酬、晋升紧密结合。通过将培训与考核、奖惩、晋升等决策挂钩，培训可以成为很好的激励手段。如果员工通过培训获得了自身的发展，并为其带来了相关益处，他们就会乐于参与并积极支持培训。再次，要把培训当作员工的福利。人们常说，最好的福利是什么？是“请课”，即请他上课。在知识经济时代，人们有终身学习和发展的需要，因此培训也就成为一种有效的福利手段。这种福利手段更是一种具有长远回报效益的投资，对于提高员工工作积极性、增强其荣誉感、提高其工作效率起着十分重要的作用。

7.2 培训程序

一些职业经理人或培训从业人员常常会遇到如下烦恼：想要尽快把培训工作开展起来，但不知从何入手。他们不希望工作杂乱无章，希望自己的工作有条有理，喜欢有成效的工作，讨厌做无用功……那么，如何才能有条不紊、快速有效地组织好培训工作呢？国内外许多培训工作者经过多年的实践，总结出一套较为科学和完善的培训流程（见图 7-3）。

图 7-3　培训流程

7.2.1 培训需求分析

1．培训需求分析的概念

太匆忙地实施培训，往往会忽视员工真实而具体的培训需求，忽略企业的每个培训措施是否恰当的问题，从而导致工作与企业的现实问题及目标彼此脱钩。这不仅造成巨大的培训成本损失，而且会产生培训无用的误解。因此，在培训进行前，职业经理人应科学地分析员工的培训需求，并能够完美地回答员工的这个问题：“先给我一个培训的理由。”这就要求一个管理者必须首先了解员工真正的需求是什么，有的放矢，然后才能采取有效的激励措施。

需求分析是根据组织的发展战略和员工实际的工作绩效表现得出的。需求产生的原因是目前的状况与理想的状况之间存在差距，其实质是员工需要增加或补充的能力与素质。培训要求用公式表示为：

培训需求=员工要求具备的能力或素质–员工现在已有的能力或素质

企业对员工的能力水平提出的要求是“理想状态”，员工本人目前的实际水平是“现实状态”，两者之间形成了“状态缺口”，企业要努力减小这一“缺口”，从而形成了培训需求（见图 7-4）。[①]

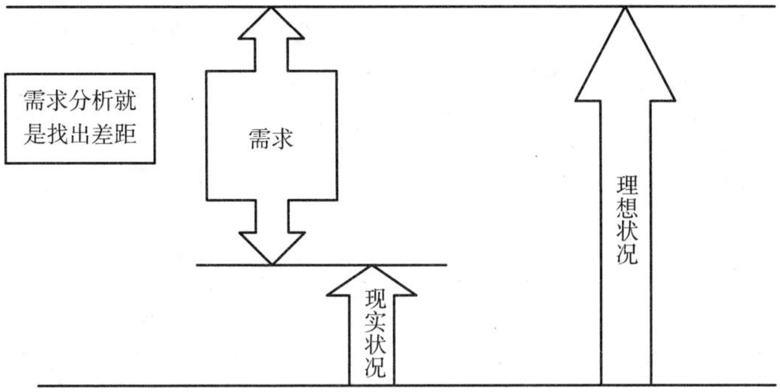

图 7-4　培训需求

2．培训需求分析的层面

通过对组织哪些方面的分析才能发现其培训需求呢？系统的培训需求分析必须从三个方面入手，即组织分析、任务分析和人员分析。从组织分析入手，以任务分析为核心，结合人员分析，就能得出培训的目标、培训的对象和培训的内容。培训需求分析的层次如图 7-5 所示。[②]

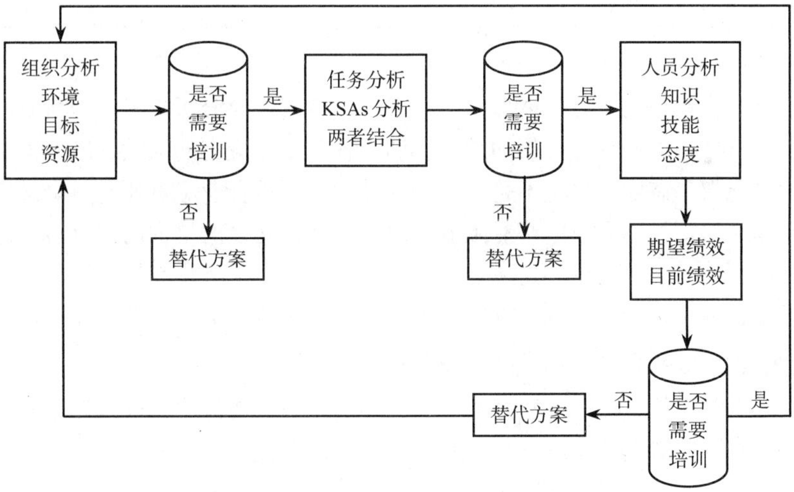

图 7-5　培训需求分析的三个层面

（1）组织分析

培训需求分析的组织分析主要是通过对组织的目标、资源、环境等因素进行分析，准确地找出组织存在的问题与问题产生的根源，以确定培训是否是解决这类问题的最有效的方法。从这个意义上说，组织分析具有战略分析的意义。

① 杨生斌．培训与开发．第 36 页．

② 卡肖，王重鸣．人力资源管理．第 6 版.第 142 页．

（2）任务分析

任务分析是指系统地收集关于某项工作或工作组信息的方法，其目的是明确所要达到的最优绩效，确定重点的工作任务及从事该项工作的员工需要学习的内容。任务分析除了需要审核什么样的工作需要执行，以及执行此项工作的员工需要具备的知识、技能、态度等特征外，还需要分析影响员工工作绩效的阻碍因素。因此，任务分析的结果常会包括工作绩效标准，符合这些标准所采用的工作方法，员工应具备的知识、技能、态度，以及其他所需的特征等（见表 7-1）。[①]任务分析需要投入大量时间来收集并归纳数据，这些数据来自公司内部的管理者、员工和培训人员。

表 7-1　任务和技能分析工作实例

分析员　　　　日期

岗位/职能	任务描述	设备/系统/资源	所需技能
文员	编辑文案	个人电脑	打字速度
	转接电话	文字处理应用软件	电脑系统操作
	保管文具	电话	商业信函写作
	接待来访人员	传真机	电话接听技术
	收发传真	复印机	使用传真机
	复印文件	餐厅、饭店名册	使用复印机
	订餐		

（3）人员分析

在完成了组织分析与任务分析之后，接下来的重点就是要分析员工是否需要培训和需要培训什么。人员分析必须根据任务分析的结果，利用各项工作应有的绩效标准，衡量工作执行者的知识、技术、能力和态度。培训不是学校里的教学，所以企业不可能对每个员工都进行满意的培训，特别是在培训经费和时间都有限的情况下，因此必须对培训内容进行一定的分析和挑选，分出先后次序和重点。要做到这一点，企业就必须对员工进行有针对性的分析。培训需求分析主要对员工的工作背景、学识、资历、年龄、工作能力及个性等进行分析。

3．培训需求分析的方法

常见的培训需求分析方法主要有观察法、问卷调查法、访谈法、群体讨论法、测验法、记录和报告法等。表 7-2 总结了各种需求分析方法及其优缺点。

表 7-2　各种需求分析方法及其优缺点的比较

需求分析方法		优　点	缺　点
观察法	以旁观者的角度观察员工在工作或会议进行中的表现行为 适用于操作技术方面的工作 一般在非正式情况下进行，以免造成被观察者的紧张不安	不打乱常规性工作 能够了解工作情境中的信息，因而总结的需求信息具有针对性和工作的相关度高 和反馈结果相结合，可以	要求观察者的观察技能较高，既需要对工作的过程又需要对内容有很好的了解 只能够收集工作情境方面的数据，在使用时有限制

① 曹振杰. 人力资教源培训与开发程. 第 74 页.

续表

需求分析方法		优 点	缺 点
		把观察者的推断和反应进行比较	有可能会引起被观察者的反感
问卷调查法	列出培训者要了解的事项 将列出的事项转化为问题 设计问卷 问卷试答，修改 发放并回收问卷，并对问卷结果进行分析	能够在较短的时间内接触大量的人，收集大量的信息 相对来说成本较低 可以了解访谈时人们不愿谈的问题 所得到的数据容易汇总和分析	对没有预料到的反应无法进一步追踪 问卷设计和分析工具的建设需要时间 很少能够得到较为深入的有关问题原因和解决方法等方面的信息 回收率较低（邮寄时）
访谈法	确定访谈对象和人数 准备访谈提纲 访谈气氛和过程控制 整理并分析结果	适于揭示情感、探究所面临问题的原因和解决方法，能够得到深层次的信息 直接接触客户，可以了解客户需求和反应	比较花费时间 结果很难分析和量化 需要访谈者有较高的技能 客户容易有疑虑，不能够畅所欲言
群体讨论法	1. 类似访谈法 2. 适用于员工较为关注或意见较大的问题、需要集思广益征求意见的问题、不涉及个人隐私或缺点的问题等 3. 可以使用一个或几个促进群体讨论的技术，如头脑风暴法、名义群体过程、舆论等级、组织镜像、模拟和雕刻等	可以造成畅所欲言的气氛 允许现场总结不同的观点 可以降低客户对服务提供者的依赖性，因为数据分析是一个共同的功能 可以帮助参与者成为更好的问题分析者和更好的倾听者	花费时间较长，对咨询师和部门来说都花费时间（所以相对昂贵） 产生的信息难以合成或量化处理
测验法	1. 测验员工的工作熟练程度和认知度 2. 发现员工学习成果的不足之处	可以确定一个问题的原因是不是因为知识、技能及态度的缺失所致等 结果易量化分析	相对来说，只能得到很少数量的测验，而这些只对特定的情形有效 无法揭示测量到的知识和技能是否能够真正应用到工作的情境
记录和报告法	1. 可以从组织的文件、规章制度、财务及相关报表等方面收集信息 2. 查看员工记录（不平、离职和事故等） 3. 查看会议记录、每周或每月的程序报告、备忘录、部门服务记录等相关记录	可以发现问题并寻找相关的线索 信息针对性强，较为客观 信息易于获得	无法显现问题的原因和解决方法 只能了解反映过去的信息，无法了解现在及未来的变化 分析师需要有较高的分析综合技能

通过表 7-2 可以看出，各种方法各有其优缺点，因此在实际应用操作中应取长补短。比较实际的做法是同时发展和采纳几种方法，从而减少所选方法的缺点，使各种方法综合反映出来的培训需求更加客观、真实，使培训效果更加明显。

在我国，培训需求分析的有些方法在实际培训活动中的应用较多。据一项调查发现，常用的培训需求分析方法如表 7-3 所示[①]。这项调查中，被调查的外资企业涉及医药、化工、日用消费品等多种行业。

表 7-3　上海部分外资企业培训需求分析方法的应用情况

培训需求分析方法	占被调查公司总数比例（%）
问卷调查法	69
观察法	21
绩效考评记录	53
与高级管理层面谈	79
与主管及有关工作责任人面谈	74
其他	10

可以看出，访谈法在实际使用中的频率最高，其中采用与高级管理层面谈方法的公司高达 79%。同时，不少企业也采用了与主管及有关工作责任人面谈的方法，这一比例约占被调查公司总数的 74%。

7.2.2　培训计划制定

1．员工培训计划的含义

“凡事预则立，不预则废。”培训计划作为企业培训的组成部分，它决定了整个培训过程的成功与否。因此，制定一份规范、详细且实用的培训计划，可以确保培训工作的顺利开展和提高培训的质量。

所谓员工培训计划，是指按照一定的逻辑顺序排列的记录。它是从组织的战略出发，在全面、客观的培训需求分析基础上做出的对培训时间（When）、培训地点（Where）、培训者（Who）、培训对象（Whom）、培训方式（How）和培训内容（What）的预先系统设定。

2．员工培训计划的内容

（1）培训目的与目标

培训目的与目标为培训计划提供了明确的方向和依据。有了目的和目标，才能进一步确定培训对象、培训内容、培训时间、培训师和培训方法等具体内容，并对培训效果进行评估。同时，培训的目的和目标也是激励培训者和受训者的重要手段。

例如，西门子的员工管理教程分为五个级别，其具体培训目标大致如下：

第五级别　管理理论教程

培训目标　提高参与者的自我管理能力和团队建设能力

① 上海交通大学 99 届 MBA 学生王心鸿的毕业论文。

第四级别　基础管理教程
培训目标　让参与者准备好进行初级管理工作
第三级别　高级管理教程
培训目标　开发参与者的企业家潜能
第二级别　总体管理教程
培训目标　塑造参与者的领导能力
第一级别　西门子执行教程
培训目标　提高参与者的领导能力

（2）培训对象

培训对象就是培训目标适用的对象。虽然人人都可以被培训，所有员工都需要培训，而且大部分人都可以从培训中获得收益，但由于单位组织的资源有限，不可能提供足够的资金、人力、时间做漫无边际的培训，因此所有员工不一定都得培训到同一个层次或同等程度，或安排在同一时间培训，而是必须有指导性地确定单位急需人才培训计划，根据组织目标的需求挑选被培训人员。培训对象应重点考虑以下人选。

1）新进员工。对新进员工进行培训，可以使他们顺利地进入工作状态，有一个良好的工作开端，更好地为企业的发展做贡献。

2）有能力且符合企业发展的人。他们可能是企业的技术骨干，为更新知识或发展成为复合型人才而需要进行培训；或是由于转岗的需要，培训可以使他们担当或胜任新岗位的工作。

3）有潜在能力的人。有潜在能力的人具有一定的创新能力和创造力潜质。对他们进行培训，目的是进一步挖掘和激发其潜在的才能。企业往往期望他们通过培训掌握各种不同的管理知识和岗位技能，让其进入更复杂、更重要或更高层次的工作岗位。

4）有特殊需求的人。这类人有两种情况：一种是能为企业各种突发情况提供应急技能的人；一种是对自己有特殊要求，有很强的培训参与欲望的人。

（3）培训时间

1）选择培训时机。培训的时机选择是有讲究的，滞后于社会的发展、同业竞争对手的发展、组织自身的发展、部门及其岗位工作需要的培训是被动的，但过于主动、超前开展培训也是不可取的。许多组织往往是在时间比较方便或培训费用比较便宜的时候进行培训，而不是在组织需要培训的时候开展这项工作，这就使得培训的“预备”作用大打折扣。

2）决定培训的持续时间。比如，专题报告一般安排半天到一天的时间即可；培训内容较为复杂的，一般要进行集中培训，时间也比较长；以提高岗位技能为特点的继续培训常常要分阶段来进行。

总之，影响培训持续时间的因素是多方面的，主要包括培训内容、培训费用、学员素质、学员的工作与休闲时间的分配等。

（4）培训地点

明确培训地点主要解决在哪里进行培训的问题。针对个人的岗位技能培训，一般都安排在工作现场或车间；其余的培训既可以安排在工作现场，也可以安排在特定城市和培训机构的实验室、微机房、教室等。

培训场所的选择往往被忽视，其实地点的选择在很大程度上影响着培训的效果。例如，某制造皮鞋的公司为了让销售人员了解皮的结构、皮的鉴别及皮的处理工艺过程，选择了环境优美的山庄去做培训，受训者一听到山庄，都踊跃报名积极参加。但是受训回来后，他们除了对美景和美食的深刻记忆外，真正要学的内容却什么都没记住。后来，公司尝试了一次改变，将培训费用缩减到一半，发给每个人一张意大利进口皮，并且告诉他们这张名贵的皮可以给家人做个小礼物（如钱包或精致的女包），要求他们当时就去工厂亲手制作。这些人一进工厂就兴致勃勃地问工人如何做、如何染色、如何辨别真假皮等。可想而知，这样的培训效果一定是非常好的。有的人甚至将他们的处女作一直放在办公室里留做纪念。经过这样的培训，员工将那些枯燥的、有关皮的知识都牢记在心了。

（5）培训师

培训师的确定主要解决由谁进行培训的问题。对于个人自我发展培训，只要有工作经验的同事或上司作为指导教师即可；其余培训一般要请专兼职教师或经验丰富的管理者、技师、相关专家作为教师。

培训师的选择既可利用外部渠道，也可依靠内部渠道。利用外部渠道来选择培训师的优点是：选择范围大，可聘请到优秀的培训师；可带来许多全新的理念；可提高培训的档次；容易营造气氛，从而取得良好的培训效果。其缺点是：组织与培训师之间缺乏了解，加大了投资风险；由于培训师对组织不熟悉，因此其所传授的内容可能不实用，以致在实际管理和控制过程中存在不少缺乏可操作性的情形；外部聘请培训师成本往往也较高。

由内部渠道获得培训师的优势是：培训师对组织内部实际情况较为熟悉，可以使培训更具有针对性，有利于提高培训的效果；培训师与培训对象相互熟识，能保证培训中相互交流的顺畅；易控制；与利用外部渠道获取的培训师相比耗费要少。但其缺陷是交流范围窄，选择范围小，受制约大，且权威性不够，可能无法引起学员积极参加的兴趣。

（6）培训方式

培训方式是指选择集中式还是分散式培训，或者边实践边学习，或者在职或离职培训。

（7）培训预算

培训预算是指一段时期（通常是 1 年）内，用于组织内部培训及培训部门所需要的全部开支的总和。培训预算既是为了胸中有数地制定资金运用计划，又能很好地量化培训管理工作，它是未来培训计划实施和控制的重要依据和衡量标准。

一般而言，可以把培训经费分为直接培训费用和间接培训费用。将培训分成几大块来计算（如教师、教具、管理费等），再将各部门直接费用加在一起，这种计算虽精度不高，但简单并易于操作。根据培训项目的实施过程，可以把培训费用按以下方面分别计算：场地费；食宿费；培训器材、教材费；教育培训相关人员工资及外聘教师讲课费；交通差旅费。间接培训费用是指由于培训带来的机会成本和生产力浪费。由于学员来学习而不能去工作，因而企业不仅要支付其工资，而且为了维持正常的生产运行，还必须请人代替其工作，否则会导致生产设备的闲置等生产力浪费的现象。

7.2.3 培训方案的组织与实施

1. 内训与外训

企业内部培训和外包给专业培训机构，分别简称为内训和外训。

常见的内训方式有内部的培训讲师、内部的培训小组、企业自己的技校、企业自己的大学等。本章“引导案例”所介绍的企业大学就属于企业内训。

虽然内训具有方便和实用性强的特点，但它同时也存在一些劣势。一是人力有限。企业编制有限，一般都只设 1 ~ 2 名培训员，规模小的公司甚至没有专职的培训员。像 MOBIL 这样的跨国公司也仅有 3 名内部培训员负责包括中国内地、香港和澳门三地的员工培训。可以想象，如果仅靠内部的力量，那是无论如何也无法完成培训任务的。因此，MOBIL 和上海交通大学合办了一个联合培训中心。二是投入过大。企业建立一个完善的内部培训中心，除了要聘请多名专职人员外，还要投资买进各种培训设施，开支不菲。三是时间受限。大型跨国公司建立世界级的培训中心一般要 10 ~ 15 人，需要花 3 年的时间。

外训可以利用社会上的培训资源，弥补企业内训的不足。外部培训不仅节省了金钱，更重要的是节省了时间，提高了效率。外训通常可以选择的方式有聘请外部讲师、聘请专门培训机构、聘请咨询公司、聘请学校教育机构等。

不管内训还是外训，它们都各有利弊，关键是企业要根据自身的具体情况加以选择。一般而言，中小企业由于自身实力和培训资源的有限性，其寻找外部资源的机会比较多。当然这也不是绝对的，做决策时，管理者要更多地考虑这些因素：培训的内容及性质；预算；接受培训的人数及对象；培训的频繁程度；有没有合适的培训师；有没有培训资源。

2．设计培训课程

培训课程设计的合理与否，一方面会影响培训进度，另一方面会影响培训质量。一门好的培训课程应符合以下要求。

1）与培训目标一致。要有一种既定的、连续性的政策和计划目标，以此来避免课程设计的分散，保证培训课程的整体性。

2）照顾多数受训员工的需求。课程设计应当尽最大可能提供能使各类学员都感兴趣的课程。

3）可操作性强。培训要在计划好的时间内达到目标要求，就必须增强课程设计的可操作性，否则只会空对空，使一份好的培训计划落空。

4）契合企业与员工的实际情况。那种为追时髦而设立的，对企业和员工并无实质帮助的课程应坚决删除。培训也要计算成本收益账。

5）设计固定与机动两种课程。培训都应当以员工和企业的需要为基础而开设一些固定的课程作为核心课，而且为了满足其新的需要和兴趣，还应开设一些可能是临时加设的机动课程，使培训课程不致单调乏味。

3．实施员工培训方案

培训实施是培训工作的主要阶段，是培训目标和计划的落实，并根据目标和计划，对培训过程中出现的问题及时做出调整，控制整个过程的顺利发展。不论培训计划制定得多么成功，如果实施的工作做不到位，仍会落得“竹篮打水一场空”的结局。

（1）做好培训准备

培训准备主要做好三项工作。

1）培训氛围准备。如何选择和布置培训场所主要是从硬件角度考虑，而如何营造良好的培训环境则应更多地从培训兴趣、培训动机、培训氛围等各个方面着手。这一工作的具体做法首先可以通过种种激励措施来引导员工接受培训，如把员工在培训时的表现与年终考评结合起来、把培训列为员工晋升和调动工作部门的必备条件。其次，可以增加工作的竞争程度，使员工有危机意识，从而主动参加培训。再次，可以向员工阐明职业生涯发展的道理，让员工感到培训对自己本身的发展有较大的帮助。

2）选择好培训师。企业不同的培训项目会要求有不同的培训师。培训师的类型一般有以下八种（见表7-4[①]）。

表7-4　培训师的类型

类　型	知识和经验	培训技巧	个人魅力
卓越型培训师	非常丰富	丰富	高
专业型培训师	比较丰富	一般	一般
技巧型培训师	偏下	丰富	一般
演讲型培训师	一般	丰富	高
肤浅型培训师	偏下	一般	偏下
讲师型培训师	一般	偏下	偏下
敏感型培训师	一般	偏下	偏下
弱型培训师	偏下	偏下	偏下

企业在培训时，最好能聘请卓越型培训师，万一请不到也可以聘请专业型培训师、技巧型培训师和演讲型培训师。同时，要防止聘请肤浅型培训师、讲师型培训师和敏感型培训师，弱型培训师千万不能聘请。

3）培训工具的准备。适当地使用一些培训工具，可以使培训的形式更加灵活多样。以下工具可供企业培训使用。

使用大型白纸本。准备一个黑板架和一些大张的白纸，要求把全部要点都写在纸上，然后用夹子把所有纸夹在黑板架上。课程进行到哪里，就翻到哪里。

运用展示架。为了使培训现场环境与培训内容协调起来，可在现场周围布置一些展示架，把有关资料贴放在上面，让学员得到额外的辅助信息，加深对培训主题的进一步理解，增强培训效果。

利用录音和摄像设备。这要求避免学员陷入被动的“看电视”中，注意使录像教学成为双向交流。

使用计算机。近年来发展起来的机上培训使得员工不用再到生产线上进行实施操作，只需把培训软件装入计算机内，即可在计算机上进行模拟操作，出现错误后也可以在机上修改，大大减少了错误成本费用，方便了培训工作，使培训工作上了一个新台阶。例如，美国戴尔计算机公司已使员工在网上获得更多正规培训。戴尔公司的某一新产品投放市场之前，员工就可以从网上获得关于该产品的图文并茂的详细说明，从中可以了解如何安装使用新产品。相对而言，机上培训已充分显示出其快捷和实用的优点，教室培训已处于次要地位。

（2）分工配合

培训项目的实施往往不是一蹴而就的，特别是一些大中型的培训项目，组织工作非常复杂，

① 汪群，王全蓉. 培训管理. 第114页.

因此有必要将培训实施过程所有涉及的工作按照类别进行分工，然后安排在某一方面具备专长的人员具体负责相关工作的落实，培训管理者随后及时跟进和沟通，以便及时发现问题并采取纠正措施。

培训尤其要获得管理者的支持。一位从事培训工作多年的培训主管对企业培训的评价是，图形式、走过场，多是以应付为主。企业内的管理人员尤其是上层管理者认为，培训是一项费用昂贵且得不偿失的活动。不少民营企业认为企业的目的就是赚钱，花钱搞培训完全没有必要。这一套又一套的培训无用论，弄得企业尽可能地削减培训费用。显然，若不能获得管理者尤其是高层管理者的支持，培训工作将很难做。为了获得管理者的支持，可采用如下一些方法：让管理者看到培训绩效；让管理者亲身体验一下培训；主动提出方案。

（3）培训的控制与管理

培训控制是确保培训目标实现的重要环节，为此要做好以下几项工作。

1）收集培训相关资料。需要收集的资料包括：培训需求评估报告；培训实施计划方案；组织内部中长期培训计划方案；以往的培训实施计划方案及其评估报告；来自高层决策者的意见；本年度的培训资源分配计划；培训师资料；课程大纲；培训地点及设施情况介绍。

2）比较现状与目标之间的差距。此步骤重在明确现状与目标之间的差距，即培训实施计划所要解决的问题，为培训实施确立整体方向。

3）培训计划纠偏。开展此项工作时会出现三种情况：一是培训实施完全符合要求，不需要进行纠偏。二是轻度纠偏，即在培训实施过程中发现原订计划中有些地方欠妥，如人员分工、课程编排次序、工作进度的协调等不太妥当。这种情况下，一般只要对培训计划进行必要的修改即可达到要求。三是重度纠偏，如原邀请的顾问不合适或不能出席、培训的投入过多或过少、培训场地安排不合适、培训组织工作出现漏项等，此时就要对培训做大“手术”，召开培训计划专题讨论会议，讨论解决方法，同时对培训计划的相应部分做出修改。

4）公布并跟进落实。该步骤的作用有两个：一是让培训项目相关人员明确自己的具体工作职责，掌握整体培训项目的有关情况；二是起到培训动员的作用，使培训对象做好参加培训的准备，不至于临时打乱工作或缺乏必要的心理准备。

7.2.4　培训效果反馈与评估

目前，很多企业在培训活动结束后就“散场”。这种培训就像走过场，并不真正关心员工到底学到了什么，培训效果可想而知。为了避免走过场的现象，同时为了督促员工尽可能多地从培训中获得提高，培训效果评估作为培训工作的最后一个步骤，管理者应予以重视（详见 7.4）。

7.3　培训方法

7.3.1　常用的培训方法

根据员工学习方式，可将培训分为在职培训和脱产培训。在职培训又称在岗培训，是指为了使员工具备有效完成工作任务所必需的知识、技能和态度，在不离开工作岗位的情况下对员工所进行的培训。在职培训方法主要有工作轮换法、工作教练法、自主学习等。脱产学习又称职业外培训，指离开工作和工作现场，由企业内部或外部专家或培训师对企业内各类人员进行的集中培训。脱产培训还可分为全脱产培训和半脱产培训两种方式。受训者以全天的时间脱产参加培训为全脱产培训。如果培训需要很长时间，但又要避免耽误工作，可以采取半脱产形式。受训者每天或一周只接受若干小时的培训，其余时间仍回单位工作，这种方式就是半脱产培训。脱产培训方法主要有视听法、研讨法、角色扮演法等。

1．工作教练法

工作教练起源于工业革命早期的师徒制，并针对其不足之处进行改进，使之能在更广泛的范围内起到积极作用。经过不断地改进，工作教练现在已经成为一种非常系统化的方法，被普遍应用于各种组织的培训中。导师制的推行也是师徒制的演绎，导师对学徒的指导不仅包括知识、技能的指导，也包括品行、态度等方面的指导。

工作教练法就是师傅对徒弟的现场指导，师傅凭借自己的知识和技能指导徒弟，让徒弟和自己一起工作。先给徒弟一些工作要点，然后自己做示范，让徒弟在旁边观察、学习，必要时给徒弟做一些辅导，当徒弟大体掌握了一些技能之后，就让他们自己干，师傅在一旁指导，直到徒弟完全掌握为止。

表 7-5 列出了工作教练法的优缺点。

表 7-5　工作教练法的优缺点

优　点	缺　点
通常能在培训者与受训者之间形成良好的关系，有助于工作的开展 一旦师傅调动、提升或退休、辞职时，企业能有培训有素的员工补上	不容易挑选到合格的教练，有些教练担心“带会徒弟饿死师傅”而不愿意倾尽全力，所以应挑选具有较强沟通能力、监督能力、指导能力及胸怀宽阔的教练

例如，德国的西门子斯特拉姆博格—卡尔森公司有长达 100 年的学徒培训历史。该企业在佛罗里达州莱克玛丽工厂的学徒培训中既有高中生，也有来自社区大学的大学生。西门子期望从学徒培训中招聘的员工富有潜力。西门子的经验表明，采用其他招聘方式是不可能达到这一期望的。

2．课堂讲授法

课堂讲授法是指培训者通过语言表达、板书等其他辅助性教学工具，系统地向受训者传授知识、观念和技能的方法。它的应用最为普遍，同时是最古老的培训方法之一。在西方，讲课法的历史可追溯到公元 14 世纪；而在东方的孔子时代，授课法已广泛使用，这也是先秦文化远远领先于当时西方文明的一大原因。不论是孔子的“因材施教”，还是释迦牟尼的“设坛讲经”，无不闪现着他们卓越的授课技巧。课堂讲授法还是最简便、成本最低的一种培训方式。

（1）常见讲授法的类型

1）灌输式讲授。它指讲授过程中的信息输入完全来自培训者，受训员工只接受信息。这种方式中，受训的员工参与程度最低，没有反馈，员工也没有任何义务主动参与培训。

2）启发式讲授。这种方式中，培训者首先提供一些新信息和结论，然后提出一些问题，以考察受训员工是否掌握了新信息和结论。如果受训员工没有掌握，培训者则以易于理解的表达方式努力使其听懂。这一方法里，员工的参与意识在很大程度上得到了提高。

3）发现式讲授。它是指受训员工在培训者的指导下进行学习，并试图做出自己的结论。这种方式中，培训者只提供员工无法得到的某些事实，员工要尽可能多地得出新发现，独立探求新结论与其他新事物。

4）开放式讲授。这种活动中，员工首先要就活动目标及测评标准达成一致。培训者将员工确定的目标进行任务分解，并设计一定的活动，分头完成这些任务，最终取得员工所预期的效果。

（2）课堂授课法的优缺点

表 7-6 列举了课堂讲授法的优缺点。

表 7-6　课堂讲授法的优缺点

优　　点	缺　　点
有利于受训者系统地接受新知识 容易掌握和控制学习的进度 有利于加深理解难度大的内容 可以同时对许多受训人员进行培训	学习效果易受培训者讲授水平的影响 受训者之间不能讨论，不利于促进理解 学过的知识不易被巩固

3．研讨法

以讲座做教学方式的历史渊源已无从查考，但在今天，它作为一种企业培训员工的教育方法，以其显著的培训效果在实际应用中占有非常重要的地位。它与授课法并称职业培训两大培训法。一个人的知识总是有限的，虽然如今提倡通才，通则通矣，但个人力量毕竟势单力薄，始终赶不上有组织的群体力量。“集思广益”是讲座法的基础，只有收集众人之智慧，并相互激发，才可达到 1+1>2 的创造性效果。

所谓研讨法，是指由指导教师有效地组织研习人员，以团体的方式，对工作中的课题或问题进行讲座，并得出共同的结论，让研习人员在讲座过程中互相交流、启发，以提高研习人员知识和能力的一种教育方法。

表 7-7 列举了研讨法的优缺点。

表 7-7　研讨法的优缺点

优　　点	缺　　点
受训人员能够主动提出问题，表达个人的感受，有助于激发其学习兴趣 鼓励受训人员积极思考，有利于其能力开发 受训人员在讨论中取长补短、互相学习，有利于知识和经验的交流	讨论课题选择得好坏将直接影响培训的效果 培训的效果也会受到受训人员自身水平的影响 不利于受训人员系统地掌握各种技能

4．视听法

人类有三大信号系统，即视觉、听觉和语言信号系统。据曼彻斯坦银行调查，五官的感知比例具体为味觉器官 1%、触觉器官 1.5%、嗅觉器官 3.5%、听觉器官 11%、视觉器官 83%。所以，视听技术以视觉、听觉为重点是有科学依据的。具体实施中，在刺激研习人员视觉、听觉的同时，再让他们亲自做一做，亲口说一说，将会取得更好的培训效果，学员的印象将非常深刻。

所谓视听法，是指以视听技术为教育手段，为提高企业人员的知识和能力而进行的一种教育方法。

表 7-8 列举了视听法的优缺点。

表 7-8 视听法的优缺点

优　点	缺　点
视听培训运用视觉和听觉的感知方式，直观鲜明，所以比讲授法或研讨法给人更深的印象 生动形象，较容易引起受训人员的关心和兴趣 视听教材可反复使用，从而能更好地适应受训人员的个别差异和不同水平的要求	视听设备和教材的成本较高，并容易过时 不太容易选择合适的视听教材 受训人员受视听设备和视听场所的限制 受训人员处于被动的地位，反馈和实践较差

例如，日本千代田生命保险互济公司通过录像向员工进行教育培训，从而取得了良好的效果。具体地说，该公司采用了录像系统实施造就人才的计划。1974 年 9 月，该公司开始在 33 个分公司中引进盒式磁带录像机，同时配备了教育的软件。1975 年 3 月，该公司又在总公司布置了录像演播室，同时为全部 68 家分公司配置了盒式磁带录像机、电视监视器、黑白摄像机等，并借此机会建立了在总公司与分公司之间的通信联系。该公司针对各类人员（如新员工、普通员工、班组长、营业管理人员等）分别自制了几种不同的软件，其内容因对象的不同而不同。通过录像系统实施教育系统培训的做法在该公司的推销员中间获得了一致的好评。而且，一些员工还会送来他们录制的有关分公司活动的磁带。

5．案例分析法

案例分析法是指为参加培训的学员提供员工或组织该如何处理棘手问题的书面案例，让学员通过分析和评价，提出解决问题的建议和方案的一种培训方法。案例分析法为美国哈佛商学院所推出。案例分析法旨在给受训者提供一种体验，一个认识和分析实际管理情景并提出管理对策的模拟实战机会，从而培养参加者分析、解决实际问题的能力。

表 7-9 列出了案例分析法的优缺点。

表 7-9 案例分析法的优缺点

优　点	缺　点
该方法提供了一个系统的思考模式 学习过程中，培训者可得到一些有关管理方面的知识和原则 活动集中，有利于培训专门技能 有利于受培训者参与企业实际问题的解决 使受训者得到经验和锻炼机会 容易养成积极参与和向他人学习的习惯	案例过于概念化并带有明显的倾向性 案例的来源往往不能满足培训的需要 培训需要的时间较长，对受训者和培训师要求都较高

6．角色扮演法

角色扮演法是指在一个模拟的工作环境中，让受训人员扮演某个人物，要求他们对自己实际工作中可能遇到的具体问题做出反应。他们不是通过听说处理一个问题，甚至也不是讨论如何处理问题，而是通过承担其中角色的工作职责，通过亲自去做来进行学习的一种培训方法。

表 7-10 列出了角色扮演法的优缺点。

表 7-10　角色扮演法的优缺点

优　　点	缺　　点
能激发受训者解决问题的热情 可增加学习的多样性和趣味性 能够激发热烈的讨论，使受训者各抒己见 能够提供站在他人立场上设身处地地思考问题的机会 可避免可能的危险与尝试错误的痛苦 有助于培训基本动作和技能 可以提高受训者的观察能力和解决问题的能力 活动集中，有利于培训专门技能 可培训受训者的态度、仪容和言谈举止 容易养成积极参与并向他人学习的习惯	观众的数量不宜太多 演出效果可能受到受训者过度羞怯或过深的自我意识的影响

例如，IBM 就采用角色扮演法进行员工培训。角色扮演是公司市场营销培训的一个基本组成部分。在公司第一年的全部培训课程中，没有一天不涉及这个问题，并始终要保证演习或介绍的客观性，包括为什么要到某处推销和希望达到的目的。IBM 公司角色扮演的具体方法是让员工在课堂上经常扮演销售角色，培训者扮演用户，向员工提出各种问题，以检查他们接受问题的能力。这种课程接近于一种测验，一方面可以对每个员工的优点和缺点进行评判，另一方面还能在一些关键的领域内对员工进行评价和衡量，如联络技巧、产品介绍与演示技能、与用户的交流能力及一般企业经营知识等。对于员工所扮演的每个销售角色和介绍产品的演习，培训者会给出一定的评价，作为总结并反馈给员工。

7．管理游戏法

管理游戏法又称商业游戏法，是采用游戏的方式来开发学员管理技能的一种培训方法。管理游戏法仿照商业竞争的规则，由两个或更多的参与者相互竞争以达到预期目标，或者众多参与者通过合作来克服某一困难以实现共同目标。它要求受训者在游戏中收集信息，进行分析和决策。

例如，通过使用计算机软件来模拟企业的真实经营状况就是管理游戏法的运用。首先，将受训人员分成若干小组，每个小组代表一个组织的决策团体（如董事会、经理会议等），针对计算机软件模拟的特定情况中的一些企业环境因素，由各小组人员站在相互竞争与各自制定决策的立场上来研讨问题并订立实施办法。在各个小组中，分配给各小组的参与者以一定的角色（如总经理、审计、营销副经理等），他们要对产品的价格、产量和库存水平等做出决策。然后，将他们的决策通过计算机程序进行处理，比较其结果，以显示特定决策在虚拟的市场及企业环境中的优劣。这种学习方式的优点在于情况逼真且富有竞争性，成本低廉。这种方法中，每人均要积极地参与活动，并通过团队合作、检讨所拟策略与办法的得失来相互学习。应用这种方法，培训对象可以增进对制定决策的认识，开发其领导能力、决策能力、合作及团队精神。游戏常常以强烈的商业目的为游戏目标，如利润最大化。游戏还可以以计算机技术为基础来设计，这将增加游戏的仿真程度和有趣性。

管理游戏法的优缺点如表 7-11 所示。

表 7-11　管理游戏法的优缺点

优　点	缺　点
能较好地激发受训者的积极性 受训者将学到的东西与直观、复杂的情景相联系，理解和记忆就深刻得多，学到的知识也容易迁移 游戏可以使受训者充分发挥自己的想象力，在改变自我认知、改变态度和行为等方面具有神奇的效果 有助于团队精神的培养	可能将现实过分简单化，这会影响受训者对现实的理解 管理游戏的设计和操作比较浪费时间，游戏设计和实施的费用也比较昂贵 因为游戏与模拟毕竟不是现实，受训者可能缺少责任心 游戏中，决策者往往在有限制的条件下进行决策，这会影响决策者创新或革新能力的充分发挥

例如，许多公司使用的管理玻璃公司的游戏就是管理游戏法的运用。管理玻璃公司是个管理游戏，它允许个人以经理的身份参与到假想的玻璃制造公司的情景模拟中，这个公司有 4 000 名雇员，年销售额为 2 亿美元。IBM、AT&T、孟山都和联合碳化物公司的执行者已经使用该游戏为参加者提供了一幅他们管理风格的写照。该游戏由创造性领导力中心所开发，这是一家位于北卡罗来纳州格林斯博罗市的非营利智囊团。用来开发经理的另一个管理游戏是西蒙模拟公司，这是一家虚构的有 30 亿美元年销售额的高科技跨国企业。它用来培训 IBM 的高层经理有关公司计划过程的内容。

8．E-Learning

正如印刷书籍造就 16 世纪后的现代大学教育一样，互联网的普及将使学习再次发生革命性的变化。E-Learning 是指由网络电子技术支撑或主导实施的教学内容或学习。它以网络为基础，具有极大化的交互作用，以开放式的学习空间带来前所未有的学习体验。

企业培训中，E-Learning 以硬件平台为依托，以多媒体技术和网上社区技术为支撑，将专业知识、技术经验等通过网络传送到员工面前。通过 E-Learning，员工可以随时随地利用网络进行学习或接受培训，并将之转化为个人能力的核心竞争力，继而提高企业的竞争力。

据 IDC 统计，E-Learning 概念自 1998 年被提出以来，美国 E-Learning 市场的年增长率几乎保持在 80%以上。增长速度如此之快，除了与企业培训本身的被重视度日益提高有关外，更重要的是 E-Learning 本身的特性——它大幅度降低了培训费用，并且使个性化学习、终身学习、交互式学习成为可能。而互联网及相关产品的开发、普及和商业化成为 E-Learning 升温最强大的推动力。

数据表明，采用 E-Learning 模式较之传统模式至少可节约 15%～50%的费用，多则可达 70%，同时可使人们学习效率提高 25%～40%。通用公司中国医疗系统集团培训总监说："网上培训大大降低了传统培训相关的交通、住宿、场地等支出，预计每年会为通用公司中国医疗系统集团节省近 20 万美元的培训费用。"目前，通用公司在中国的子公司已经开始大规模使用 E-Learning 系统，通用的每个员工都有个人密码，他们可以用这个密码随时上网注册课程，课程结束后可以获得电子结业证书，而系统也会自动将结业的课程计入员工网上存档的年度考评中。

E-Learning 更为深层次的战略性的应用也已经在一些领先企业实现。在软件业，通过 E-Learning 的方式来培训客户，使其学习使用企业的产品，对企业成本节省甚至超过员工培训方面。思科，这家天才般的公司是第一家把 E-Learning 完美运用到从企业自身、销售渠道到终端客户及那些从事网络行业的技术人员身上的公司。这也是它的 CEO——约翰·钱伯斯对 E-Learning 大加赞赏的原因。思科每年推出的各种网络产品达上百种，在全球拥有 2 500 多家网络在线大学，在中国也有数百家思科网络学院，这些在线大学几乎没有花思科一点儿钱，却给思科培训了成千上万的学员。

虽然如此，要真正进行一场教与学的改革，还需要走一段非常长的路。过去数年，E-Learning 也经过高潮低谷的起伏。在网络热潮期间，大家都憧憬 E-Learning 能彻彻底底改变我们学习和培训的方法，E-Learning 供货商不断涌现，如雨后春笋。随着网络泡沫爆破，企业开始明白，互联网只是提供了一个客观环境，E-Learning 革命的完成依靠的仍然是内容而非形式。

尽管 E-Learning 不能一下子把我们的学习模式完全改变，但它已经逐渐改变了一部分企业的培训模式。E-Learning 在企业培训中所占的比例将随着科技的日渐成熟和高素质内容的不断增长而与日俱增。

9．拓展培训

拓展培训又称外展培训（Outward Bound），原意为一艘小船驶离平静的港湾，义无反顾地投向未知的旅程，去迎接一次次挑战。这种培训起源于第二次世界大战期间的英国。当时大西洋商务船队屡遭德国人袭击，许多缺乏经验的年轻海员葬身海底。针对这种情况，汉思等人创办了“阿伯德威海上学校”，培训年轻海员在海上的生存能力和船触礁后的生存技巧，使他们的身体和意志都得到锻炼。战争结束后，许多人认为这种培训仍然可以保留，于是拓展培训的独特创意和培训方式逐渐被推广开来，培训对象由最初的海员扩展到军人、学生、工商业人员等各类群体，培训目标也由单纯的体能、生存培训扩展到心理培训、人格培训、管理培训等。

拓展培训通常利用崇山峻岭、瀚海大川等自然环境，通过精心设计的活动达到“磨炼意志、陶冶情操、完善人格、熔炼团队”的培训目的。

通过拓展培训，学员在以下方面将有显著的提高：认识自身潜能，增强自信心，改善自身形象；克服心理惰性，磨炼战胜困难的毅力；启发想象力与创造力，提高解决问题的能力；认识群体的作用，增进对集体的参与意识与责任心；改善人际关系，更为融洽地与群体合作；学习欣赏、关注和爱护自然。

例如，团队协作的活动样本——信任背摔就是一种拓展培训，其目的是使受训人员在活动中完成对合作伙伴的责任感和信任感。首先，背摔人员站在与肩同高的高台上，背对其他人员。背摔者戴上眼罩，双手双脚被手套或绳索缚住，大声宣布：“我是某某部门的某某，队友们准备好了吗？”队友们面对面而站，齐声高呼：“请放心，我们准备好了！”然后，背摔者平身倒下，培训者组织所有队员围成圈，防止走散。最后，进行讨论。讨论的问题包括：你信任你的合作伙伴吗？鼓起勇气倒下的那一瞬间，你想到的是什么？突破自己的心理障碍之后，你有何感想？

7.3.2　各种方法的比较与选择

前面，我们对各种方法的优缺点做了比较。除此之外，我们还要从受训者参与程度、学习效果等方面对各种培训方法进行比较。

1．按受训者参与程度比较各种培训方法

图 7-6 按受训者参与程度比较了各种培训方法。[①]

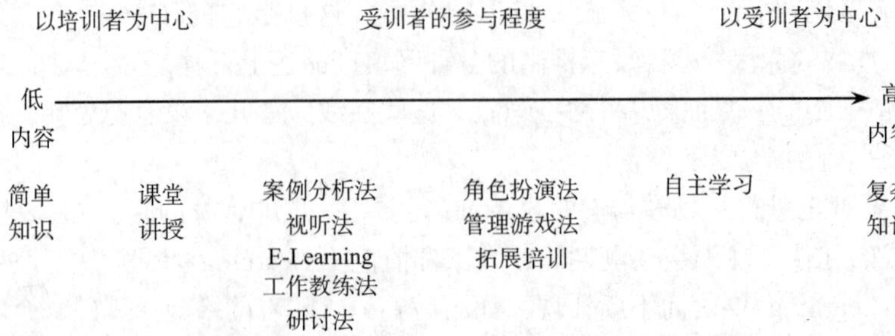

图 7-6　按受训者参与程度比较各种培训方法

2．各种培训方法学习效果的比较

表 7-12 依据对不同培训的学习效果比较了各种培训方法。[②]

表 7-12　各种培训方法的学习效果比较

方　法	师资要求	费用	反馈	强化	实践	激励	转移	适应个体	对受训者的要求
课堂讲授法	高	低	差	差	差	差	差	差	水平较一致为好
工作教练法	较高	较低	优	中	良	良	差	良	无特别要求
视听法	低	中	差	差	差	差	差	差	对培训内容有一定的基础
研讨法	较高	较低	优	良	良	优	良	中	积极参与，各抒己见
案例分析法	较高	低	中	中	良	中	中	差	有较高的管理决策水平
角色扮演法	中	较低	良	良	良	中	良	中	积极参与、有创新意识
管理游戏法	较高	较低	优	中	差	良	中	差	积极参与、易被启发
工作轮换法	低	较低	中	中	良	良	良	良	有较多的共组经验
E-Learning	中	较高	差	差	差	差	差	中	熟悉网络操作、积极主动

① 汪群，王全蓉. 培训管理. 第 194 页.

② 胡君辰，郑绍濂. 人力资源开发与管理. 第 2 版.

3．培训方法与学习类型的匹配

表 7-13 说明了培训方法怎样与学习类型相匹配。[①]

表 7-13 培训方法与学习类型相匹配

类型	角色扮演法	管理游戏法	案例分析法	课堂讲授法	研讨法	工作教练法	视听法	自主学习	E-Learning	拓展培训
记忆				√				√	√	
理解	√	√	√		√		√	√		√
行动	√	√				√				√

7.4 培训效果的评估

7.4.1 培训评估的概念

1．什么是培训评估

培训评估是培训管理流程中的一个重要的环节，是衡量企业培训效果的重要途径和手段。通过评估，管理者可以知道培训使学员的知识得到了怎样的更新，学员的工作表现产生了怎样的变化。同时，企业可以对当年培训的效果做一个反馈，这样可以对下一年度的培训工作起到很好的借鉴作用。

2．培训评估的作用

1）培训前评估的作用。这一作用主要体现在以下方面：保证培训需求确认的科学性；确保培训计划与实际需求的合理衔接；帮助实现培训资源的合理配置；保证培训效果测定的科学性。

2）培训中评估的作用。这一作用主要体现在以下方面：保证培训活动按照计划进行；有利于培训执行情况的反馈和培训计划的调整；过程检测和评估有助于科学解释培训的实际效果。

3）培训效果评估的作用。培训效果评估有助于树立结果为本的意识，有助于扭转目标错位的现象，是提高培训质量的有效途径。

3．员工培训评估的分类

（1）按评估的方式分类

1）非正式评估。一般而言，非正式评估是主观性的。换句话说，它往往根据“觉得怎样”进行评判，而不是用事实和数字来加以证明。

2）正式评估。正式评估往往具有详细的评估方案、测度工具和评判标准。它尽量剔除主观因素的影响，从而使评估更有信度。

（2）按评估的目的分类

1）建设性评估。建设性评估是指以改进培训项目为目的，而不是以是否保留培训项目为目的的评估。它通常是一种非正式的、主观的评估，可以帮助培训对象明白自己的进步，从而使

① 汪群，王全蓉. 培训管理. 第 195 页.

其产生某种满足感和成就感。这种满足感和成就感在培训对象后一阶段的学习中将会发挥巨大的激励作用。

2）总结性评估。总结性评估是指在培训结束时，为对培训对象的学习效果和培训项目本身的有效性做出评价而进行的评估。这种评估经常是正式的、客观的和总结性的，它只能用于决定培训项目的“生死”，而不能作为培训项目改进的依据；只能用于决定是否给培训对象某种资格，而无助于培训对象学习的改进。

4．员工培训评估的时机

选择培训评估的时机要把握好“五要”与“五不要”。表 7-14 左边一栏列出了需要进行培训评估的五种情形。

表 7-14 培训评估的时机

要 评 估	不要评估
培训项目经费超过一定的警戒线时，要进行评估	培训项目目标不明确或在目标上缺乏共识时，不要进行评估
培训项目需要三个月或更长时间时，要进行评估	评估结果不能得到利用时，不要进行评估
培训项目的效果对组织很关键时，要进行评估	不能保证质量的评估不要进行
一个单元的培训会对组织其他业务单元产生很大影响时，要进行评估	培训项目本身缺乏外在价值时，不要进行评估
当组织面临一系列重大改革举措时，需要评估结论为依据，要进行评估	评估资源不足以保证评估的质量时，不应评估

7.4.2 培训评估的流程

进行培训评估时，首先应根据培训目标，确定预期的培训结果，然后采用适当的方法有效地评估设计、收集信息和数据，并进行分析，最后实施评估并给予反馈。一般来说，培训评估包括以下五个步骤（见图 7-7）。

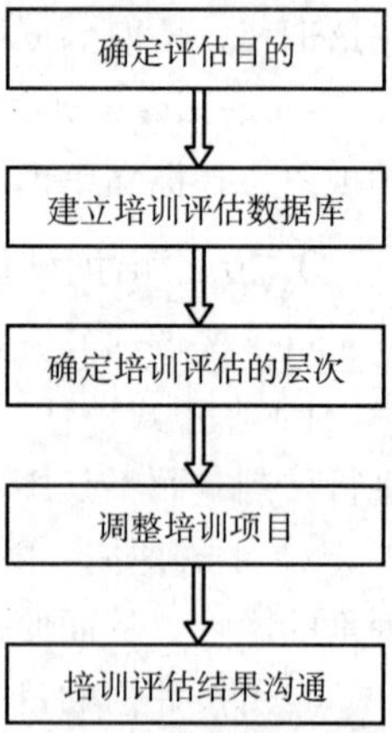

图 7-7 培训评估流程

1．确定评估目的

在培训项目实施之前，人力资源开发人员就必须把培训评估的目的明确下来。多数情况下，培训评估的实施有助于对培训项目的前景做出决定，有助于对培训系统的某些部分进行修订或对培训项目进行整体修改，以使其更加符合企业的需要。例如，培训前应该明确培训材料是否能体现公司的价值观念，培训师能否完整地将知识和信息传递给受训人员等。重要的是，培训评估的目的将影响数据收集的方法和所要收集的数据类型。

2．建立培训评估数据库

进行培训评估之前，企业必须将培训前后发生的数据收集齐备，因为培训数据是培训评估的对象。培训的数据按照能否用数字衡量的标准可以分为两类：硬数据和软数据。硬数据是衡量改进情况的主要标准，以比例的形式出现，是一些易于收集的无可争辩的事实。这是最需要收集的理想数据。硬数据可以分为四大类：产出、质量、成本和时间。几乎在所有组织机构中，这四类数据都是具有代表性的业绩衡量标准。但是有时很难找到硬数据，这时软数据在评估人力资源开发培训项目时就很有意义。常用的软数据类型可以归纳为六个部分：工作习惯、氛围、新技能、发展、满意度和主动性。

培训数据收集的关键在于人力资源开发人员与直线部门人员的良好配合。例如，培训需求来自直线部门，他们知道员工技能的差距，能够指出员工技能改善的方向和预期改善目标。人力资源开发人员只有与直线部门人员配合，才能更好地把握培训方向。收集的数据最好是一个时段内的，以便进行实际分析比较，如前六个月的不满意数量、去年处理的失误次数、上个季度事故发生的次数或过去年份平均每月的销售成本等。

3．确定培训评估的层次

有关培训评估的最著名的模型是由柯克帕特里克提出的。从评估的深度和难度看，柯克帕特里克的模型包括反应层、学习层、行为层和结果层四个层次。图 7-8[①]和表 7-15[②]介绍了柯氏四级评估模型的内容。

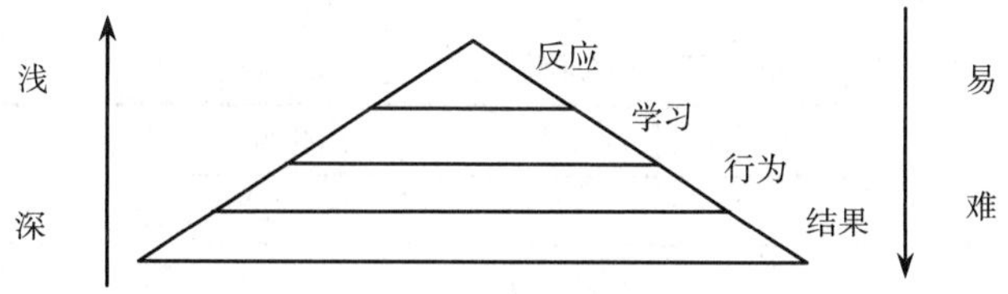

图 7-8　柯氏四级评估模型

表 7-15　柯克帕特里克四级评估方法

层　次	可以问的问题	衡量方法
反应层	受训人员喜欢该项目吗？对培训人员和设施有什么意见？课程有用吗？他们有些什么建议	问卷
学习层	受训人员在培训后，知识及技能的掌握方面有多大程度的提高	笔试、技能操练和工作模拟
行为层	培训后，受训人员的行为有无不同？他们在工作中是否使用了培训中所学到的知识	由监工、同事、客户和下属进行绩效评估
结果层	组织是否因为培训经营得更好了	事故率、生产率、流动率、质量、士气

4．调整培训项目

基于对收集到的信息进行认真分析，人力资源开发部门就可以有针对性地调整培训项目。如果培训项目没有什么效果或存在问题，人力资源开发人员就要对该项目进行调整或考虑取消该项目。如果评估结果表明，培训项目的某些部分不够有效（如内容不合适、授课方式不恰当、对工作没有足够的影响或受训人员本身缺乏积极性等），人力资源开发人员就可以有针对性地考虑对这些部分进行重新设计或调整。

① 汪群，王全蓉．培训管理．第 235 页．

② 谌新民．员工培训成本收益分析．广州：广东经济出版社，2005．

5．培训评估结果沟通

培训评估过程中，人们往往忽视对培训评估结果的沟通。尽管经过分析和解释后的评估数据将转给某个人，但是当应该得到这些信息的人没有得到时，问题就会出现。在沟通有关培训评估信息时，培训部门一定要做到不存偏见和有效率。

7.4.3 培训评估的内容

1．受训者评估

受训者评估是培训评估中最主要、最基础的评估。受训者是接受培训的主体，是培训目标的承接收者。在培训的作用下，他们的思想与行为朝着预定培训目标所发生的变化会直接、集中地体现培训活动的最终结果。对受训者思想与行为变化进行检测和评定，可以为调节与控制培训过程、为改进培训工作及评估培训者的工作提供客观的依据。对受训者进行评估的目的有以下三个：评估受训者过去的成绩、评估受训者现在的才能、预测受训者未来的发展。表 7-16 是受训者评估（鉴定）样表。

表 7-16 受训者评估（鉴定）样表

<table>
<tr><td>姓　名</td><td></td><td>性　别</td><td></td><td>出生年月</td><td></td><td rowspan="5">照片</td></tr>
<tr><td>培训时间</td><td colspan="5"></td></tr>
<tr><td>培训单位</td><td colspan="5"></td></tr>
<tr><td>培训类型</td><td colspan="2"></td><td>培训方式</td><td colspan="2"></td></tr>
<tr><td>培训目标</td><td colspan="2"></td><td>预期成效</td><td colspan="2"></td></tr>
<tr><td rowspan="4">培训课程及成绩</td><td>课程</td><td>成绩</td><td>课程</td><td>成绩</td><td>课程</td><td>成绩</td></tr>
<tr><td></td><td></td><td></td><td></td><td></td><td></td></tr>
<tr><td></td><td></td><td></td><td></td><td></td><td></td></tr>
<tr><td></td><td></td><td></td><td></td><td></td><td></td></tr>
<tr><td colspan="7">自我评估：</td></tr>
<tr><td colspan="7">同学及班组评估：</td></tr>
<tr><td colspan="7">教师评估：</td></tr>
<tr><td colspan="7">受训者单位评估：</td></tr>
<tr><td colspan="7">培训机构评估意见：</td></tr>
</table>

2. 培训师评估

对培训师的评估主要包括以下内容。

（1）评估培训师态度

1）品德，包括工作纪律、责任心、进取心和事业心、勤奋认真的态度等。

2）课前准备，包括培训师工作的整体计划、教案的撰写情况。

3）课外活动，包括对本职员作及校外活动的看法及处理、科研能力及态度、社会实践能力及态度。

（2）评估培训师能力

1）智力因素。思维能力，体现在思维的清晰度和敏捷度上；知识面，体现在知识的运用和整合能力上；教学经验，体现在培训师的教学智慧上；创新，体现在培训师的创新能力上；判断力，体现在培训师的教育观念上。

2）授课。这主要包括：对课程重点的把握能力；知识更新的能力与速度；授课内容的全面性；归纳与总结能力。

3）教态。仪表，体现在培训师的外在形象、气质、精神面貌上；语言表达能力，体现在音色、音量、口齿、清晰度和表达准确上；表情，体现在手势、面部表情及情绪感染力上。

4）培训师组织。培训师的灵活性，体现在培训师方式的变化及如何提高学员对培训活动的兴趣上；时间的控制，体现在课时利用率上；进度，体现在计划性上；营造良好的学习氛围。

5）指导。提问水平，体现在是否适度、切题上；分析问题的能力，体现在观点鲜明、论据充分、有条理、透彻、易懂上；回答提问，体现在是否切题、准确、易理解、表达清楚上；指导复习，体现在是否及时、有针对性、有效上等。

（3）评估培训师效果

评估培训师效果包括以下方面：知识信息传递状况；思维方法、方式启迪状况；操作与动手能力；非智力因素。

3. 培训项目评估

进行培训项目评估时，可从以下几个方面着手。

1）确定评估问题。这方面的内容包括：培训项目目标与企业内部目标是否一致；培训项目的成本竞争力如何；是否在培训项目之中设计了评估程序；内容与需求分析的要求是否一致；授课方法能否符合现有惯例等。

2）项目测试。项目测试的内容包括：查看项目在企业中能获得什么样的效果；对员工的反应及培训项目对企业的适用性进行评判和测试；查看员工对内容分析和要求的一致性。

3）对备选项目排名。可设计一个类似表 7-17 的培训项目选择表来对备选项目进行排名、选择（总排名越低，项目越好）。[①]

---

① 腾宝红. 如何进行员工培训. 第 199 页.

表 7-17　培训项目选择表

选择准则	相对重要性	培训项目 A		培训项目 B		培训项目 C	
		排名	价值	排名	价值	排名	价值
课程内容	30	2	60	3	90	1	30
成本	20	3	60	2	40	1	20
教学方法	10	2	20	1	10	3	30
实施媒介的兼容性	10	2	20	1	10	3	30
实施的容易程度	10	2	20	3	30	1	10
以效果为中心	20	1	20	3	60	2	40
总排名		200		240		160	

自测题

一、单项选择题

1．企业对新录用的员工进行集中培训，这种方式叫做（　　）。

A．岗前培训　　B．在岗培训　　C．离岗培训　　D．业余自学

2．（　　）是一种最原始、最基本的需求调查工具之一，其优点在于培训者与培训对象亲自接触，对他们的工作有直接的了解。

A．问卷法　　B．观察法　　C．访谈法　　D．记录法

3．在培训需求分析中，人员需求分析包括两个方面，即（　　）。

A．知识评价和技能评价　　B．思考评价和行动评价

C．绩效评价和薪酬满意度

D．人员的能力、素质、技能分析及针对工作绩效的评价

二、多项选择题

1．培训需求一般从（　　）方面入手。

A．绩效分析法　　B．任务分析　　C．工作效率分析

D．组织分析　　E．人员分析

2．在岗前培训中，人力资源部门要为新员工提供（　　）方面的信息。

A．工作职责　　B．企业概况　　C．公司文化

D．基本政策与制度　　E．工资福利

三、简答题

1．什么是员工培训？它的重要意义何在？

2．员工培训包含哪些内容？应遵循怎样的原则？

3．为什么说进行培训需求分析是极其必要的？

4．常用的员工培训方法有哪些？

5．要对培训工作的哪些方面进行评估？

案例分析

案例1　M公司的培训

M公司人力资源部的培训员王强和人力资源部经理刘开来到公司下属的一家工厂培训必须参加该培训课程的所有车间管理人员。在培训班的开学仪式上，公司分管人力资源管理工作的副总经理陈信明说："虽然我不知道黄学谊为本次培训做了哪些安排，但是我知道人员培训是非常重要的，感谢刘开来和王强为本次培训所付出的辛苦劳动！我希望公司从现在开始实施的管理人员培训中获得巨大收益，因此希望每个人都尽最大努力完成这一周的培训。"之后陈信明就离开了会场，刘开来主持完该仪式也离开了。王强开始主讲第一课"怎样有效地管理员工"。但是，他发现整个教室里的人都对这堂课缺乏兴趣。

下午快下班时，刘开来接到王强打来的电话："刘经理，那些车间管理人员根本不想参加培训，当我利用上午课间休息与二车间主任吕安福谈话时，他居然认为'20多年来我在管理工人方面早就有一套，根本不需要你们那些书呆子发明的方法'。而且下午的计算机基础知识课，很多人根本没来。刘经理，你看我应该怎么做？"

参加这次培训的所有车间管理人员都是中专及以下（高中、技校、职业中专、职业高中）文化程度，目前工作绩效不错，是工厂的中坚力量，但是他们基本上不会操作计算机，大多数人也不懂现代生产运作管理知识。公司马上要引进信息化管理系统来提高生产管理效率，正好利用这一周机器维修的时间进行生产管理基础知识与计算机简单应用培训。如果此次培训不力，可能会造成非常严重的后果，总不能把他们全都换掉吧？

第二天上午快下班时，刘开来接到生产部经理马海打来的电话："刘经理，你能不能重新派一个培训员？那些参加培训的车间管理人员说，'王强出生之前我就在管理工人，可是突然间我们做的都是不文明的了，我们倒希望有机会教一下这个乳臭未干的大学生怎么管理工人'。而且今天上午我们的优秀车间主任蓝田基问他电脑方面的问题时，他根本不屑于回答，扭头就走。"

王强去年刚从某名牌大学管理信息系统专业本科毕业，进入公司人力资源部工作刚满一年，今年22岁。因为工作表现不错，这次被派到工厂独自培训车间管理人员。但是培训期间，常常台上他在讲课，台下那些老工人在议论他。这简直是一种精神折磨，他甚至怀疑这次培训是否真的会提高员工素质，带来工作改进。

*资料来源：苏华. 现代营销·经营版，2008，7

问题：

（1）M公司的培训为什么会失败？

（2）鉴于M公司遇到的问题，你认为应该采取哪些措施做好培训工作？

案例2　华为大学对员工的培训

目前，越来越多的国内知名企业开始创办自己的培训机构——企业大学。企业商学院和企业大学成为企业培养人才的重要基地。据了解，超过70%的全球500强公司拥有自己的企业商学院。自20世纪90年代后期开始，一些在华投资的知名跨国企业，如惠普、摩托罗拉、诺基亚、爱立信、西门子等也在中国设立了他们的企业学院。而从近几年开始，部分中国的知名企业也相继建立了企业学院，华为、中兴等公司的学院更是具备相当的规模与影响力。

华为大学简介

为了把华为打造成一个学习型组织，华为进行了各方面的努力。2005 年正式注册了华为大学，为华为员工及客户提供众多培训课程，包括新员工文化培训、上岗培训和针对客户的培训等。

华为是全球领先的新一代电信网络解决方案供应商，华为致力于向客户提供创新的、满足其需求的产品、服务和解决方案，为客户创造长期的价值和潜在的增长。华为的营销及服务网络遍及全球，为客户提供快速、优质的服务。目前华为的产品和解决方案已应用于 28 个全球前 50 强的运营商，服务全球超过 10 亿用户。

坐落在深圳的华为大学是一个系列建筑群，总占地面积为 27.5 万平方米，分为教学区和生活住宿区，教学区占地面积 15.5 万平方米。华为大学是华为发展战略的重要组成部分，它不仅是企业内部人才培养体系的重要一环，还超越这一职能成为外部企业（包括客户、供应商、合作伙伴等）培训和咨询服务不可缺少的支柱。

华为大学培训制度

为了帮助新员工尽快适应公司文化，华为大学对新员工的培训涵盖了企业文化、产品知识、营销技巧及产品开发标准等多个方面。针对不同的工作岗位和工作性质，培训时间从一个月到六个月不等。

华为还拥有完善的在职培训计划，它包括管理和技术两方面。不同的职业资格、级别及员工类别会有不同培训计划，为每个员工的事业发展提供有力的帮助。

除了为员工提供了多种培训资源，帮助其进行自我提高外，华为大学还设有能力与资格鉴定体系，对员工的技术和能力进行鉴定。

华为大学导师制度

华为建立了一套有效的导师制度，帮助新员工尽快适应华为。部门领导为每位新员工指派一位资深员工为其导师，为其答疑解惑，在工作生活等方面进行帮助和指导，包括对公司周围居住环境的介绍，以及帮助他们克服刚接手工作时可能出现的困难等。

在新员工成为正式员工的三个月里，导师要对新员工的绩效负责，新员工的绩效也会影响到导师本人的工作绩效。

除了针对新员工开展的导师制度外，在每个部门，华为都配有一支资深的教授专家团队，为员工提供顾问支持。团队成员大多为来自各名牌大学的教授，以及一些研发中心退休的老专家。他们将在员工在工作或生活中遇到问题时，运用自己丰富的工作和生活经验，向员工提出富有成效的建议，以及接受进一步的咨询。

问题：

（1）目前国内外知名企业纷纷建立企业大学的理由是什么？

（2）华为大学在对员工培训方面起到了哪些作用？试分析企业大学的功能。

第8章 领　导

学习目标　掌握领导的基本定义；明确领导本质、内容；了解领导的艺术性及其重要性。

引导案例

皮尔·卡丹的领导艺术

皮尔·卡丹既是举世闻名的时装设计师，又是杰出的企业家。他精力过人，设计、生产、经营、人事等一切重大问题都由他本人拍板定案。他从不召集会议，而是由他本人跟各主管经理直接对话，了解情况，做出决定，然后放手让主管经理去执行。人才是企业的灵魂。一个企业不仅要有优秀的人才，还要考虑怎样运用这些人才。卡丹在用人上非常有眼光，他以用人之长为标准。只要他发现某人在某一方面有专长，就会毫不犹豫地用其所长，完全没有年龄及资格的限制。卡丹的成功正在于他善于用人，敢于用人，并及时地纠正自己的偏差，这使他能在激烈的市场竞争中站稳脚跟。北京崇文门外马克西姆餐厅开业的时候，卡丹从法国聘请了一名经理，但由于这位经理对中国的情况毫不了解，经营起色不大。卡丹发现后，把他调离了北京。新经理上任后，面貌很快大有改观。

问题：

皮尔·卡丹采用的是什么样的领导方式？

领导是管理工作的一个重要组成部分。任何社会，无论在正式组织中还是在群体中，都离不开领导。无数事实证明，大到一个国家，小到一个工商企业，其兴衰成败都同领导水平的高低有很大的关系。在人类的社会实践活动中，领导不可或缺。

领导是一个多义词，可等同于指导、指挥、统率等。法约尔曾提出的“指挥”及孔茨等众多管理学者提出的“指挥和领导”都等同于“领导”这个职能。一个组织能否实现其使命和目标，能否获得预期的效益，很大程度上取决于领导职能的有效性。本章将对领导的作用、领导者素质、领导方法、领导艺术等问题进行讨论。

8.1 领导职能概述

8.1.1 领导的定义

要研究领导，首先要给领导下个定义。汉语中的“领导”可以做名词，即领导者；也可以做动词，即一种行为过程。管理学研究的领导是后者。管理学界对“领导”下过许多定义，它们各有长处与特点。美国管理学家孔茨、奥唐奈和韦里奇给领导下的定义更具代表性。他们认为，领导是一种影响力，是对人们施加影响的艺术或过程，它能使人们情愿地、热心地为实现组织或群体的目标而努力。

这个定义中有三个要点：

- 领导的本质是影响力。
- 领导是一个过程。
- 领导具有目的性。

首先，它揭示了领导的本质，即影响力。正是靠着影响力，领导者才能在组织或群体中实施领导行为；靠着影响力，领导者才能把组织或群体中的人吸引到他的周围来；靠着影响力，领导者才能获取组织或群体成员的信任；靠着影响力，组织或群体中的成员才心甘情愿地追随领导者。因此，拥有影响力的人才称得上是一位真正的领导者。

其次，这个定义明确指出了领导是一个过程，是对人们施加影响的过程；同时又提出，领导不只是一种过程，亦是一种艺术。领导者面临千变万化的组织或群体的内外环境，特别是面对着各种各样的人，他们的身份不同，有着不同的教育、文化经历和背景，他们进入组织或群体的目的和需要各不相同，而且人们的需要、目的等都处在动态的变化之中。因此，对人的领导与其说是一种过程，不如说是一种艺术。越是高层次的领导行为，其面对因素的复杂性和不确定性越大，所以艺术的成分就越多。

最后，这个定义指出了领导的目的。领导是一项目的性非常强的行为，它的目的在于使人们情愿地、热心地为实现组织或群体的目标而努力。能够使人们情愿地而非无奈地、热情地而非勉强地为组织或群体的目标而努力，这体现了领导工作的水平，也是领导者追求的目标。

领导工作中，领导者是领导行为的主体，不能把领导者同被领导者对立起来。实际上，领导者与被领导者是以对方的存在而存在的，没有被领导者，当然也就没有领导者。领导是一种双向的动态过程，即除了领导者通过指导、激励等影响被领导者外，被领导者也给领导者以信息来修正领导者现在和未来的行动。人们的能力、感受与心态是不断演变的，领导者与被领导者的关系必须不断修正，行动必须持续调节，因此领导是一种动态的过程。

8.1.2 领导的职能与作用

1. 领导的职能

（1）处理与人的关系

领导工作首先是做人的工作。工商企业的所有资源中，排在第一位的是人力资源，管理是以人为本的管理。领导面对的是人，要通过一系列的措施了解、掌握人的需要，从而有目的地引导、指挥和协调人的行为，千方百计地通过提高员工的满足度来调动人的积极性。可见，领导与激励有着非常密切的关系。领导在处理与人的关系中，一项非常重要的工作是识人和用人，即发现、用好人的长处。

（2）处理与事的关系

一个组织或群体均有一定的存在目的，而且要为实现目的进行大量工作。领导的一个职能就是处理这些事务，这主要表现在制定各种决策、进行现场指挥、使各项工作有条不紊地进行等方面。

（3）处理与时间的关系

一方面，领导需要合理安排个人和组织的时间，有计划、有条理地根据轻重缓急原则安排组织的各项活动，从而充分有效地利用时间，以达到组织目标；另一方面，领导是面向未来的工作，需要预测未来、走在时间的前面、真正做到把握时机，以使组织持续发展。

2．领导的作用

领导者在带领、引导和激励组织成员实现组织目标而努力的过程中，主要实现指挥、协调、沟通和激励四个方面的作用。

1）指挥作用，指在组织活动中，需要有头脑清醒、胸怀全局、高瞻远瞩、运筹帷幄的领导者帮助组织成员认清所处的环境和形势，为组织成员指明活动的目标和达到目标的路径。

2）协调作用，指在组织遇到内外因素干扰的情况下，需要由领导者来协调组织与成员之间及组织成员之间的关系和活动，使所有成员朝着共同的、共赢的目标前进。

3）沟通作用，指通过两个或多人之间进行有关事实、思想、意见和感情等方面的交流，取得相互之间的理解，从而形成良好的人际关系。这种沟通的特殊性在于，它不仅是单纯的消息的交流，还有情感、思想、态度和观点的交流。由于人们的知识、经历、职业和政治观点不同，沟通过程可能会出现不利于信息传递的心理障碍。可见，沟通是协调的前提，目的是通过信息交流求得思想的统一，使组织成员步调一致。

4）激励作用，指领导者为组织成员的主动创新能力与职业生涯规划的顺利实现而进行的积极作为。

8.1.3 领导的影响力与权力

1．领导影响力的来源

领导过程中影响他人的基础是权力。自古以来，人类社会总是凭借权力来维护秩序与稳定。

广义上说，如果有人能够提供或剥夺别人想要却又无法从其他途径获得之物，此人就拥有高于别人的权力。权力本身的主要作用在于引而不发，而不是它的实际使用。这一点在惩罚手段的运用中可以更明确地看到。企业明文规定职员无故迟到一次，扣除当月奖金。有人以身试法，车间领导对其实施扣除奖金的惩罚。这样一来，此人没有了当月奖金，车间也增加了管理上的复杂性，结果是车间和此人都有损失。组织运用惩罚权力的重要意义在于告诫此人和其他员工这种行为会带来什么后果。领导者希望通过引而不发的权力建立一种符合组织要求的行为模式。当然，这种权力也要偶尔实施一下，以刺激或提醒人们。

领导者要对部属的行为产生深远的影响，就要在使用权力上始终如一，对于不良行为予以惩处，对于好的行为给予奖励。同时，要使整个群体都清楚地知道奖罚的原因，从而建立起领导者所期望的行为模式。但如果领导者喜怒无常、尺度不适，这样只会加强部属的恐惧心理，而不会对行为模式产生任何积极影响。

2．权力的类型

领导是一种影响力，影响力来源于权力。因此，很有必要对权力做一研究。组织中，权力可分为两大类七种，具体如图 8-1 所示。

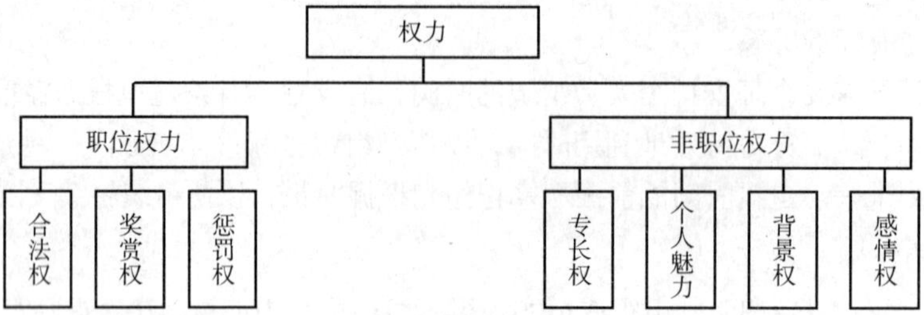

图 8-1　权力的类型

组织中的权力可分为职位权力和非职位权力两大类。

（1）职位权力

职位权力是因为在组织中担任一定的职务而获得的权力。这种权力主要有三种。

1）合法权。合法权就是组织中等级制度所规定的正式权力，被组织、法律、传统习惯甚至常识所认可。它通常与合法的职位紧密联系在一起。某公司的老王，经群众推荐和组织考核，被上级组织正式任命为该公司的经理。老王担任公司经理，在其位则谋其政，就可为实现公司目标而实施合法的权力。他可代表公司与其他单位签订合同，因为他具有合法权。合法权源于被影响者内在化的价值观，部属认为领导者有合法的权力影响他，他必须接受领导的影响。

2）奖赏权。奖赏权就是决定提供还是取消奖励、报酬的权力。比如，厂长可以根据情况给下级增加工资、提升职务，赋予更多的责任、表扬等；老师有权决定是否给某个学生打高分。谁控制的奖励手段越多，他的奖赏权就越大。奖赏权源于被影响者期望奖励的心理，即部属感到领导者能奖赏他，使他满足某些需要。可见，被影响者是否期望这种奖赏是奖赏权的一个关键。例如，领导者给予某部属一些重要责任，认为这是对部属的一种信任与提拔，但部属却认为这样会使自己太累太忙，心里感到不高兴。这种情况下，领导者实际上没有真正实施奖赏权。

3）惩罚权。处罚权就是指通过精神、感情或物质上的威胁，强迫下属服从的一种权力。例如，企业领导者可以给予员工扣发工资、降职等惩罚。惩罚权源于被影响者的恐惧，部属感到领导者有能力将自己不愿意接受的事实强加于自己，使自己的某些需求得不到满足。惩罚权在使用时往往会引起愤恨、不满甚至报复行动，因此必须谨慎对待。

以上三种权力都与组织中的职位联系在一起，是从职位中派生出来的权力，因此统称为职位权力。

（2）非职位权力

非职位权力是指与组织的职位无关的权力，主要有专长权、个人魅力、背景权和感情权等。

1）专长权。知识就是力量，从某种程度上讲，知识也是权力。谁掌握了知识，具有专长，谁就有了影响别人的专长权。这种权力源于信息和专业特长，人们往往会听从某一领域专家的忠告，接受他们的影响。例如，某位权威医生指出某种生活习惯对健康有害，人们往往会设法改变这种生活习惯；如果一位电工建议在家庭装饰中如何铺设电线，人们就会听从他的指导。谁掌握的知识、信息越多，谁拥有的专长权就越大。专长权与职位没有直接的联系，许多专家、学者虽然没有什么行政职位，但他们在组织和群体中具有很大的影响力，其基础就是专长权。

2）个人魅力。这一权力与其他权力不同，是一种无形的、很难用语言来描述或概括的权力。它是建立在超然感人的个人素质之上的，这种素质吸引了欣赏它、希望拥有它的追随者，从而激起人们的忠诚和极大的热忱。一些体育、文艺明星及传奇的政治领袖都具有这种魅力，有着巨大而神奇的影响力。

3）背景权。背景权是指个体由于以往的经历而获得的权力。例如，某人是战斗英雄或劳动模范，只要人们知道他的特殊背景和荣誉，初次见到他的时候就倾向于听从他的意见，接受他的影响。

4）感情权。感情权是指个体由于和被影响者感情较融洽而获得的权力。如果多年的老朋友提出要求或请求一些帮助，无论在工作上有没有关系，人们都会感到难以拒绝，从而接受他的影响。

3．影响领导者权力的因素

（1）传统因素

在人类的历史长河中，领导者或者因为权力，或者因为才能，他们在各项活动中的作用明显强于普通人，因此人们在心里产生了对领导者的敬畏与服从。由于这种传统观念从小就影响着每个人的思想，这在无形中增强了领导者言行对被领导者的影响力。

（2）职位因素

社会生活中，领导者凭借组织所授予的带领他人开展具体活动的权力，可以左右被领导者的言论、行为、处境甚至前途、命运，这使被领导者对领导者产生敬畏感。因此，领导者的职位越高、权力越大，下属对他的敬畏感就越强，领导者的影响力也就越大。

（3）学识与资历因素

知识本身就是一种力量，知识水平的高低主要表现为领导者对自身和客观世界认识的程度。而领导者的资历则是一定社会实践经验与工作成果积累的结果与体现。从客观角度而言，领导者的学识或资历相对于被领导者而言要高出很多，这就势必形成被领导者对领导者知识或资历的某种敬重感与遵从，因此领导者的言行也容易在被领导者的心目中占据一定的位置，并对其产生影响。

（4）领导者的品格因素

领导者的品格因素主要包括领导者的世界观、道德、品行、人格等。优良的品格会给领导者带来巨大的影响力。因为品格是一个人的本质表现，好的品格能使被领导者对领导者产生尊重感，并能吸引被领导者效仿。

（5）感情因素

人与人之间建立了良好的感情关系，便能产生亲切感，相互的吸引力越大，彼此的影响力也越大。因此，一个领导者平时待人和蔼可亲，关心体贴下属，与被领导者的关系融洽，他的影响力就往往较大。

由领导者的品格、才能、知识、感情因素构成的影响力是由领导者自身的素质与行为造就的。领导者从事管理工作时，这些因素能增强领导者的影响力；在他不担任管理职务时，这些因素仍会对人们产生较大的影响。同样，即使非领导者，如果在这些方面也有突出表现，他们也会为其赢得对被领导者的影响力。

8.1.4 领导与管理

1．领导与管理的区别

领导只是管理的一项职能。领导工作不等于管理。管理活动包括计划、组织、领导、控制等职能，领导只是其中的一项职能。领导更着重于研究在目标既定的条件下如何影响一个组织或群体成员去实现目标。

领导与管理的其他职能的区别表现在与人联系的特征上。领导过程中，领导者具体承担带领下属实现目标的任务。开始阶段，他需要给下属下达指令、布置任务、配置资源；完成任务的过程中，他还需要协调关系、解决困难、处理冲突，更需要关注下属的工作情绪与积极性，注重对下属的激励。上述所有的工作都是在与人打交道。

2．领导者与管理者的区别

领导者不一定是管理者，管理者也不一定是领导者。

管理者拥有正式的职位权力，他们主要靠这种权威性的职位权力来影响下属，下属也往往因为期望得到奖励或害怕受到惩罚而服从。管理者是正式组织中在组织结构中出现的部门负责人，他们都是组织正式任命的，在既定的权限范围内履行相应的职责。领导者主要通过非职位权力——个人影响力发挥作用。有的管理者只能运用职权迫使人们从事某一工作，但不能影响他人去工作，他只是一名管理者而不是领导者；有的人并没有正式职权，却能以个人的影响力与魅力去影响他人，他不是一名管理者却是一位领导者。当然，有的管理者不仅有正式的职位权力影响力，还具备良好的个人影响力，那么他既是管理者又是领导者。

3．领导效能

领导效能是指领导者影响下属实现目标的实际效果。

实际效果包括两层含义：一是目标是否实现，二是目标是怎样实现的。领导效能的两层含义表达了两种效果：第一层含义代表的是实现目标的物化效果；第二层含义代表的是实现目标的心理效果。因此，评价领导效能的标准必须包括目标的实现程度和员工的激励水平两类指标。

8.2 领导者的类型

8.2.1 权力与领导

对于权力，最简单的理解，就是影响别人行为的能力。对管理过程和职能的领导而言，一般认为，这种能力应包括三个方面：一是领导者个人的专长权，它产生于领导者所拥有的专门知识或特殊技能；二是领导者的个人影响权，即来自追随者认可的由个人经历、性格或榜样所产生的力量；三是领导者担任的管理岗位所赋予的管理制度权力。管理意义上的领导，一般是指上述的第三种权力。所以，领导就是关于如何有效行使管理制度权力的过程。显然，上述三种权力中，第一种和第二种权力的主观性较强。不难理解，如果领导的权力发挥主要来自这两种权力，无论是组织的稳定性还是组织成员的职业生涯，他们都将受到不稳定因素的冲击。因此，管理中权力的配置至关重要。人的素质不同，对管理权力的运用及所产生的效果也就不同。所以，领导的管理职能能否实现，这与行使管理权力的领导者类型有关。

8.2.2 集权式与民主式领导者

组织中的领导者是复数而非单数，是一群人而非一个人。领导者类型的划分首先可从管理的制度权力的集中与分散来进行。按照这一标准，领导者一般可以分为两类：集权式领导者和民主式领导者。

1．集权式领导者

所谓集权，是指在管理学的意义上，领导者把管理的制度权力进行收敛的行为和过程。因此，所谓集权式领导者，就是把管理的制度权力相对牢固地进行控制的领导者。由于管理的制度权力是由多种权力的细则构成的（如奖励权、强制权和收益的再分配权等），这就意味着对被领导者或下属而言受控制的力度较大。在整个组织内部，资源的流动及其效率主要取决于集权领导者对管理制度的理解和运用。同时，个人专长权和影响权是其行使上述制度权力成功与否的重要基础。这种领导者把权力的获取和利用看成自我的人生价值。

显然，这种领导者的优势在于通过完全的行政命令，管理的组织成本在其他条件不变的情况下要低于在组织边界以外的交易成本。这对于组织在发展初期和组织面临复杂突变的情况时是有益处的。但是，长期将下属视为某种可控制的工具则不利于他们职业生涯的良性发展。

2．民主式领导者

与集权式领导者形成鲜明对比的是民主式领导者。这种领导者的特征是向被领导者授权，鼓励下属的参与，并且主要依赖其个人专长权和影响权影响下属。从管理学角度看，这意味着领导者通过对管理权力的分解，并进一步激励下属的需要，从而实现组织的目标。不过，这种权力的分散性使得组织内部资源的流动速度减缓（因为权力的分散性一般导致决策速度降低），进而增大了组织内部的资源配置成本。但是，这种领导者对组织带来的好处也十分明显：通过激励下属的需要，组织发展所需的知识，尤其是意会性或隐性知识能够充分地积累和进化，员工的能力结构也会得到长足提高。因此，相对于集权式领导者，这种领导者更能为组织培育 21 世纪越来越需要的智力资本。

8.2.3 维持型与创新型领导者

1．维持型领导者

维持型领导者一般也称为事务型领导者。这种领导者通过明确角色和任务要求，激励下属向着既定的目标发展，并且尽量考虑和满足下属的社会需要，通过协作活动提高下属的生产率水平。他们对组织的管理职能推崇备至，勤奋、谦和且公正，以把事情理顺和工作有条不紊地进行为荣。这种领导者重视非人格的绩效内容（如计划、日程和预算），对组织有使命感，并且严格遵守组织的规范和价值观。

2．创新型领导者

（1）魅力型领导者

这种领导者具有鼓励下属超越他们的预期绩效水平的能力。他们的影响力来自以下方面：有能力陈述一种下属可以识别的、富有想象力的未来远景；有能力提炼出一种每个人都坚定不移地赞同的公司价值观系统；信任下属并获取他们充分的信任回报；提升下属对新结果的认识，激励他们为了部门或组织而超越自身的利益。这种领导者善于创造一种变革的氛围，热衷于提出新奇的、富有洞察力的想法，并且能用这样的想法去刺激、激励和推动其他人勤奋工作。此外，这种领导者对下属有某种情感号召力，有未来眼光，而且能和下属沟通，激励他们努力工作。

（2）变革型领导者

这种领导者鼓励下属为了组织的利益而超越自身利益，并能对下属产生深远且不同寻常的影响，如美国微软公司的比尔·盖茨。这种领导者关心每个下属的日常生活和发展需要，帮助下属用新观念分析老问题，进而改变他们对问题的看法，能够激励、唤醒和鼓舞下属为达到组织或群体目标而付出加倍的努力。

（3）战略领导者

战略领导者的特征是用战略思维进行决策。战略本质上是一种动态的决策和计划过程，战略追求的是长期目标，行动过程以战略意图为指南、以战略使命为目标基础。因此，战略的基本特征是行动的长期性、整体性和前瞻性。

对战略领导者而言，其使命是将领导的权力与全面调动组织的内外资源相结合，实现组织长远目标，把组织的价值活动进行动态调整，在市场竞争中站稳脚跟的同时积极竞争未来、抢占未来商机领域的制高点。战略领导者认为，组织的资源由有形资源、无形资源和有目的地整合资源的能力构成。他们的焦点经常超越传统的组织边界范围中的活动，进入组织之间的相互关系地带，并将这种区域视为组织潜在的利润基地。

战略领导行为是指拥有预见、洞察、保持灵活性的能力并向他人授权，以创造所必需的战略变革的能力。战略领导是多功能的，涉及通过他人进行管理，包含整个企业的管理，并帮助组织处理随着竞争环境的巨变带来的变化。管理人力资本的能力是战略领导者最重要的技能。能干的战略领导者有能力创造产生知识资本的社会结构，能提出组织创新的思想。对企业来说，21 世纪的竞争将不只是产品之间或公司之间的竞争，更是组织管理人员思维方式之间和管理框架之间的竞争。战略领导者行为的有效性取决于他们愿意进行坦荡、鼓舞人心又务实的决策。他们强调同行、上级和员工对于决策价值的反馈信息，讲究面对面的沟通方式。

战略领导者一般是指组织的高层管理人员，尤其是首席行政官。其他战略领导者还包括企业的董事会成员、高层管理团队和各事业部的总经理。不管头衔和组织的功能如何，战略领导者一般具有不可授权的决策责任。没有战略领导者，就无所谓战略的提出与实施。

8.3 领导理论

8.3.1 领导特性理论

领导特性理论又叫领导品质理论或领导特质理论，是以研究领导者个性特征为主要内容的一种领导理论。其研究目的是为了预测具有什么人格特性的人才能成为领导者，并取得较好的领导效果。多年来，人们一直试图通过调查研究来寻找成功的领导者所应具备的一些有共性的个人特质。因为研究角度不同，各种研究所得出的结果也包罗万象、各有特色。

下面简单介绍几种研究结果。

斯托格第（R. M. Stogdill）对领导者的品格进行了总结，内容包括：① 5 种身体特征，即精力、外貌、身高、年龄、体重；② 两种社会性特征，即社会经济地位、学历；③ 4 种智力特征，即果断性、说话流利、知识广博、判断分析能力；④ 16 种个性特征，即适应性、进取心、热心、自信、独立性、外向、机警、支配、有主见、急性、慢性、见解独到、情绪稳定、作风民主、不随波逐流、智慧；⑤ 6 种与工作有关的特征，即责任感、事业心、毅力、首创性、坚持、对人的关心；⑥ 9 种社交特征，即能力、合作、声誉、人际关系、老练程度、正直、诚实、权力的需要、与人共事的技巧。

美国普林斯顿大学的鲍莫尔（W. J. Baumol）提出了作为一个企业家应具备的 10 个条件：合作精神、决策能力、组织能力、精于授权、善于应变、敢于求新、勇于负责、敢担风险、尊重他人和品德高尚。

诺斯科特・帕金森（N. Parkinson）则对领导者应具备的特性进行了总结：总是遵守时间；让下属充分施展才能，并通过良好的、恰如其分的管理而不是靠硬干来达到目标；注意提高自身素质，也注意提高上司与下级的素质，绝不姑息缺点；抓住关键，先做最重要的事，次要的事宁可不做；深知仓促决定容易出错；尽可能授权他人，使自己获得时间规划组织未来。

伟人理论也称天才论，这种理论认为领导者是天生的，不是后天培养的，他们具有一种超凡的神授能力与魅力。一些重大的政治、经济、社会变革都与伟人联系在起来，历史仅是伟大人物的传说，如毛泽东、华盛顿、成吉思汗等。当代的伟人学派不仅对历史人物详加研究，还把重点放在一些大企业的领导者身上，介绍他们的身世、事业、个性，试图辨析他们在身体与精神上的先天内在品质。

但令人遗憾的是，总的来说，并非所有成功的领导者都具备上述特质理论所描述的品质，许多非领导者可能具备上述的大部分甚至全部品质，而且几乎没有一种品质是所有领导者所共有的。因此，领导特质理论无法指出哪些素质是领导者所必需的，而且无法对各种品质的相对重要程度做出评价。

各种领导特质理论所显示的结果相当不一致，这是因为领导特质理论忽略了被领导者和环境的作用。事实上，一个领导者能否发挥作用，这会随被领导者的不同而不同，也会随环境的改变而改变。把领导活动置于被领导者因素和环境因素之外，仅从其中一个方面——领导者自身进行研究，就会产生相互重叠甚至相互矛盾的情况，而且趋于提出更纷繁复杂的特性，无法形成一致认同的稳定特性。

领导者特质理论既然存在缺陷，为什么还要介绍它？那是因为它仍然具有一定的科学性，有一定的可取之处。

现代管理学证明，伟人理论关于领导者神授素质的结论是不正确的。德鲁克指出，有效性是一种后天的习惯，是一系列实践的综合。领导才能是一种成就，是通过努力达到的，而不是与生俱来的。每一位渴望成为领导者的有志者和每一位希望提高自身领导水平的领导者都可以结合自己下属的情况与环境态势，在上述的各种领导者特性理论中找到最有同感的那几条，把它们作为目标，引导自身素质的不断完善。虽然改变自身的身体、智力、个性和社会等特性非常困难，但只要迈出一步，就离理想的领导境界近了一步。

8.3.2 领导方式理论

领导方式理论又叫领导风格理论或领导作风理论。在引导和影响组织成员的过程中，领导者对所获得权力的使用方式称为领导方式或领导风格。

1．勒温的领导方式理论

美籍德国心理学家勒温根据领导者控制或影响被领导者方式的不同（权力定位不同），把领导方式划分为专制式、民主式和放任式三种类型。在分析了三种领导方式的特点后，勒温也提出，现实中上述三种极端的领导方式比较少见，大多数是混合式的。他通过实践得出以下结论：放任式的领导方式工作效率最低，只能达到组织成员的社交目标，但完不成工作目标；专制式的领导方式虽然通过严格管理能够达到目标，但组织成员没有责任感，情绪消极，士气低落；民主式领导方式工作效率最高，不但能够完成工作目标，而且组织成员之间关系融洽、工作积极主动、有创造性。

2．利克特的领导方式理论

美国密执安大学社会研究中心的利克特教授等人经过长期研究，提出了四种领导方式，即专制—权威式、开明—权威式、协商式、群体参与式。利克特提倡专制—权威式、开明—权威式的领导方式向协商式和群体参与式的领导方式转变。利克特认为，依靠奖惩调动职员积极性的管理方式已经过时，只有依靠民主管理，通过员工的内在因素来调动其积极性，才能充分发挥员工的潜力。

8.3.3 管理方格图理论

密执安大学和俄亥俄州立大学的研究结果引起了人们对理想的领导方式的广泛讨论。一般的看法是，理想的领导行为既要是绩效型的，又要是关怀型的。对这种理想的领导方式加以综合后得到的重要成果是美国得克萨斯大学的布莱克（Blake）和穆顿（Mouton）提出的关于培养领导方式的管理方格论。这一理论充分概括了上述两项研究所提炼的员工导向和生产导向维度。这种领导方式论首先把管理人员按他们的绩效导向行为（称为对生产的关心）和维护导向行为（称为对员工的关心）进行评估，给出等级分值；然后以此为基础，把分值标注在两个维度坐标界面上，并在这两个维度坐标轴上分别划出 9 个等级，从而生成 81 种不同的领导类型（见图 8-2）。

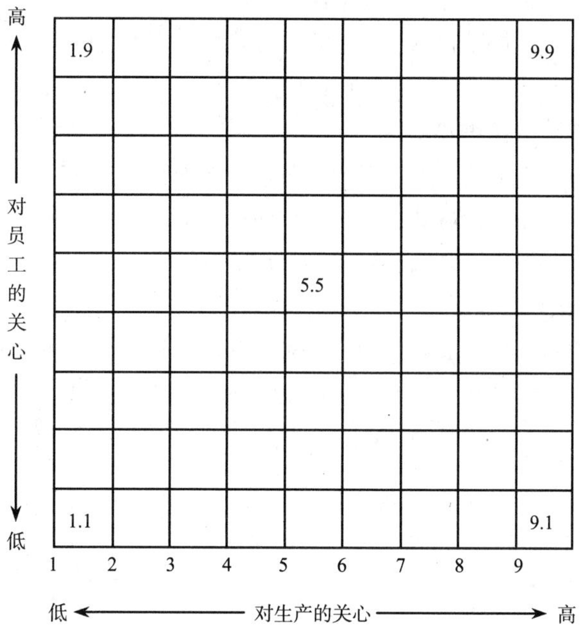

图 8-2　管理者方格

下面我们简单介绍五种具有代表性的类型。

（1，9）型，又称为乡村俱乐部型管理，表示领导者只注重支持和关怀下属而不关心任务和效率。

（1，1）型，又称为贫乏型管理，表示领导者付出最小的努力完成工作。

（5，5）型，又称为中庸之道型管理，表示领导者维持足够的任务效率，但缺乏革新精神，难以充分发挥下属的创造性。

（9，1）型，又称为任务型管理，表示领导者只重视任务效果而不重视下属的发展和士气。

（9，9）型，又称为团队型管理，表示领导者通过协调和综合安排相关活动而提高任务效率与士气。

研究者认为，（9，9）方式的管理者工作是最佳的领导方式，并提出原则上达不到（9，9）等。关于其他类型的管理人员，他们要接受如何成为一个（9，9）领导人的培训。

20 世纪 60 年代，管理者方格培训受到美国工商界的普遍推崇。但在后来，这一理论逐步受到批评，因为它仅仅讨论一种直观而且是最佳的领导方式。而且，管理方格论并未对如何培养管理者提供答案，只是为领导方式的概念化提供了框架。另外，这一理论也没有实质性证据支持在所有情况下（9，9）领导方式都是最有效的方式。例如，在不同的社会、经济、文化和政治背景中，管理者领导方式的优劣并不是简单地通过中性或平衡的（9，9）分布就能够陈述的。这说明，领导方式的行为理论并不是某种领导方式的最佳选择，领导方式的研究应是多角度的。

8.3.4　领导权变理论

领导权变理论又叫情景理论。该理论认为，领导效能不单纯取决于领导者的个人行为，某种领导方式在实际工作中是否有效，主要取决于具体的情景和场合。典型的权变理论主要有领导行为连续统一体模型、菲德勒权变模型、领导方式生命周期理论、途径—目标理论和领导参与决策模型。

1．领导行为连续统一体模型

领导连续统一体模型由美国学者坦南鲍姆和施米特于 1958 年提出。他们指出，领导风格并不是只有专制和民主两种极端的方式，而是在这两种极端之间，以领导者为中心或以下属为中心不同程度地存在着一系列领导方式。这些领导方式以领导者授予下属权力大小的差异而不同。

2．菲德勒权变模型

权变理论认为不存在一种“普遍适用”的领导方式，领导工作强烈地受到领导者所处的客观环境的影响。或者说，领导和领导者是某种既定环境的产物，即

$$S=f(L, F, E)$$

式中 S——领导方式；

L——领导者特征；

F——追随者的特征；

E——环境。

也就是说，领导方式是领导者特征、追随者特征和环境的函数。

领导者特征主要指领导者的个人品质、价值观和工作经历。追随者特征主要指追随者的个人品质、工作能力、价值观等。环境主要指工作特征、组织特征、社会状况、文化影响、心理因素等。工作是具有创造性还是简单重复，组织的规章制度是严密还是宽松，社会时尚是倾向于追随服从还是推崇个人能力等，这些都会对领导方式产生强烈的影响。

菲德勒权变模型是比较有代表性的一种权变理论。该理论认为，各种领导方式都可能在一定环境内有效，这种环境是多种外部与内部因素的综合作用体。

菲德勒将权变理论具体化为三个方面，即职位权力、任务结构和上下级关系。所谓职位权力，是指领导者所处的职位具有的权威和权力的大小，或者说领导的法定权、强制权、奖励权的大小。权力越大，群体成员遵从指导的程度越高，领导的环境也就越好；反之，则越差。任务结构是指任务的明确程度和下属对这些任务的负责程度。如果这些任务越明确，而且下属责任心越强，则领导环境越好；反之，则越差。上下级关系是指下属乐于追随的程度。如果下级对上级越尊重，并且乐于追随，则上下级关系越好，领导环境也越好；反之，则越差。

菲德勒设计了两种问卷来测定领导者的领导方式。该问卷的主要内容是询问领导者对最不与自己合作的同事（LPC）的评价。如果领导者对这种同事的评价大多用敌意的词语，则该领导趋向于工作任务型的领导方式（低 LPC 型）；如果领导者的评价大多用善意的词语，则该领导趋向于人际关系型的领导方式（高 LPC 型）。

菲德勒认为环境的好坏对领导的目标有重大影响。对低 LPC 型领导来说，他比较重视工作任务的完成。如果环境较差，他将首先保证完成任务；如果环境较好，任务能够完成，这时他的目标将是搞好人际关系。对高 LPC 型领导来说，他比较重视人际关系。如果环境较差，他首先将人际关系放在首位；如果环境较好，人际关系也比较融洽，这时他将追求完成工作任务。领导目标与环境关系如图 8-3 所示。

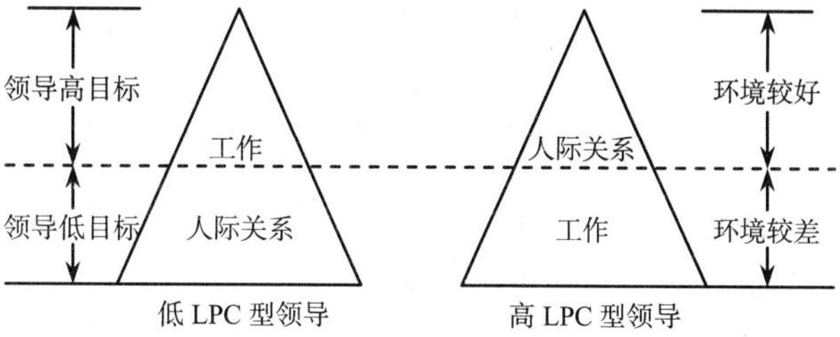

图 8-3　领导目标与环境关系

菲德勒对 1 200 个团体进行了抽样调查，得出了以下结论，如表 8-1 所示。

表 8-1　菲德勒模型

人际关系	好	好	好	好	差	差	差	差
工作结构	简单	简单	复杂	复杂	简单	简单	复杂	复杂
职位权力	强	弱	强	弱	强	弱	强	弱
	Ⅰ	Ⅱ	Ⅲ	Ⅳ	Ⅴ	Ⅵ	Ⅶ	Ⅷ
环境	好			中等			差	
领导目标	高			不明确			低	
低 LPC 领导	人际关系			不明确			工作	
高 LPC 领导	工作			不明确			人际关系	
最有效方式	低 LPC			高 LPC			低 LPC	

领导环境决定了领导的方式。在环境较好的Ⅰ、Ⅱ、Ⅲ和环境较差的Ⅶ、Ⅷ情况下，采用低 LPC 领导方式（工作任务型的领导方式）比较有效。在环境中等的Ⅳ、Ⅴ和Ⅵ情况下，采用高 LPC 领导方式（人际关系型的领导方式）比较有效。

3．领导方式生命周期理论

另外一种领导情景理论是由美国管理学者保罗·赫塞（Paul Hersey）和肯尼斯·布兰查德（Kenneth Blanchard）提出的。他们补充了另外一种因素，即领导行为在确定是任务绩效还是维持行为更重要之前应当考虑的因素是成熟度，并以此发展为领导方式生命周期理论。这一理论把下属的成熟度作为关键的情景因素，认为依据下属的成熟度水平选择正确的领导方式决定着领导者的成功。

赫塞和布兰查德把成熟度定义为两个对自己的直接行为负责任的能力和意愿。它包括工作成熟度和心理成熟度。工作成熟度指下属完成任务时具有的相关技能和技术知识水平。心理成熟度指下属的自信心和自尊心。高成熟度指下属既有能力又有信心做好某件工作。

生命周期理论提出任务行为和关系行为两种领导维度，并且将每种维度进行了细化，从而组合成了四种具体的领导方式：① 指导型（Telling）领导（高任务—低关系），即领导者定义角色，告诉下属应该做什么、怎样做及在何时何地做；② 推销型（Selling）领导（高任务—高关系），即领导者同时提供指导行为与支持行为；③ 参与型（Participating）领导（低任务—高关系），即领导者与下属共同决策，领导者的主要角色是提供便利条件和沟通；④ 授权型

（Delegating）领导（低任务—低关系），即领导者提供不多的指导或支持。

在此基础上，领导方式和任务成熟度之间的关系如图 8-4 所示。

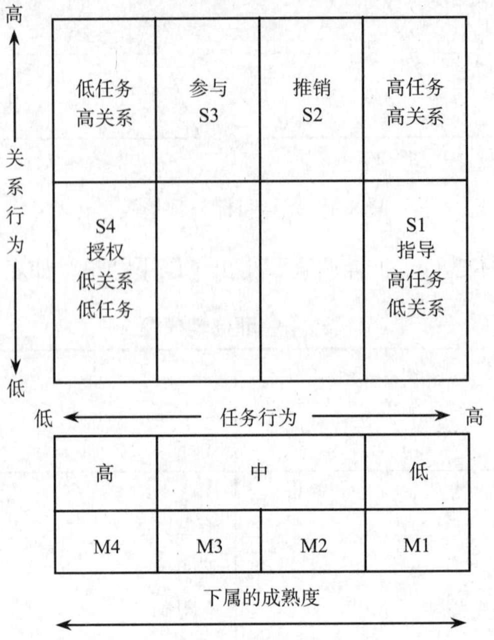

图 8-4　领导方式生命周期理论

和菲德勒的权变理论相比，领导方式生命周期理论更直观、更容易理解。但是，它只是针对下属的特征，而没有包括领导行为的其他情景特征。因此，这种领导方式的情景理论算不上完善，但它对于深化领导者和下属之间关系的研究具有重要的基础作用。

4．途径—目标理论

途径—目标理论是罗伯特・豪斯（Robert House）发展的一种领导权变理论。该理论认为，领导者的工作是帮助下属达到他们的目标，并提供必要的指导和支持，以确保各自的目标与群体或组织的总体目标一致。“途径—目标”的概念来自这样的观念，即有效领导者能够明通过明确实现工作目标的方式来帮助下属，并为他们清除各种障碍和危险，从而使下属的相关工作容易进行。

根据途径—目标理论，领导者的行为被下属接受的程度取决于下属是将这种行为视为获得当前满足的源泉，还是作为未来满足的手段。领导者行为的激励作用在于使下属的需要——满足取决于有效的工作绩效，提供有效绩效所必需的辅导、指导、支持和奖励。

为考察这些结论，豪斯确定了四种领导行为：指导型领导让下属知道他对他们的期望是什么，以及他们完成工作的时间安排，并对如何完成任务给予具体指导，这种领导类型与俄亥俄州立大学的定规维度相似；支持型领导十分友善，表现出对下属需要的关怀，它与俄亥俄州立大学的关怀维度相似；参与型领导则与下属共同磋商，并在决策之前充分考虑他们的建议；成就导向型领导设定富有挑战性的目标，并期望下属发挥出自己的最佳水平。与菲德勒的领导方式学说不同的是，豪斯认为领导者是灵活的，同一领导者可以根据不同的情景表现出任何一种领导风格。

途径—目标理论提出了两类情景变量作为领导行为—结果关系的中间变量，即环境因素（任务结构、正式权力系统和工作群体）和下属的个人特点（控制点、经验和知觉能力）。控制点是指个体对环境变化影响自身行为的认识程度。根据这种认识程度的大小，控制点分为内向控制点和外向控制点两种。内向控制点是说明个体充分相信自我行为主导未来而不是环境控制未来的观念；外向控制点则是说明个体把自我行为的结果归于环境影响的观念。以此，下属分为内向性控制点型和外向性控制点型。环境因素和下属的个人特点决定着领导行为类型的选择。这一理论指出，当环境因素与领导者行为相比重复或领导者行为与下属特点不一致时，效果皆不佳。

以下是途径—目标理论引申出的一些假设范例：

相对于具有高度结构化和安排完好的任务来说，当任务不明或压力过大时，指导型领导产生更高的满意度。

当下属执行结构化任务时，支持型领导导致员工高绩效和高满意度。

指导型领导不太适于知觉能力强或经验丰富的下属。

组织中的正式权力关系越明确、越层级化，领导者越应表现出支持行为，降低指导型行为。

内向性控制点的下属比较满意于指导型风格。

当任务结构不清时，成就导向型领导将会提高下属的努力水平，从而达到高绩效的预期。

5. 领导参与决策模型

这一模型是由弗鲁姆和耶顿提出来的。它试图确定出适合某些特定环境和情景的领导方式，这些不同的领导方式是由下属参与决策的程度决定的。它强调各种决策活动应允许下属参与，因此它也为决策（包括下属参与决策）确定了标准和准则。该模型认为，决策的有效性可用决策的质量和决策被接受程度来衡量。决策的质量客观上影响了下属的绩效，而下属对决策的接受程度又将影响他们对此决策的执行和负责程度。

8.4 领导艺术

现代社会中的组织常常是一个由多种因素组成的比较复杂的社会组织，它不可能脱离整个社会。这就对组织管理者的领导方法提出了更高的要求，同时决定了管理者的工作在很大程度上是创造性的。领导艺术就是富有创造性的领导方法的体现。在履行指导与领导职能的过程中，科学是与艺术互相结合并彼此交织在一起的。管理者要具备灵活运用各种领导方法和原则的能力与技巧，这样才能率领和引导员工克服前进道路上的障碍，顺利实现预期的目标。

8.4.1 领导艺术的内容

1. 待人的艺术

（1）公正坦诚

领导者对组织的所有成员都应该做到以诚相见、公正待人。唐太宗李世民曾说：“王者至公无私，故能服天下之心。”这对现代组织的领导者也很重要，因为能否公正待人对员工的积极性有很大影响。领导者在用人上要任人唯贤、一心为公，而不能任人唯亲或论资排辈；在奖惩上，要严明规章制度，赏罚分明。

（2）以身作则

领导者要以身作则、言行一致、为人表率。“桃李不言，下自成蹊”，这是《史记》中司马迁对汉代名将李广品质的高度概括。李广爱兵如子，以自己的言行号令三军，因而赢得了官兵的敬仰和爱戴。孔子也曾说过：“其身正，不令而行；其身不正，虽令不从。”这都说明领导者的言行是一种无声的命令，身教胜于言教。

（3）兼听则明，偏信则暗

领导者要广泛听取员工的意见，切不可偏听偏信，片面地看待问题。对于组织重大问题的决策，应采用民主的方式，广纳意见，以此来减少决策的失误。管理学家德鲁克对此颇有研究，他认为一项有效的决策来自“议论纷纷”，而不是来自“众口一词”。他还特别强调要运用反面的意见。

（4）团结就是力量

领导者一定要维护组织内部团结，反对分裂，这样才能调动一切积极因素，同时要注意化消极因素为积极因素。古人云：“天时不如地利，地利不如人和。”一个组织领导者的工作成效如何，取决于该组织中的成员是否团结。团结就是力量，有力量才能有成就。当然，组织内部出现矛盾和冲突也是常见的，领导者必须具备化解矛盾的能力，善于运用各种技巧，协调各组织成员在认识上和利益上的矛盾，以实现组织的团结，进而实现组织的目标。

2．授权的艺术

所谓授权，是指上级主管将若干工作委托给下属完成，同时赋予下属一定责任的权力，由下属相对自主地处理和行动。

除了因事择人、视能授权、按照预期成果授权、按职责与职权相适应原则授权、授权必须彻底等原则外，授权时还要把握好授权的艺术。

1）在可能的范围内，尽量把工作交给下级去做。这样既能调动下级员工的积极性，又能节约领导者的时间，使其处理更重要的问题。

2）授权中，授权工作的难度应该比承担工作的人平时表现出的能力大些，以增强其奋进精神，增强其成功后的成就感。

3）公开授权，让相关人员都了解谁被授权执行某任务，以便提高授权者的威信，同时使授权者有一定的压力，增加其紧迫感。

4）授权后，上级领导的工作重点应该是注重下级的工作绩效，而不应该过分计较下级在工作中采取的手段和方法。

3．运用时间的艺术性

领导者的工作时间一般分为两个部分：可控时间和不可控时间。有效地利用可控时间，变不可控时间为可控时间，努力缩小不可控时间的比例，这对领导者意义重大。制定企业合理的定额，完善企业各项规章制度，运用先进的管理方法和手段对企业进行管理，这都可以提高领导者的时间利用率。

总之，领导艺术建立在管理者个人经验、素质和洞察力的基础之上。认真讲求领导艺术，有助于提高工作的有效性，有助于密切管理者和员工的关系，能够形成一个又集中、又民主、又有纪律、又有统一意志的良好氛围。

8.4.2 领导艺术的特征

1. 经验性

领导艺术来自领导者长期积累的知识、经验和阅历，是经验的总结和提炼，而且常常具有一定的感情色彩，具有吸引人和感染人的魅力。那些较为稳定且被实践反复证明了的经验是可以提高领导效率的。

2. 综合性

领导工作既要解决人与人的问题，还要处理人与物、人与事的矛盾，工作范围涉及自然领域、社会领域和思维领域多个方面。所要解决问题的复杂性和涉及范围的广泛性决定了领导艺术的综合性特征。实践中的领导艺术通常表现为领导者广博知识的综合运用、各种经验的综合体现、对不同层次艺术的综合把握等。

3. 非程序性

领导艺术在实践中表现出极大的随机性，即非程序性。领导艺术的高明之处在于解决问题是不落俗套的，独辟蹊径，以出人意料的方式达到预期的目的。

领导艺术的非程序性从表面看似乎有点违背事物发展变化的规律性，但从实质看，其奥妙就在于随机应变，以特殊的手段和方式达到遵循事物规律的目的。

4. 创造性

创造性是人的自觉能动性的最高表现形式，是领导艺术的灵魂和生命。领导活动就是面向未来的创造性活动。时代在不断发展变化，面对层出不穷的新问题、新矛盾，领导者单凭经验、靠老一套的方法是行不通的，而只有确立新思想，才能有新办法，才能打开新局面。

自测题

一、名词解释

领导专长权　工作成熟度

二、单项选择题

1．依据下属的成熟度水平选择正确领导风格的权变理论是（　　）。

A．菲德勒模型　　B．领导方式生命周期理论

C．途径—目标理论　　D．领导者参与决策模型

2．下列不属于职位权力的是（　　）。

A．合法权　　B．惩罚权

C．奖赏权　　D．背景权

3．在管理方格理论中，(8，3) 型方式具有的特征是（　　）。

A．关心任务的完成，不关心人的因素

B．很重视任务的完成，不太重视人的因素

C．只重视人的因素，不重视任务的完成

D．既重视人的因素，又重视任务的完成

4．有些人从某一职位退下来后，常抱怨“人走茶凉”，这反映了他们过去在单位中拥有的职权是一种（　　）。

A．专长权　　　　B．个人影响权

C．法定职权　　　　D．职权

三、简答题

1．简述领导在工作中应该怎样用人。

2．领导理论有哪些主要类型？试总结各类领导理论的主要思想。

3．管理方格理论的主要内容及作用是什么？

4．试说明领导者与管理者的区别。

5．如何理解领导是一种影响力？

6．如何理解领导的艺术性？

案例分析

案例1　刘俊卿的用人之道

20世纪90年代初，安徽高炉酒厂实现利税连续翻番，在全国饮料制造业中的排名由1992年的第156名猛跃到1994年的第18名！厂长刘俊卿之所以能带领大家创出“高炉奇迹”，最根本的一条就在于他用人有道。

刘俊卿上任的第一天，听说销售科长任从文调到利辛酒厂当副厂长了，并且已在电视上露过面。刘厂长“搬出”任从文的老朋友，两去利辛，终于把任从文“抢”了回来，并委以副厂长重任。老任很快使分管片销售收入比原来增加两倍以上。销售能人刘某，曾被公安局拘留，出来后一直没安排工作，正准备调走。刘俊卿来了，破格提拔他为销售科副科长。刘俊卿在全厂职员大会上说：“他以前蹲过公安局，不一定以后蹲公安局；孙悟空、猪八戒都犯天条，后来照样成为取经的大功臣！”这位刘某上任后，没日没夜地跑市场，分管区域成为销售队伍的一支劲旅。

高炉酒厂的治安一度很乱。刘俊卿到任后，把威震三乡五里的“硬荐子”刘俊平提任为保卫科副科长。“他怎么能行？那些小痞子都是他的哥们儿。”半年来下，人们服了，刘俊卿带着一帮人把厂内厂外管得井然有序：打架的、斗殴的、手脚不干净的……只要听到“刘俊平来了”几个字，简直是望风披靡！厂内生产、生活秩序大为改观。年底，刘俊平获得了厂里的“特殊贡献奖”。

有这么一个职员，说话“嗡嗡”的，口齿不太清楚，心眼死板得要命，一点儿不开窍。谁都说这是一块“废料”。刘俊卿看看这人，笑笑说：“当煤质监督员去。”全厂一天要进100多吨煤炭，弄不好，漏洞大得很！可这位“废才”到岗位之后，递烟，他不接；请客，他当没听见。

他只有一项工作，监督煤质；他只认一个理：煤质不好，水分过大，你就给我拉走，谁说情也白搭！有人说，刘厂长用这人可真绝了——把个“真傻子”变成了“革命的傻子”！

酒厂的包装车间，是个要害部门。这天，因包装质量问题，刘俊卿批评了包装车间主任杨书东。这可“捅了马蜂窝”，性格倔强的杨书东向厂长写了一份辞职报告。刘俊卿看罢当即决定：“就地免职，当包装工！”杨书东万万没想到刘厂长竟比他还“犟”！杨东书后悔莫及，他用加倍的工作，终于换回了他的尊严和地位。年底，他被刘俊卿任命到最要害的科室——质检科当副科长。

该厂有个 40 多岁的女工，名叫曲大家，穿着打扮很时髦，虽然有人骂她“臭美”，但厂长刘俊卿却看到了她的长处，把她从整理车间调到厂办公室当了干部，由她负责组织了一个 19 人参加的时装表演队。曲大家带领这个表演队，在不长的时间里表演了近 50 场，观众将近两万人次，对宣传该厂产品起到很大作用。接着刘俊卿提拔她为广告科科长，不久又任命为广告公司经理，充分发挥了她的长处。

问题：

（1）运用领导的知识，谈谈刘俊卿的用人之道主要表现在哪些方面？

（2）你认为刘俊卿对刘俊平的提升是“利用”、“使用”还是“重用”？

案例 2 闲可钓鱼与无暇吃鱼

“闲可钓鱼”的王业震

新港船厂是中国船舶工业总公司下面一家较为大型的企业。1982 年 11 月，46 岁的高级工程师王业震出任该厂厂长。当时有职员 6 500 人，固定资产 1.2 亿元。在技术上和管理上，他借鉴日本三井造船、大阪造船等企业的经验，锐意改革。

企业内部管理体制设两大系统：直线指挥系统和职能系统。日常工作中，上级不可越级指挥，但可越级调查；下级不可越级请示，但可越级投诉。明确每个人只有一个直接上级，而每个上级直接管辖的下属为 3～9 人。厂长王业震本人直接领导的也只有 9 人。此外，专设 3 个“厂长信箱”，随时了解职员的意见和建议。一次，某车间工人来信反映某代理工段长不称职，王业震于第二天收阅后批转有关部门查处，经调查属实随即做出人事调整，前后仅 5 天时间。

“一个厂长如果不能时时想到为工人服务，就没有资格当厂长。”一次，香港和美国的两艘货轮在渤海湾相撞，由该厂承担抢修业务。在夜以继日的抢修中，王厂长让后勤部门把馒头、香肠、鸡蛋送到现场。任务提前完成后，盈利 80 万元。王业震和厂领导班子决定破例发给参加抢修的职员加班费和误餐补助费 8 600 元。

新领导班子对会议也做了改革。全厂必须召开的 15 个例会，时间、地点、出席人员都通过制度固定下来。一般会议不超过 2 小时，每人发言不超过 15 分钟。王厂长本人每周仅召开两次会：厂长办公会和总调度会。

王业震基本上按时上下班，很少加班加点。每逢出差外出，他就委托一位副厂长代行职权。厂里曾经委派一位中层管理人员去日本监造主机，行前又明确授权让他一并购买主机控制台用的配件。那人到日本后，却接连就价格、手续、归期等事项打国际长途电话向厂里请示。王业震的答复是：“将在外，君命有所不受。你是厂里的全权代表，可以自己做主，不要遇事请示，那里的事你相机定夺嘛。今后再挂电话来，电话费由你自己付。”

仅一年光景，新班子和王业震初试锋芒即见成效。1983 年，新港船厂造船 4 艘、修船 137 艘，工业总产值、利润、全员劳动生产率分别比上年增长 25.6%、116%和 20%。

“无暇吃鱼”的步鑫生

海盐衬衫总厂坐落在浙江省海盐县武原镇。该厂的前身是成立于 1956 年的红星成衣社，一个仅有 30 多名职员的合作社性质的小厂。自 1976 年起，该厂由门市加工为主的综合性服装加工厂转为专业衬衫生产厂。此后，陆续开发出了双燕牌男女衬衫、三毛牌儿童衬衫和唐人牌高级衬衫等产品。到 1983 年，该厂已拥有固定资产净值 107 万元，600 多名职员，当年工业总产值 1 028 万元，实现利润 52.8 万元。厂长步鑫生名闻遐迩。

成功容易却也艰辛。步鑫生为厂里大大小小的事情操心，可谓殚精竭虑、废寝忘食。他性喜吃鱼，却忙得连吃鱼也顾不上了。有一次，食堂里没有别的菜，只有鱼。鱼颇鲜美，正合口味，可是他只吃了几口。因为太费时间，张口将未及咀嚼的鱼连肉带刺吐了出来，三口两口扒饭下肚，急匆匆地走了。他每天工作十五六个小时，从不午睡，每次出差，都是利用旅途小憩，到达目的地立即投入工作。

步鑫生常对厂里职员说；“上班要拿出打老虎的劲头。慢吞吞，磨磨蹭蹭，办不好工厂，干不成事业。”他主持制定的本厂劳动管理制度规定：不准迟到早退，违者重罚。有位副厂长从外地出差回来，第二天上班迟到了 3 分钟，也被按规定扣发工资。1983 年，全厂迟到者仅 34 人次。步厂长本人开会、办事分秒必争，今天要办的事绝不拖到明天。在他的带动下，全厂上下形成了雷厉风行的作风。只要厂内广播通知开会，两分钟内，全厂 30 名中层以上干部凡是在厂的全都能到齐。开会的时间一般不超过 15 分钟。

进入 1984 年，一阵风在中国刮起了“西装热”。步鑫生先是不为所动，继而办起了一个领带车间，最后又做出了兴办西装分厂的决策。在与上级主管部门来人的一次谈话中，前后不过 2 小时，步鑫生做出了这一重大决策。副厂长小沈闻讯提出异议：“不能这样匆忙决定，得搞出一个可行性研究方案。”然而，这一意见被步厂长一句“你懂什么，老三老四”否定了。一份年产 8 万套西装、18 万美元的估算和外汇额度的申请报告送到了省主管部门，在那里又加大了倍数，8 万套成了 30 万套，18 万美元成了 80 万美元，层层报批、核准，6 000 平方米的西装大楼迅速进入施工，耗资 200 万元。

无奈好景不长。宏观经济急剧降温，银根紧缩，国家开始压缩基建规模。海盐厂的西装大楼被迫停工。与此同时，市场上一度十分抢手的西装也出现了滞销迹象。步鑫生是靠衬衫起家的，年产 120 万件的产量和“唐人”、“三毛”、“双燕”三大品牌的衬衫令他引为自豪。但代表本厂水平的“唐人”牌高级衬衫在全国同行业产品评比中落选了。

1985 年入秋，步鑫生被选送浙江大学管理专业深造。他并不因此而稍有解脱，企业严峻的经营状况令他放心不下。他频频奔波于厂校两地，在厂的日子远多于在校。半年之后，他退学回厂，决心以 3 年时间挽回企业的颓势。

步鑫生的助手多数也很能干，但当他从早到晚忙着处理厂里的大事小事时，他的助手似乎插不上手。步鑫生备尝创业的艰辛，却终因企业濒临破产窘境而被免去厂长之职。

“我没有预料到会是这个结局，”步鑫生说，“我是全心全意扑在事业上的。”副厂长小刘也不讳言："到现在为止，我敢说步鑫生仍是厂里工作热情最高的人。"

问题：

（1）同为一厂之长，为什么王、步两人忙碌程度如此悬殊？试从领导方式和管理措施上分析原因。

（2）作为厂长或经理，"从早忙到晚"意味着什么？试评述其得与失。

（3）组织中领导者和管理者的时间经常被无效利用的主要原因有哪些？

第9章 激　励

学习目标　理解激励的内涵；了解早期的和当代的激励理论；了解激励在企业管理中的重要作用；理解激励的要求。

引导案例

由两位年轻人辞职引起的激励问题

一家在同行业居领先地位、注重高素质人才培养的高技术产品制造公司，不久前有两位精明能干的年轻财务管理人员提出辞职，到提供更高薪资的竞争对手公司里任职。其实，这家大公司的财务主管早在数月前就曾要求公司给这两位年轻人增加薪资，因为他们的工作表现十分出色。但人事部门的主管认为，按同行业平均水平来说，这两位年轻财务管理人员的薪资水平已经相当高了，而且这种加薪要求与公司现行建立在职位、年龄和资历基础上的薪资制度不符合，因此拒绝给予加薪。对这一辞职事件，公司里的人议论纷纷。有人说，尽管这两位年轻人所得报酬的绝对量高于行业平均水平，但他们的表现那么出色，这样的报酬水准是很难令人满意的。也有人质疑，公司人事部门的主管明显地反对该项提薪要求，但是否应当由了解其下属表现好坏的财务部门主管对本部门员工的酬劳行使最后决定权？公司制定了明确的薪资制度，但是否与公司雇用和保留优秀人才的需要相适应呢？公司是否应当制定出特殊条例来吸引优秀的人才，还是让那些破坏现行制度的人离开算了？这些议论引起了公司总经理的注意，他责成人事部门牵头与生产、销售、财务等各部门人员组成专案小组，就公司酬劳计付方式广泛征求各部门职员的意见，并提出几套方案，供下月初举行的公司常务会讨论和决策。

问题：

两位年轻人拿到了高于同行业平均水平的薪资仍未感到满意，这种现象可用何种激励理论解释？

9.1 激励概述

9.1.1 什么是激励

激励本来是心理学的概念，就其词义来说，是激发、鼓励的意思。在管理心理学中，激励主要是指借助能够满足个体需要的外在事物，作为目标来激发或刺激动机，使人产生一种积极向上的心理状态，推动和引导人产生积极行为的整个心理活动过程。

激励是如何调动人的积极性的？管理心理学认为，人的积极性是与需要相联系的，从需要或动机出发就产生了要求。这种要求一时不能得到满足时，人心理上会产生一种不安和紧张状态。这种不安和紧张会成为一种内在的驱动力，促使人采取某种行为或行动，进而去实现目标，一旦目标达成就会带来满足。这种满足又会强化新的需要的产生。

9.1.2 激励的作用

1．激励有助于吸引人才

激励可以把有才能的、组织需要的人才吸引过来，并长期为组织工作。从世界各国看，美国特别重视运用激励吸引人才这一点。为了吸引世界各国的人才，美国不惜使用支付高酬金、创造好的工作生活条件等激励办法，这也是美国在许多现代科学技术领域始终保持领先地位的重要原因之一。

2．激励有助于激发积极性

激励还可以进一步激发职员的创造性和革新精神，从而大大提高工作的绩效。激励可以影响员工去实现组织目标。作为管理者，其任务就是要把员工的动机有效地引到组织的目标上去。也就是说，一个组织必须通过激励使员工完成本职员作，提高劳动生产率。

3．激励有助于提高工作绩效

激励可以使已经就职的职员充分地发挥其技术和才能，变消极为积极，从而保持工作的有效性和高效率。科学技术的不断进步和生产过程的日趋复杂对员工的文化素质和科技素质提出了更高的要求，因而进一步激发员工的创造性和革新精神就变得越来越重要。

9.1.3 激励的要求

1）激励方式要恰当。人的需求很多，不同的人需求各异，所以企业应根据不同的人、不同的环境条件采取不同的激励方式。如果激励方式不恰当，不仅达不到激励的目的，有时还会产生相反的作用。

2）激励强度要适中。不管物质激励还是精神激励，激励强度都要适中。激励如果过多、过滥，势必造成激励麻痹，使激励效果减弱。反之，激励的强度不够，员工会感到获得激励过于艰难，也会产生逃避激励的问题。

3）激励行为本身应当规范化、制度化。虽然激励行为本身是每时每刻发生在管理活动中的，但是激励行为本身也应当规范化、制度化，这样才能使员工的期望在恰当的时候以恰当的形式和力度得到实现。

4）激励应当公开、公平。激励必须公开，不公开的激励必然会在员工中造成猜疑。同样，激励也必须公平，不公平的激励则会导致员工的不满，即赢得少数而失去多数，总体上产生的是负向激励的结果。

5）激励措施要及时。人们总是对最近的行为结果比较关注。随着时间的推移，人们对较远的行为的印象会变得越来越模糊，对那些行为的直接后果的关心程度也比较微弱。所以，在管理的过程中，若想对员工的行为进行引导、纠正，最重要的还是要对员工最近的相关行为进行激励。

9.2 早期的激励理论

自从 20 世纪二三十年代以来，世界各国的许多管理学家、心理学家和社会学家就从不同的角度研究了应如何通过预测和激发人的动机、满足人的需要来调动人的积极性的问题，并提出了各种各样的激励理论。20 世纪 50 年代是激励理论发展卓有成效的阶段，这一时期形成了两种理论，分别是马斯洛的需求层次理论和赫茨伯格的双因素理论。尽管这些理论受到猛烈攻击，现在看来效度方面也存在问题，但它们可能依旧是对员工激励的最著名的解释。

9.2.1 马斯洛的需求层次理论

许多心理学家都对需求问题进行了研究，并提出了各自的需求理论。当前影响较大的是美国心理学家马斯洛提出的需求层次理论。

1. 基本观点

马斯洛是 20 世纪 50 年代中期在西方兴起的人本主义心理学派的主要创始人。他在 1943 年提出了需求层次理论，认为人的一切行为都是由需求引起的。该理论认为，人类主要有五种基本需求，它们依次为生理需求、安全需求、归属与爱的需求、尊重需求和自我实现的需求。后来，他又在尊重需求与自我实现的需求之间增加了认识需求和审美需求。马斯洛关于需求的层次如图 9-1 所示。

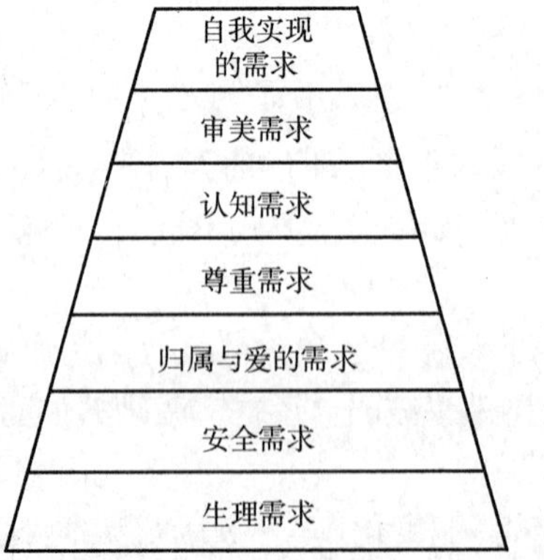

图 9-1　马斯洛关于需求的层次

马斯洛认为，人类的基本需求是相互联系、相互依赖、彼此重叠的。它们排列成一个由低到高逐级上升的层次，层次越低的需求强度越大，只有低级需求基本满足后才会出现高一级的需求。

（1）生理需求

生理需求是直接与生存有关的需求。它具有自我保存和种族保存的意义，是人类最基本、最强烈、最明显的需求，主要包括对食物、水分、空气、性、排泄、休息等的需求。生理需求得不到满足将严重影响一个人的身心健康，对生理需求对象的追求将成为支配一个人行为的主要动力。当生理需求满足后，人就会被更高一层的需求所支配。

（2）安全需求

生理需求基本获得满足后，安全需求就会出现。安全需求表现为人们要求安全稳定，避免恐惧、危险、伤害或威胁等。马斯洛指出，在现实生活中，健康成人的安全需求基本上都能得到满足，但儿童和精神病患者经常会有安全需求的表现，如婴儿看到陌生人会哭啼、精神病患者总认为有人要害他等。

（3）归属与爱的需求

当生理和安全的需求获得满足后，人就被归属与爱的需求所支配。人们总渴望得到亲人、朋友的关心、爱护和信赖，总希望归属于一个集体或团体，成为其中一员。马斯洛指出，爱的需求是人与人之间的彼此关心、尊重和信任。如果爱的需求得不到满足，人就会感到空虚和孤独。

（4）尊重需求

马斯洛认为，尊重需求包括自尊和他人对自己的尊重。自尊就是个体对自己的尊重，包括获得信心、能力、本领、成就、独立等的愿望。他人对自己的尊重包括威望、承认、地位、名誉等。尊重需求得到满足就会使人相信自己的力量和价值，有利于发挥自己的潜力。如果一个人的尊重需求得不到满足，他就会产生自卑感和失落感。

（5）认知需求

马斯洛认为，人和动物都有积极探索环境的需求，对周围的一切充满好奇心，希望对所遇到的问题能够做出正确的解释。所以，他把认知的需求看成解决问题和克服障碍的工具，从而保证基本需求的满足。

（6）审美需求

马斯洛认为，审美需求包括对秩序、对称、完整结构，以及存在于大多数儿童和某些成年人身上的对行为的完满的需求。它是人的本性，人都有追求美、欣赏美的需求。特别是在物质生活越来越丰富的今天，审美需求已经成为人们精神生活中不可或缺的需求。

（7）自我实现的需求

只有前面几种需求基本获得满足后，人才会产生自我实现的需求。自我实现的需求是马斯洛个性发展理论中最高理想的目标，是指个体希望最大限度地实现自己潜能的需求，表现为个人充分发挥自己的潜力、不断充实自己、不断完善自己、尽量使自己达到完美无缺的境地。马斯洛认为，真正能达到自我实现的人只有少数，绝大部分人只能在归属与爱的需求和尊重需求之间的某一个层次上度过一生。

马斯洛晚年又把需求概括为三大层次：基本需求（包括生理需求、安全需求）、心理需求（包括归属与爱的需求、尊重需求）和自我实现的需求，并且还在自我实现需求之上增加了一个超级需求。

马斯洛认为，个人的需求结构的发展过程不完全像陡立的、间断的阶梯那样，每一低级的需求不一定要完全满足，较高一级的需求才出现。它更多地像波浪式地演进，各种不同需求的优势由一级演进到另一级（见图 9-2）。

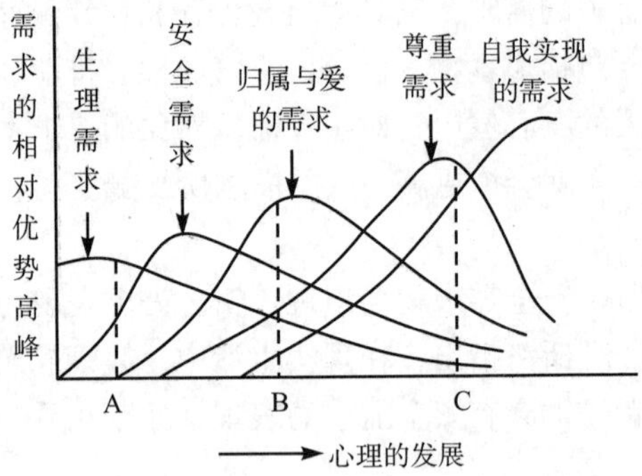

图 9-2　需求层次和不同的心理发展时期

马斯洛认为，同一时期内，人可能同时存在几种需求，因为人的行为是受多种需求支配的。但是，在某一种特定的情境或场合下，总有一种需求是占优势地位的。这种占优势地位的需求是具有主导性的需求，其强度也最大。任何一种需求并不因为下一个层次需求的发展而宣告消失，各层次的需求相互依赖与重叠，高层次的需求发展后，低层次的需求仍然存在，只是对行为影响的比重减轻而已。马斯洛认为，如果优势需求长期得不到满足，则会引起人的一系列无理行为甚至个性的缺陷。而且，已经得到满足的需求不再是一股激励力量，只有未满足的需求才具有激励作用。

2. 在管理实践中的应用

人的行为是由需求引起的，所以管理者首先应准确把握员工的需求，尤其是当前的优势需求，然后再设法去满足他们的其他需求。我国的现实生活中，人们最基本的生理需求都已经相对得到了满足，所以管理者应当重点满足下属的安全需求、社交需求、尊重需求和自我实现的需求。

1）安全需求可以分为经济上的安全需求、心理上的安全需求和人身上的安全需求三种，满足这些不同种类的安全需求的管理措施也不同。对于经济上的安全需求，可以通过合理的工资报酬、奖金和福利等措施给予满足；对于心理上的安全需求，则可以通过给员工规定明确的职责和能力所及的任务，同时经常给予他们评价和表扬来满足。而且，如果管理者能适时地帮助和指导员工解决困难，尽量保持政策和管理措施的连续性和稳定性，员工在心理上的安全感也会增强。对于工作中人身上的安全需求，则要设法改进防护、空调和通风等工作环境，合理安排作息时间，以满足员工这一方面的需求。

2）管理者应尽可能多地提供一些使员工在工作中与他人接触和交往的机会，经常举办一些集体活动，尽可能创造出和谐活泼的群体气氛，允许甚至鼓励某些非正式组织的存在，以满足员工社会交往的需求。

3）管理者要尽可能设计出带有一定难度或挑战性的工作任务，经常运用表扬、奖励、让员工参与管理、授权授责、提职晋升、提供进修和培训机会等方法来满足员工的尊重需求。为员工提供进修和培训的机会，不仅能提高员工的工作能力，从而满足其尊重的需求，而且为员工创造了更多的机会来充分发挥他们的潜能，从而满足了他们自我实现的需求。

总之，人的需求本身具有复杂性与层次性，因此满足需求的方法也应是多种多样的。管理者只有以时间、地点、条件为转移，综合运用各种方法和措施，才能取得令人满意的激励效果。

9.2.2　赫茨伯格的双因素理论

美国心理学家赫茨伯格于 1959 年提出了双因素理论，即“激励—保健”因素理论。赫茨伯格和他的研究人员进行了工作满意感方面的访问调查。经过综合分析，发现人们对工作不满意的成分主要来自工作环境，对工作满意的成分多是来自工作本身。在上述调查研究和综合分析的基础上，赫茨伯格提出了他的双因素理论。双因素理论认为，对激励而言，存在着两种不同类型的因素，它们彼此独立且以不同的方式影响人们的行为。赫茨伯格称那些可以使人得到满意和积极情绪的因素为激励因素，称那些能够预防人产生不满和消极情绪的因素为保健因素。

1．基本观点

激励因素往往是与工作本身的特点和工作内容紧密联系在一起的因素，如成就、赏识、工作本身的特点、责任感、提升和发展等。这类因素可以激励员工心理的成长和成熟，使其工作能力不断提高，有助于充分、有效、持久地调动员工的积极性，从而提高劳动生产率。而且这些因素如果实现，工作本身就直接成为激励员工积极性与创造性的因素，因而积极性是内在的与持久的。所以，赫茨伯格也将这些因素称为内在激励因素或直接因素。

保健因素是指与工作环境或条件相关的因素，如公司政策与行政管理、监督、与主管领导的关系、薪金、与同事的关系、个人或家庭因素、与下属的关系、地位及工作安全保障等。如果缺少这类因素，则会导致员工的不满，甚至会挫伤员工的积极性。这类因素如果解决得好，则能预防和消除员工的不满情绪，但却不能使员工变得非常满意，更不能从根本上激发员工的积极性，不能促进生产率的增长，即它不能直接起到激励作用，就像卫生保健对身体健康所起的保健性预防作用一样。因而，赫茨伯格称这些因素为保健因素或间接因素。

赫茨伯格在研究中发现，当员工受到很大的内在激励的时候，他们对外部因素引起的不满会有很大的忍耐力。因为当激励因素存在时，工作本身就是一种奖励，它存在于工作过程之中；而保健因素则是工作之外或之后的满足或奖励，这种奖励只有在做好工作以后或在工作场所以外才具有意义和价值。所以，赫茨伯格认为，调动员工的积极性主要应从激励因素着手，即从内部、从工作本身来调动人的内在积极性，使员工对工作产生感情。在他看来，改善保健因素不能直接对人产生激励，即使有作用也只会暂时提高工作满意感和激励水平，其效果是十分有限的。

2．在管理实践中的应用

1）若想持久而高效地激励员工的积极性，管理者必须改进员工的工作内容，进行工作任务再设计，从而使员工能从工作中感到成就、责任和成长。同时，管理者还应该经常给予员工表扬和赞赏，使他们感到自己受人重视和尊重。管理者还应为员工设计出具有内在兴趣的工作任务，实现工作内容丰富化。

2）管理者调动员工积极性既要充分发挥激励因素的作用，又必须注意适度发挥保健因素的作用。如果保健性的管理措施做得很差，员工的积极性也会受到挫伤。但发挥保健因素的作用也要适度，没有必要过分地改善保健因素，否则充其量只能消除员工对工作的不满情绪，并不能直接提高工作积极性和工作效率。

3）在双因素理论的具体应用过程中，不应该将激励因素和保健因素做绝对化的理解。因为激励因素也具有保健作用，而保健因素同样也有激励作用。对某些人来说，被赫茨伯格称为保健因素的东西可能正是他们的激励因素。保健因素和激励因素是可以互相转化的，而不是截然分开的。两种因素也不是一成不变的。因此，有效的管理还在于力求化保健因素为激励因素。

9.3 当代的激励理论

9.3.1 奥德弗的 ERG 理论

美国耶鲁大学组织行为学教授奥德弗（Alderfer）在大量实证研究的基础上对马斯洛的需求层次理论加以改进，将马斯洛的五种需求压缩为三种，即生存（Existence）、相互关系（Relatedness）和成长（Growth）需求，这就是著名的 ERG 理论，即生存—相互关系—成长需求理论。其中，生存需求包括生理需求和安全需求；相互关系需求包括社交需求和尊重需求；成长需求包括自我实现的需求。奥德弗认为，在管理实践中将员工的需求分为三类是较为合理和有效的。

马斯洛的需求层次理论与奥德弗的 ERG 理论的共同点在于它们都认为人的需求是有层次的，是由低到高逐级上升的，并且彼此之间相互联系。但奥德弗的 ERG 理论还对马斯洛的需求层次理论做了重要的补充，即马斯洛的需求层次理论是建立在“满足—上升”的基础上的，一旦较低层次需求得到满足，人们将追求更高一级的需求。奥德弗还认为，某个层次的需求得到的满足越少，则这种需求就越为人们所渴望；较低层次的需求越是能够得到较多的满足，对较高层次的需求就越渴望。而且，如果较高层次的需求一再遭受挫折、得不到满足，人们就会重新追求较低层次需求的满足。可见，ERG 理论不仅提出了需求层次的“满足—上升”趋势，而且指出了“挫折—倒退”趋势。这一规律对于管理是很有启发意义的。因为在实际的工作情境中，员工之所以追求低层次需求，往往是因为管理者未能给员工提供能够满足其高层次需求的环境和条件。奥德弗的这一观点是与马斯洛需求层次理论的最大分歧之处，可以说是对激励理论的新贡献。

9.3.2 麦克利兰的成就需求理论

20 世纪 50 年代初，美国心理学家大卫·麦克利兰（David McClelland）提出了成就需求理论。他认为，人的生存需求得到满足以后，基本需求还有三种：成就需求（Achievement Need）、合群需求（Affiliation Need）和权力需求（Power Need）。其中，成就需求是麦克利兰理论的核心概念。成就需求是指人对挑战性工作及事业成就的追求，对一个人、一个企业的发展和成长有着特别重要的作用，所以这一理论被称为成就需求理论。

1．基本观点

（1）成就需求

通过多年的经验研究，麦克利兰发现高成就需求者的共同特征有：事业心特别强，敢于承担个人责任；倾向于承担中等风险，而不是过高或过低的风险；希望得到对其工作业绩的具体反馈，把个人成就看得比金钱更重要，从成就中得到的鼓励超过物质鼓励的作用。

（2）合群需求

合群需求也称友谊需求，是指人们寻求他人的接纳和友谊的欲望。合群需求强烈的人通常从友爱中得到快乐，他们往往保持一种融洽的社会关系，与周围的人保持亲密无间和相互谅解的情谊，随时准备安慰和帮助危难中的伙伴，并喜欢与他人保持友善关系，他们高度服从群体规范，忠实可靠。

麦克利兰认为，员工的合群需求对生产效率会产生间接的影响。如果在一个要求与他人协作甚至亲密配合的工作岗位上安排了一位具有高度合群需求的人，那么他的工作效率将会大大提高。同样，在一个相对独立的工作岗位上安置一位合群需求较低的员工可能会更合适。

（3）权力需求

麦克利兰认为，权力需求就是影响和控制别人的一种欲望或驱力。具有较高权力需求的人对施加影响和控制表现出极大的关心，喜欢竞争并寻求领导者的地位。他还认为，相对于成就需求和合群需求来说，权力需求是决定管理者能否取得成功的最重要的因素。高权力动机可能是管理有效性的一个必要条件。

2．在管理实践中的应用

1）麦克利兰认为，三种需求中不同的人对他们的排列层次和所占比重是不同的。作为管理者就是要善于发现每位组织成员的不同需求，通过满足他们的需求达到激励的目的。

2）具有高成就需求的人对企业和国家有重要的作用。一家公司拥有的这种人越多，该公司的发展越快，获利越多；一个国家拥有的这种人越多，会越兴旺发达。

3）麦克利兰认为，通过教育和培训可以造就高成就需求的人才。他认为培养人们高成就需求的方法分为四个步骤：个体应努力获得有关自己情况的反馈信息，利用这些信息提高自己获得成功的信心，从而追求成功的欲望进一步加强；个体应该选择一种获得成功的模式，如模仿杰出人物、劳动模范的做法；个体应当寻求改变自己形象的方法，把自己设想为某个追求成功和刺激性挑战的人；个体应根据现实情况审时度势，提出切实可行的目标，避免产生不切实际的幻想。

9.3.3　弗洛姆的期望理论

期望理论（Expectancy Theory）是美国心理学家弗洛姆（V. H. Vroom）于 1964 年在《工作与激励》一书中首先提出来的。期望理论是一种通过考察人们的努力行为与其所获得的最终奖酬之间的因果关系来说明激励过程，并选择合适的行为达到最终奖酬目标的激励理论。

1．基本观点

弗洛姆的期望理论认为，人们只有在预期他们的行动将会有助于达到某个目标的情况下，才会被激励起来去做某些事情，以达到目标。一个人从事某一行动的动力，将取决于其行动的全部结果的期望值乘以他预期这种结果将会达到所要求目标的程度。换言之，激励水平取决于期望值和效价的乘积。其公式是：

激励水平=期望值×效价

激励水平表明动机的强烈程度，即为达到高绩效而做出努力的程度。期望值是指人们对目标能够实现的可能性大小的主观概率，即主观上估计达到目标和得到奖酬的可能性。期望值本来是一个心理学上的术语，意指过去经验的总和。一个人往往根据过去的经验来判断自己达到某个目标可能性的大小。效价也是一个心理学上的概念，是指效用与价值，这里指从事某项工作或达到一定的目标对于满足个人需求的价值，所以有时也被称为目标价值。目标是多种多样的，不同的目标，效价也不同。对于同一个目标，由于个人的需求不同、兴趣不同、所处的环境不同，目标价值也往往不同。

以上公式说明，只有当目标价值高，并且估计实现的可能性也大时，才能对人有最大的激励力量。否则，期望值和效价中如果一项是低的，那么激发力量就是低的。

2．在管理实践中的应用

1）设置科学的目标激发期望心理。确立科学合理的目标是一项难度很大的工作。目标过高会令人望而生畏，目标过低则使人感到轻而易举，两者都不能激发人的积极性。此外，目标价值也要适当，因为没有满足人们精神生活和物质生活需求价值的目标是不能起到调动人们积极性作用的。实践证明，适时地确立适当的目标及目标价值是调动员工积极性的一个行之有效的方法。

2）运用期望值，调动员工的积极性。人们对其从工作中得到的报酬的评价（效价）是不同的，有的人重视薪金，有的人更重视挑战性工作。因此，管理者应重视使组织的特定报酬同员工的愿望相符合，有针对性地进行工作，这是防止挫伤员工积极性和有效调动员工积极性的重要环节。在调动员工积极性的工作中，当某人期望值过高，而事物发展结果又不能满足其期望要求时，管理者就需求帮助他认真分析主客观原因和相关环境条件，指出不利因素，使其降低期望值，以避免大失所望带来的消极情绪。

9.3.4 洛克的目标设置理论

20 世纪 60 年代末，美国马里兰大学心理学教授爱德温·洛克（Edwin Locke）和他的同事通过大量的实验室研究和现场试验，发现大多数的激励因素（如奖励、工作评价和反馈、期望、压力等）都是通过目标来影响工作动机的。因此，重视并尽可能设置合适的目标是激发动机的重要过程。也就是说，目标告诉员工需求做什么及需求做出多大努力。事实有力地支持了目标的价值。

1．基本观点

目标设置理论主要通过目标的设置来激励人们的动机，指导人们的行为，使个人的需求、期望与组织的目标挂钩，调动人的积极性。

人的行为是动机引起的，并且都是指向一定目标的。动机对人的行为起着引发、加强推动和导向的作用，它驱使一个人的行为走向既定的目标。设置合适的目标会使人产生想要达到该目标的成就需求，因而对人具有强烈的激励作用。洛克等人的实证研究表明，从激励的效果或工作行为的结果来看，有目标的任务比没有目标的任务好；有具体目标的任务比有空泛的、抽象性目标的任务好；难度较高但又能被执行者接受的目标比没有难度而可以轻而易举实现的目标好。也就是说，合适的目标，即具体的、难度较大而又能为人们所接受的目标具有的激励作用最大。

2. 在管理实践中的应用

目标设置理论作为一种有效的激励理论表明，管理者应该尽可能使组织中各级人员都能经常看到组织目标和个人目标，并随着目标实现的进程不断予以反馈。如果组织成员不知道自己的任务，不知道自己具体的责任和职权，那么调动其积极性就无从谈起。有效的管理者至少应该做到，让全体成员了解组织目标和个人的具体目标，尽可能提供参与制定和实现目标的各种机会，经常不断地给予目标进程的反馈，并根据员工实现目标的程度给予不同程度的肯定和奖励等。只有这样，组织成员的积极性才能被充分地调动起来。

应该指出，目标设置理论无法用来抵消由于管理不善引起的消极作用，管理者良好的管理素养才是正确运用目标设置理论与技术的前提和基础。而且，并非一切管理领域都能应用目标设置理论，因为在某些管理领域的许多情况下是很难设置明确的具体目标的。

9.3.5 斯金纳的强化理论

强化理论是由美国心理学家斯金纳（B. F. Skinner）首先提出的。斯金纳在巴甫洛夫条件反射理论的基础上提出了“操作条件反射理论”，也叫强化理论。他认为人类（动物）为了达到某种目的，本身就会采取行为作用于环境。当行为的结果有利时，这种行为就会重复出现；若不利时，则这种行为就会减弱直至消失。因此，管理者可以运用正强化或负强化的办法来影响行为的结果，从而引导、控制、改造其行为，更好地为组织目标服务。

1. 基本观点

1）斯金纳根据强化的性质和目的，将强化分为正强化和负强化两大类。正强化也称积极强化，是指能够使行为得到加强并促使该种行为重复出现的刺激。正强化具体包括表扬、给予荣誉称号、晋级提薪、发给奖金或奖品等。为了使强化达到预期的效果，必须注意实施不同的强化方式。负强化也称消极强化，是指能使行为得到削弱或消失的刺激。实际上，不进行正强化也是一种负强化。例如，组织过去对某种行为进行正强化，现在组织不再需求这种行为，又由于这种行为并不妨碍组织目标的实现，这时就可以取消正强化，使行为减少或不再重复出现。负强化的措施包括减少奖酬、罚款、批评、降级等。实施负强化应以连续负强化为主，即对每次不符合组织目标的行为都应及时予以负强化，以便消除人们可能产生的侥幸心理，减少直至完全避免这种行为重复出现的可能性。

2）强化理论认为，人的行为受到正强化而趋向于重复发生，受到负强化则趋向于减少发生。为了使某种行为得到加强，奖赏应在行为发生以后尽快提供，延缓奖赏会降低强化作用。对所希望发生的行为应该明确规定和表达，只有行为的目标明确而具体，才能对行为效果进行衡量和及时奖励。反馈是强化的一种重要形式，管理者应该让员工通过某种形式或途径及时了解自己行为的结果并激励员工按照一定要求和方式去工作，以达到预定的目标。

2. 在管理实践中的应用

1）设立一个目标体系。即把国家、企业和个人的大、中、小目标结合起来，把各自的远、中、近期目标结合起来，把总目标与分目标结合起来，不能孤立地抓住一个目标。在这个目标体系中，最重要的还是大目标、长远目标和总目标。但是，要达到这些目标，还必须从抓小目标、近期目标和分目标开始，每完成一步都应及时给予强化，以便增强员工信心，逐步实现总目标。

2）采用强化手段要因人而异。人各有不同，他们在性格、气质、能力、文化素养、所担任的职务等方面均存在差异。因此，在运用强化手段时，使用何种强化措施，必须因人而异，不能搞“一刀切”。

3）强化应力求及时并恰如其分。为了使强化能够收到良好的效果，无论负强化还是正强化，都应在行为发生之后立即进行，并且给予的强化必须是合理且恰当的。及时、合理、恰当的正强化才能够起到趁热打铁的作用，给员工以鼓励，使其增强自信心并迅速产生工作热情。

4）奖励（正强化）和惩罚（负强化）相结合，以奖为主、以罚为辅。对员工正确的行为、对有成绩的个人或群体给予适当的奖励，既能促使受奖者继续努力工作，又能使受奖者周围的人得到鞭策和鼓励。同样，对于员工的不良行为、对于一切不利于工作的行为要酌情给予惩罚，这样既可以使受罚者从中吸取教训，也能使周围的人受到教育，引以为戒。但是，鉴于惩罚可能带来的消极作用，管理实践中还是应当坚持以奖为主、以罚为辅。

5）奖励和惩罚必须公开、公平、公正，一视同仁。赏罚要制度化、规范化，做到赏罚公开、公平、公正，一视同仁地对待赏罚对象。这样，才能使员工真正心服口服，真正调动起员工的积极性。

9.3.6 亚当斯的公平理论

公平理论是由美国心理学家亚当斯（J. S. Adams）于 20 世纪 60 年代首先提出的。公平理论侧重于研究工资报酬分配的合理性和公平性对员工积极性的影响。亚当斯根据人的心理有一种自然趋向平等、公平且反对歧视、不公平的特征，发现人们在一定的工作环境中会自觉或不自觉地产生一种公平与否的感受，这种感受来自社会比较之中，因此公平理论亦称社会比较理论。

1. 基本观点

亚当斯的公平理论认为，员工对报酬的公平程度的判断主要是通过社会比较得出的，是相对意义上的认知。员工能否被激励，不仅受其所得绝对报酬（实际收入）的影响，而且受相对报酬的影响。这里的相对报酬是指个人付出的劳动和所得的报酬与他人所付出的劳动和所得的报酬进行的比较，即横向比较；同时，也指把自己现在付出的劳动和所得的报酬进行历史性的比较，即纵向比较。通过纵横两种比较，如果比值相等，员工认为是公平的，因此心情舒畅，积极性就高；如果比值不相等，则员工认为自己比同类人员收入低或比自己过去的收入低，就会产生不公平感，从而影响积极性的发挥。公平理论的公式为：

$$\frac{\text{自己的所得}}{\text{自己的付出}} : \frac{\text{他人的所得}}{\text{他人的付出}} \quad \text{（横向比较）}$$

$$\frac{\text{自己现在的所得}}{\text{自己现在的付出}} : \frac{\text{自己过去的所得}}{\text{自己过去的付出}} \quad \text{（纵向比较）}$$

需求说明的是，这里所谓的“付出”和“所得”都是一个人的主观感觉和判断。“付出”指的是一个人自己觉得付出劳动量的多少、效率的高低和质量的好坏，还指自己所感觉到的能力、经验、资历、学历、投资等贡献的高低或多少。而“所得”则指的是一个人主观认识到的在工作劳动后得到的回报，如工资报酬、奖金、地位、权力、待遇、赞赏、表扬甚至自己体会到的成就感等。由此可见，所谓“公平”与“不公平”，实际上是在比较对照中为人们主观上所感知的分配状况。

根据亚当斯的公平理论，人的不公平感（公平感）是因为客观刺激作用于主体而在主体心理上产生的一种主观判断。也就是说，不公平感是受两个方面因素制约的，即客观分配的公平与否和个人在主观认知上的正确与否。客观因素，包括奖励分配制度的不完善、领导者的管理素质低下、人事管理制度的不合理（如人才无法合理流动）及社会上的不正之风等。主观因素包括感知的片面性、情感的偏向、思想品德及传统的公平观念的影响等。对于不同原因所产生的不公平感，管理者应该采取不同的方法和措施有效地使其消除或减少，以保证员工积极性的充分发挥。

2．在管理实践中的应用

关于公平理论在管理实践中的应用，总体上要与组织的改革和组织制度建设相结合。具体地说，应用公平理论要从以下四个方面着手。

1）管理者应当一视同仁，尽可能公正无私地对待每位员工，尤其在工资、奖金、职称等问题上要公平合理。此外，还应该进一步提高各级领导者的管理水平，加强和完善基础管理工作。

2）认真进行分配制度改革，打破平均主义的思想框架。管理者首先要从思想观念上打破平均主义的框框，在人事考核与评价技术上下大工夫，使对工作绩效的考核更加客观和科学，从而更好地贯彻按劳分配的原则。

3）改革目前不合理的劳动人事制度，努力做到人适其事、事得其人、各尽所能、人尽其才，努力创造条件促进人才的合理流动和职位的公开竞争，逐步实现机会均等。

4）通过改善管理、加强思想工作消除员工的不公平感，引导员工进行全面、客观的比较。

自测题

一、名词解释

激励　成就需求　公平理论　强化理论

二、单项选择题

1．激励过程的出发点是（　　）。

A．紧张感　　　　B．目标

C．未得到满足的需求　　　　D．不满意

2．马斯洛需求层次理论强调最基本的需求是（　　）。

A．归属与爱的需求　　B．尊重需求

C．自我实现的需求　　D．生理需求

3．当某人力图同他人交往、建立亲近和睦关系时，表现出的是以下哪种需求？（　　）

A．对权力的需求　　B．对成就的需求

C．安全需求　　D．对社交的需求

三、多项选择题

1．下列哪类需求没有在马斯洛的需求层次理论中被列出？（　　）

A．安全需求　　B．自我实现的需求

C．心理需求　　D．归属与爱的需求

2．薪金和工作本身的特点属于以下哪种因素？（　　）

A．保健因素　　B．自我实现需求

C．激励因素　　D．成长需求

3．当代的激励理论有（　　）。

A．成就需求理论　　B．期望理论

C．公平理论　　D．需求层次理论

四、判断题

1．激励水平=期望值×效价。（　　）

2．ERG理论是由马斯洛提出的。（　　）

3．双因素理论中的双因素是指激励因素和保健因素。（　　）

五、简答题

1．简述激励的含义及作用。

2．简述马斯洛的需求层次理论。

3．谈谈在管理实践中如何运用公平理论。

案例分析

案例1　小白的苦恼

白泰铭在读大学时成绩不算突出，老师和同学都不认为他是很有自信和抱负的学生，以为他今后无多大作为。他的专业是日语，毕业后便被一家中日合资公司招为推销员。他很满意这份工作，因为工资高，而且稳定，不用担心未受过专门培训的自己比不过别人。若拿佣金，比人少得太多就会丢面子。

刚上班的头两年，小白的工作虽然兢兢业业，但销售成绩只属一般。可是随着他对业务以及与客户的关系越来越熟悉，他的销售额也渐渐上升了。到了第三年年底，他已列入全公司几十名销售员的前20名了。他很有信心自己下一年能当推销员中的冠军。不过这家公司的政策是，不公布每人的销售额，也不鼓励互相比较，所以他也不是很有把握自己一定会坐上第一把交椅。

去年，小白干得特别出色。尽管定额比前年提高了 25%，但到 9 月初他就完成了这个销售额。根据他的观察，同事中还没有人完成定额。10 月中旬，日方销售经理召他去汇报工作。听完他用日语做的汇报后，经理对他格外客气，祝贺他已取得的成绩。在他要走时，经理对他说："咱公司要再有几个像你一样的推销明星就好了。"小白只微微一笑，没说什么，不过他心中思忖，这不就意味着承认他在销售员队伍中出类拔萃，独占鳌头吗？今年，公司又把他的定额提高了 25%，尽管一开始不如去年顺利，但他仍一马当先，比预计干得要好。他根据经验估计，10 月中旬前他准能完成自己的定额。可是他觉得自己的心情并不舒畅。最令他烦恼的是，公司不告诉大家每个人干得好还是坏，完全没有反应。

他听说本市另外两家中外合资的化妆品制造企业都搞销售竞赛和有奖活动。其中一家的总经理亲自请最佳推销员到大酒店吃饭；而且还有内部发行的公司通讯，让员工知道每人的销售情况，并表扬每季和年度最佳销售员。

想到自己公司这套做法，他就特别恼火。其实一开头他并不关心排名第几的问题，如今却重视起来了。不仅如此，他开始觉得公司对推销员实行固定工资制是不公平的，一家合资企业怎么也搞大锅饭？应该按劳付酬。

上星期，他主动去找那位外国经理谈他的想法，建议改行佣金制，至少按成绩给奖金。不料那日本经理说这是既定政策，拒绝了他的建议，还说母公司一贯如此，这正是本公司的文化特色。

昨天，令公司领导吃惊的是，小白辞职而去，到另一家公司去了。

问题：

（1）小白为何不同意公司现有的付酬制度？试运用亚当斯的公平理论来解释。

（2）小白能否算一位高成就激励者？试用麦克利兰的标准说明。

案例 2　工资全额浮动为何失灵

WH 建筑装饰工程总公司是国家建设部批准的建筑装饰施工一级企业，实力雄厚，经济效益可观。

铝门窗及幕墙分厂是总公司属下最大的分厂，曾经在一线工人和经营人员中率先实行工资全额浮动，收到了不错的效果。为了进一步激发二线工人、技术人员及分厂管理干部的积极性，该分厂宣布全面实行工资全额浮动。决定宣布后，连续两天，技术组几乎无人画图，大家议论纷纷，抵触情绪很强。经过分厂领导多次做思想工作，技术组最终被迫接受了现实。

实行工资全额浮动后，技术人员的月收入是在基本生活补贴的基础上，按当月完成设计任务的工程产值提取设计费。如玻璃幕墙设计费，基本上按工程产值的 0.27%提成，即设计的工程产值达 100 万元，可提成设计费 2 700 元。当然，技术人员除了画工程设计方案图和施工图，还必须作为技术代表参加投标，负责计算材料用量及加工、安装现场的技术指导和协调工作。分配政策的改变使小组每日完成的工作量有较大幅度提高。组员主动加班加点，过去个别人"磨洋工"的现象不见了。然而，随之而来的是，小组里出现了争抢任务的现象，大家都想搞产值高、难度小的工程项目设计，而难度大或短期内难见效益的技术开发项目备受冷落。

彭工原来主动要求开发与自动消防系统配套的排烟窗项目，有心填补国内空白。但实行工资全额浮动制三个月后，他向组长表示，自己能力有限，希望放弃这个项目，要求组长重新给他布置设计任务。

李工年满 58 岁，是多年从事技术工作的高级工程师。实行工资全额浮动后，他感到了沉重的工作压力。9 月，他作为呼和浩特某装饰工程的技术代表赴呼市投标，因种种复杂原因，该工程未能中标。他出差了 20 多天，刚接手的另一项工程设计尚处于准备阶段，故当月无设计产值，仅得到基本生活补贴 78 元。虽然在随后的 10 月份，他因较高的设计产值而得到 1 580 元的工资，但他依然难以摆脱强烈的失落感，他向同事们表示他打算提前申请退休。

尽管技术组组长总是尽可能公平地安排设计任务，平衡大家的利益，但是组员们的意见还是一大堆。小组内人心浮动，好几个人有跳槽的意向，新分配来的大学生小王干脆不辞而别。组长感到工作越来越难做了。

问题：

（1）该企业中技术人员的需求层次有何特点？实施工资全额浮动后有什么变化？

（2）试用赫茨伯格的双因素理论解释工资全额浮动失灵的原因。

第 10 章 人际沟通

学习目标 理解管理学中沟通的含义；了解人际沟通在企业管理工作中的重要意义；了解沟通要素和沟通过程；理解沟通网络和沟通的方式。

引导案例

希腊员工辞职的原因

美国老板：完成这份报告要花费多少时间？

希腊员工：我不知道完成这份报告需要多少时间。

美国老板：你是最有资格提出时间期限的人。

希腊员工：10 天吧。

美国老板：你同意在 15 天内完成这份报告吗？

希腊员工：（没有做声，认为是命令。）

15 天过后，美国老板：你的报告呢？

希腊员工：明天完成（实际上需要 30 天才能完成）。

美国老板：你可是同意今天完成报告的。

第二天，希腊员工递交了辞职申请书。

问题：

请从沟通的角度分析美国老板和希腊员工对话，说明希腊员工辞职的原因并提出建议。

10.1 沟通概述

10.1.1 沟通的定义

沟通也称意见沟通，英文为“Communication”，有联络、通信、传播的意思。意见沟通也就是信息交流。信息交流是动物界的普遍现象，它是动物本能的一种表现。狭义的沟通是指以符号、记号为媒介所实现的社会行为的交互作用，即人们在互动过程中通过某种途径或方式将一定的信息传递给另一个接受信息的人。

广义的沟通是指人类的整个社会互动过程，人们在互动中不仅交换观念、思想、知识、兴趣、情绪等信息，而且交换相互作用的个体的全部社会行动。

动物常以声音、行为、气味、肤色变化等手段彼此通报危险、敌对、友好、觅食、求偶等信号。现代人类社会中，沟通可以是通信工具（如电报、电话、电影、电视等）之间的信息交流，这属于通信技术科学研究的问题；沟通也可以在人和机器之间进行，这是工程心理学所关注的问题。而人与人之间的信息交流则是管理心理学所要讨论的问题。这里主要研究人与人之间的意见沟通。

10.1.2 管理学中的沟通

管理学中，沟通是指人与人之间传达思想、观点或交换情报信息的过程。它是完成组织使命或达成任务的一种必要手段，它还可以促进共同了解、增强团体力量。人际沟通在组织、团体的管理中占有相当重要的地位，沟通状况顺畅与否直接影响群体的工作效率。

R. 勒德洛和 F. 潘顿合著的《有效沟通》一书中提出了进行沟通的五个理由：提高管理效能；了解人员情况；使人员参与组织管理，激励员工的工作积极性和无私奉献的精神；有助于管理者与下属之间、同事之间、组织内部人员之间、组织内部人员与外部人员之间的相互沟通和相互理解；有助于人员理解改变管理模式的必要性及其应该怎样适应这种变化，以减少改革的阻力。

10.1.3 沟通的重要意义

1．沟通具有传达信息的功能

沟通为群体成员提供内外部两个方面的信息。内部沟通包括成员之间交流信息、经验、知识、观点和情感。每个人由于工作性质、社会地位和能力的不同，各自掌握的信息也就不同。加强这些信息的交流，协调个体、要素的关系，是促使群体成为一个整体的凝聚剂。外部沟通包括同各协作单位联络以获得有关的资料、情报、知识等外部环境变化的信息。因此，沟通也是群体与外部环境之间建立联系的桥梁。

2．沟通是把群体中的各项活动统一起来的手段

群体活动包括决策、激励、控制、协调等。没有沟通，这些活动都是不可能开展的。没有沟通，决策无法制定和执行，工作无法协调和控制，管理者无法激励下属，目标也就无法实现。

3．沟通能够影响和改变行为

当管理者为了执行某个决策或为了配合外界环境的变化而需求做某种改革时，他就必须说服、激励和领导他人，以影响和改变他人的态度和行为，取得上级的支持和得到下级的合作，这就需求有效的沟通。

4．沟通是建立良好人际关系的基础

从建立、维系和发展人际关系方面而言，沟通能满足人们的三种社会心理需求，即互动的需求、影响他人的需求和表达感情的需求。因此，沟通能增进成员间的彼此了解，减少意见的分歧和冲突，增加相互间的信任，从而产生和谐的工作气氛及良好的人际关系。

10.2　沟通要素与沟通过程

10.2.1　沟通要素

1．信息的传送者

信息的传送者也可以称为传送者。传送者是制造信息来源的人，是沟通的启动者。

传送者在沟通中居于主动的地位。他首先要确定沟通的目标，明确要传送的内容，考虑采用什么形式进行传送，然后把所要传送的思想、情报、情感等内容，通过转换变成对方能理解的信息传送出去，经过一定的渠道让对方接受。因而，传送者是首要的沟通者。

2．信息的接收者

信息的接收者可以简称为接收者。传送者和接收者共同构成沟通主体。沟通具有一定的目的性，是要把一定的信息传送给特定的对象。沟通多以双向沟通的形式出现，所以沟通中传送者和接收者的划分也是相对的，当接收者将自己的反应或问题反馈到传送者那里的时候，两者的位置互换。

当传送者发出信息后，接收者通过一定的渠道收到信息并有选择地吸收消化这些信息，进一步将其转化为自己理解的内容和意念，经过判断采取相应的行为，因而接收者是响应的沟通者。

接收者将获得的信息转换为自己所能理解的概念的过程称为译解（又称译码、解码）。接收信息时一定要做到完整，力求接收传送来的每个信息信号。

3．信息

传递过程中的内容称作信息。内容能够成为信息被传送需求转变为传送者与接收者都能理解的符号，即语言、文字等。

4．沟通渠道

信息传递的途径和方式也可称为渠道（或通道、路径），是指由传送者选择的借以传递信息的媒介，包括直观、口头、书面及感官等。它是传递社会意识的直接物质载体。渠道的选择直接关系到信息传递或反馈的效果。不同的信息内容要求不同的渠道。

5．障碍

无论何种类型的信息，沟通过程中都可能因为某些因素的影响或沟通系统本身存在问题而失真或误传，这种现象被称为障碍，通信中称为噪声。根据沟通的基本过程，沟通障碍产生的因素有三个方面。

（1）信息传送者对信息表达的障碍

传送者由于语言和文字能力不强，或者在传送之前不够深思熟虑而造成所传送的信息不够充分、清楚和准确；传送者讲空话、大话和套话，或作风高高在上，与接收者心理距离太大造成接收者产生逆反心理等，这些均会造成沟通中的壁垒与障碍。

（2）沟通渠道的障碍

沟通的中间环节过多，特别容易引起信息的损耗。当沟通的人数增加时，沟通渠道急剧增加，给相互沟通带来困难。接收者与传送者之间空间距离过大，接触机会少，容易产生沟通障碍。

选用错误的沟通渠道也会产生障碍，如对不太识字的人群发放文字资料、对一个认为食指有贬义的人竖起食指表示数值等。典型的问题是“过滤”，也就是信息丢失。

（3）信息接收者方面的障碍

接收者对新的信息不感兴趣、不重视、精力不集中，或者接收者听话、阅读、记忆、理解等方面的能力有限，这些均会成为沟通的障碍。

6．反馈

反馈的概念出自电子工程学，指发出的电磁波或所携带信息的回流，用在沟通中则指接收者对传送者信息的反应。这种反应有认识、说服、证实、决定、实行等多种表现。通过反馈，传送者可以了解接收者对传送信息的要求、愿望、评价、态度等。

反馈可分为不同类型：正反馈（接收者理解了信息）和负反馈（接收者误解了信息）；直接反馈（直接来源于接收者的语言、表情等）和间接反馈（通过特定的人、组织等第三者得到）；真实反馈和假性反馈（经过伪装的反应）等。

7．关系

关系指传送者与接收者之间的亲密关系、接受信任程度及相互间的结合力。信息传送者的权威性、品德与作风等都会影响接收者的接受。

8．环境

沟通总发生在一定的情景和场合中，沟通的环境可以影响其他要素或整个沟通过程。

10.2.2 沟通过程

沟通过程是指信息传送者制作信息，并通过选定的沟通渠道，将信息传递给信息接收者的过程。信息接收者收到信息后，将信息予以“译解”，再采取行动。如果接收者的行动能够符合信息传送者的原意，沟通才是成功的。信息的传送者需求把某种意图通过一定形式转变成信息接收者能够理解的信息，然后通过一定的沟通渠道传递给信息的接收者。信息接收者对接收到的信息进行加工、处理、分析，接受和理解信息，然后把所理解的信息反馈给信息传送者，以便确认其所接收的信息的正确性。有时，信息沟通没有反馈这一阶段。信息沟通过程中还可能存在各种各样的“噪声”的干扰，如电话信息不清楚、环境噪声大、语言理解的差异、用词不当等。

我们可以把沟通过程分解为四个步骤。

1）信息传送者将一定的信息内容传递给信息接收者的过程。

2）信息接收者注意并了解信息内容的过程。要做到这一步，首先需要克服“信息的竞争”。信息接收者可能在同一时刻面临多项信息，信息传送者此时若要与之沟通，就必须先设法让接收者注意到该信息。如果得不到接收者的注意，沟通便无法进行下去。

3）信息接收者接受或拒绝信息的过程。

4）信息接收者将信息付诸行动的过程，即沟通事项的执行。

管理者的工作时间中约有 70%用于信息的接收与传递。所以，要做到有效沟通，必须对沟通过程中的这四个步骤有确切的认识和了解。

10.3　沟通的类型与沟通网络

10.3.1　沟通的类型

1．语言沟通

语言沟通建立在语言文字基础上，又可分为口头信息沟通和书面信息沟通两种形式。

（1）口头信息沟通

绝大部分的信息是通过口头传递的。口头信息沟通方式十分灵活多样，它既可以是两个人间的娓娓深谈，也可以是群体中的雄辩舌战；既可以是正式的磋商，也可以是非正式的聊天；既可以是有备而来，也可以是即兴发挥。

1）口头信息沟通的优点。这种方式下，信息可以在最短的时间内被传送，并在最短的时间内得到对方回复。如果接收者对信息有疑问，迅速的反馈可使传送者及时检查其中不够明确的地方并进行改正。良好的口头信息沟通有助于对问题的了解。

2）口头信息沟通的缺点。口头信息沟通也有缺陷，信息在传送者的接力式传送过程中存在着巨大的信息失真可能性。每个人都以自己的偏好增删信息，以自己的方式诠释信息，当信息经过长途跋涉到达终点时，其内容往往与最初的含义存在着较大的偏差。而且，这种方式不是总能省时的，有时甚至浪费时间。

（2）书面信息沟通

适合口头信息沟通的原则同样适合书面信息沟通。书面信息沟通的技巧就是要设法使读者有欲望读下去。这意味着传送者要先确定想要表达的主要意思，然后用合适的方式将它表达出来。不管使用何种书面沟通方式，重要的是保证表达能够被理解。

1）书面信息沟通的优点。书面记录具有有形展示、长期保存、法律防护依据等优点。一般情况下，传送者和接收者都拥有沟通记录，沟通的信息可以长期保存下去。如果对信息的内容有疑问，过后查询是完全有可能的，对于复杂或长期的沟通来说，这一点尤为重要。同时，由于要把表达的内容写出来，这样可以促使人们对信息更加认真地思考，因此书面信息沟通显得更加周密、条理更加清楚。

2）书面信息沟通的缺点。相对于口头信息沟通而言，书面信息沟通耗费时间较长。同等时间的交流，口头比书面所能表达的信息要多得多。事实上，花费一小时写出来的东西只要 15 分钟就可以口头表达完。书面信息沟通的另一个缺点是，不能即时提供信息反馈。口头信息沟通能够使接收者对其所听到的东西及时提出自己的看法，而书面信息沟通缺乏这种内在的反馈机制，其结果是无法确保所发出的信息能够被接收到。

2．非语言沟通

非语言沟通是指通过某些媒介而不是讲话或文字来传递信息。例如，交替闪烁的红绿灯、慷慨激昂的语调都属于非语言沟通。一个人的衣着打扮及谈话时的举止也可以向别人传递某种信息。

非语言沟通的内涵十分丰富，包括副语言沟通、身体语言沟通和物体的操纵信息沟通等多种形式。

（1）副语言沟通

心理学家称非语言声音为副语言。最新的心理学研究成果表明，副语言在沟通过程中起着非常重要的作用。一句话的含义往往不仅取决于其字面的意义，而且取决于其弦外之音。

副语言分为口语中的副语言和书面语中的副语言。口语中的副语言是通过非语言的声音（如重音）、声调的变化及哭、笑、停顿来实现的。语言表达方式的变化，尤其是语调的变化，可以使字面相同的一句话具有完全不同的含义。书面语中的副语言是通过字体变换、标点符号的特殊运用及印刷艺术的运用来实现的，如某几个字加着重号或用黑体来强调。

（2）身体语言沟通

在沟通过程中，人们无不处于特定的情绪状态。这种情绪状态除了可以用直接的表达或副语言告知对方外，还可以委婉地用身体语言进行表达。身体语言沟通是指用目光、表情、姿态、衣着打扮等形式来传递或表达沟通信息。

人们可以通过面部表情、手部动作等身体姿态来传达诸如攻击、恐惧、愤怒、愉快、傲慢等情绪或意图。例如，你在很忙碌的时候，邻居来借东西。你给了他东西后，他却仍然待在你家与你聊天，你内心肯定希望他赶快走，可是表面上你只能很礼貌、很专注地听着。这时你可以通过东挪挪花瓶、西移移摆设来暗示这位邻居“该是你离开的时候了”。除非这位邻居没有感觉或太专注于自己的话题，否则谈话很可能就会因此而结束。

沟通者的服饰往往也扮演着信息发送源的角色。人们习惯认为，穿黑色衣服代表着严肃、庄重。如果一位领导穿着运动服训斥下属，那么他说话的权威性将大大降低，下属容易产生不认同感，或者偏向认为领导只是很随意地说说。正式的谈判中，如果一方举止随便，则很容易被对方视为轻视、不尊重自己，也就容易导致谈判失败。

（3）物体的操纵信息沟通

除了运用身体语言之外，人们也能通过物体的运用、环境布置等手段进行非语言沟通。

3. 现代化的信息沟通形式

通过计算机辅助技术，今天组织内的沟通得到了丰富和加强。这包括电子邮件、组织内联网（Intranet）和外联网（Extranet），以及视频会议等。例如，电子邮件的出现大大减少了备忘录、书信及电话的使用，而这些方式曾经是员工之间及员工与供货商、客户等之间进行沟通的主要方式。

（1）现代化的沟通方式

1）电子邮件。电子邮件（E-mail）利用互联网发送和接收计算机文本或文件，其发展非常迅速。现在，大多数白领经常使用 E-mail。事实上，最近的一项研究发现，美国员工平均每天要收到 31 封 E-mail。组织也逐渐认识到 E-mail 对全体员工的价值。例如，福特汽车公司最近决定向其全球 300 000 多名员工每月每人提供 5 美元的预算，用于计算机、调制解调器、打印机和 E-mail 消费。

作为一种沟通工具，E-mail 的优点很多。E-mail 的内容很容易书写、编辑和保存。传送者只需点击鼠标就可以将消息发送给一个人或成千上万的人。收信者可根据自己的意愿决定是否阅读全文。与打印、复印或邮寄同样的信件或小说明册相比，发正式 E-mail 的费用要低得多。

当然，E-mail 也有缺点。首先，它可能出现信息超负荷。员工一天收到 100 封甚至更多的

E-mail 并不是什么奇怪事。阅读、吸收、回复如此大的信息流会花掉员工一整天的时间。本质上说，E-mail 使用方便的特点正是其致命弱点。员工们发现，要区分重要邮件与垃圾邮件或无关消息越来越难。E-mail 的另一个缺点就是缺乏感情内容。E-mail 无法像面对面交谈那样传递非语言暗示，也不能像在电话里一样通过语调来表达重要信息。正因为如此，传递像临时解雇、工厂关门等可能激发情绪化反应，或者要求心领神会或社会支持的这类信息时，E-mail 不是理想的方式。

2）Intranet 和 Extranet。Intranet 是组织范围内的信息网络，它具有 Internet 网站的特点，但只有组织内的人才可以访问。此外，组织还创建了 Extranet，它使内部员工可以与其销售商或战略合作伙伴进行沟通。类似地，所有沃尔玛超市的供货商都与其 Extranet 相连，这使得消费者很容易与供货商沟通，同时供货商也能够方便地监视其产品在沃尔玛商店的销售情况。

3）视频会议。视频会议是 Intranet 或 Extranet 系统的扩展。它能够让处在不同地点的员工同时召开会议。视频会议提供声音和视频图像的实况转播，这使得与会成员能够看、听和互相交谈。视频会议技术提供了一种有效方式，使得所有的员工不必处在同一地点就能够召开交互式的会议。

20 世纪 90 年代后期，视频会议要在装有电视摄像机的特定房间里召开。最近，由于摄像机和麦克风可以直接与计算机相连，这样人们不必离开计算机桌就可以参加视频会议。随着这种技术成本的降低，视频会议可能会逐步取代昂贵而费时的旅行会议。

（2）现代化的沟通方式对组织管理的冲击

这些现代化的沟通方式对组织管理至少有以下几个方面的冲击。

1）弱化了组织界限。计算机网络使员工在组织中可以跨越纵向层级工作（他可以直接同更高级别的管理人员就某一问题利用电子邮件来讨论，而不必通过顶头上司），员工可以在家里或其他地方工作（为组织节省了办公场地的费用），可以和其他企业的员工相互交流。

2）提高了信息使用效率。电子沟通从根本上改变了信息在输出、输入和回馈方面的速度，使公司内部运转的时间减少，可以直接利用所需要的信息，因而也降低了成本、提高了员工的工作效率。

3）过多使用电子沟通可能会导致较低的工作满意度。这是因为电子沟通不能像面对面沟通（如会议）那样，在传递言语信息的同时也传递细腻的情感，提供语言线索的同时也提供非语言沟通的线索，而在家办公更不能满足人们在群体中的归属需求。

此外，现代的信息传递方式也给人员管理带来新的问题，提出了如何对员工行为进行控制、发达的信息技术带来裁员问题等方面的课题。遗憾的是，沟通过程模型中的大部分因素都有着造成信息失真的潜在可能性，并因此使完美精确的沟通目标受到冲击。这些失真源可以解释为什么接收者译码的信息很少与传送者的原本意图完全一致。

如果编码不认真，传送者发出的信息就会出现失真。信息因素本身也可能导致失真，信号的选择不当及信息内容的混淆都是经常出错的地方。如果通道选择不利或噪声过高，也会使沟通失真。另外，个人偏见、知识水平、知觉技能、注意广度、解码的认真程度等因素都在一定程度上使接收者对信息的解释与传送者的想法有所差距。

10.3.2 沟通网络

信息传递的过程中，传送者的信息有些可以直接传递给对方，有些却需要经过某些中介环节才能到达接收者，这就产生了沟通渠道的问题。由沟通渠道所组成的结构形式即为沟通网络。沟通网络对沟通效率具有一定的影响。正式沟通和非正式沟通各有特点，因而它们的沟通网络自然也存在差异。

1. 正式沟通网络

美国管理心理学家莱维特（H. L. Leavitt）最早设计出了研究正式沟通网络模型及其效率的实验。他以五人为实验对象，提出五种不同的正式沟通网络模式。

（1）链式（Chain）

这种沟通网络下，信息以链条似的顺序进行传递时，其速度快、效率高。但是每个成员间的沟通面狭窄，只能与相邻成员进行沟通，造成内容分散、不易掌握全面情况的问题，因而不易形成员工的共同意见。管理中，链式沟通网络的领导者地位较突出，但主管领导和下属员工之间并无直接联系，只能通过中间层进行间接沟通；而且经过中间层的层层筛选，信息失真的可能性也比较高，使上级与下级之间无法真正了解，易形成上下离心的局面。

（2）轮式（Wheel）

在这种沟通网络下，领导者处于信息交流的中心，极易集中其他成员的信息，其他成员则通过中心人物来联系；信息从四面八方汇集到中心，中心人物根据信息进行决策，并迅速将信息反馈给成员。因此，轮式网络对组织的统一行动非常有利，但由于成员之间没有直接联系、互不了解，因而群体士气和凝聚力较低。

（3）环式（Circle）

环式也称圆圈式。在这种沟通网络下，每个成员的地位平等，所以参与意识强，积极性高，便于鼓舞士气。这种形式的缺点是沟通的精确性不够，且由于缺乏信息沟通中心，不利于信息集中，信息传递速度慢；而且在一个组织内使每个成员都能平等地获取一切信息，这既不可能，也无必要。

（4）Y 式（Y）

Y 式兼有链式和轮式的优缺点，是链式的复杂化。Y 式沟通速度快、办事效率高，但由于中间层的“筛选”，信息的精确性不高，某一环节发生故障就会影响信息的传递，因而群体士气不高。

（5）全通道式（All Channel）

每个成员都可以同其他成员直接交流，民主气氛最浓，士气最高，便于问题的广泛协商解决。但由于交流对象多，其沟通速度较慢，不利于集中控制。

上述正式沟通的五种网络模式各有优缺点，没有哪一种网络对所有群体来说都是最好的。在解决简单问题时，链式和轮式的效率较高。而在解决复杂问题时，环式和全通道式则最有效。此外，根据“有效”所代表的内容不同，五种网络模型的运用范围也不同。具体而言，如果“有效”指的是速度快与容易控制，则轮式沟通网络较为适用；如果“有效”指的是群体中士气高昂，则环式沟通网络较为适用；如果一个组织规模庞大，需求授权分层管理才最有效，则链式沟通网络较为适用；如果主管本身工作繁忙，需求有人帮助其收集与挑选信息，则 Y 式沟通网络较为适用；如果组织规模较小，那么全通道式沟通网络较为适用。无论运用何种沟通网络，其共同目的都是加快信息沟通，取得简便、高效的结果。

2．非正式沟通网络

非正式沟通呈不规则状态，它是人们在自然的交往中形成的。美国管理心理学家戴维斯（Keith Davis）曾采用顺藤摸瓜的方法研究非正式沟通，结果发现了四种非正式沟通网络模型。

1）单线式，又叫单串式，是指通过一连串传送者把信息传至最高的接收者。

2）流言式，又叫饶言式，是指传送者主动将信息传播给其他人，逢人便讲。这种类型若连续使用，可使信息按几何级数扩散。

3）偶然式，又叫概率式，是指传送者事先并未选择对象，全凭偶然的机会将信息传给一部分人，这些人又随机地传给另一部分人，依次类推。

4）集束式，又叫葡萄式。与偶然式相比，这种沟通网络模型中的传送者有选择地将信息传给有关人员。这是运用最为广泛的非正式沟通的网络模型。

3．非正式沟通及其管理

非正式沟通传递的是员工所关心的与其相关的信息，它取决于员工的个人兴趣和利益，与组织正式的要求无关。与正式沟通相比，非正式沟通具有下列特点。

1）非正式沟通建立在组织成员的社会关系上，即由成员间的社会交往行为而产生。它来自组织成员的工作专长及爱好闲谈的习惯，其沟通并无规则可循。

2）非正式沟通对消息的传递快且准确。由于非正式沟通没有正式沟通那种程序，因而信息传递速度大大加快。同时，由于人们对感兴趣的问题谈论得比较多，无意中就加快了信息传播速度。

3）非正式沟通大多于无意中进行，可以发生在任何地方、任何时间，内容也无限定。

4）非正式沟通可以满足员工的需求。由于摆脱了权威的限制，因而非正式沟通能更真实地反映员工的需求和愿望。

5）非正式沟通具有一定片面性，其信息常被夸大、曲解，需要慎重对待。社会上对非正式沟通评价不一，有些人只看到非正式沟通夸大或歪曲信息的一面，从而对其全面否定，这是不正确的。无论如何，非正式沟通都在群体和组织中客观存在，并扮演着重要角色，管理人员应正确对待。首先，应认识到非正式沟通的重要性。其次，应利用非正式沟通为自己服务，以便获取更多的信息。最后，对于错误信息，应根据其消极影响程度采取不同的处理方法。危害严重的，应及时设法消除；危害轻的，可采取不理睬的态度，让其自生自灭。

10.4 沟通障碍与沟通技巧

信息沟通的障碍会阻止信息的传递或歪曲信息，这些障碍可能来自信息传送者，也可能来自信息接收者，还可能来自环境因素。但无论障碍来自何方，其均会破坏整条信息沟通链的连续性和有效性。由于是人与人之间的沟通，所以必然会受人的性格、气质、态度、情绪、见解、处世方式、思想观点、文化水平、工作经验、思维能力等各种主观因素的影响。组织结构造成的职位差别是沟通的客观障碍，特别是在等级森严的组织内，往往只能实现下行的单向沟通，而上行沟通就比较困难。沟通方式的障碍主要表现为沟通方式选择不当所造成的沟通低效和沟通无效。此外，沟通还会遇到语言、信息超载、环境“噪声”干扰等障碍。

10.4.1 沟通障碍

群体离不开沟通，离开了沟通行为，群体就不能称为群体。群体成员之间时时刻刻都在进行情感、观点、意见的交流。沟通的过程中，由于存在外界干扰及其他种种原因，信息往往丢失或被曲解，使得信息不能发挥正常的作用。概括起来，造成沟通障碍的因素主要有以下几个方面。

1．个人因素

个人因素包括两大类。一是有选择地接受。研究表明，人们往往只听或看自己在感情上有所准备的东西或想听、想看的东西，而对于与他们的期望不一致的信息一般采取拒绝或片面接受的态度。二是沟通技巧的差异。例如，在文字表达和口头表达方面，人们的能力各不相同。有些人尽管口头表达能力不行，却能用文字清晰而有见解地表述自己的思想；而有的人恰好相反，因而妨碍了沟通。

2．人际因素

人际因素包括沟通双方相互信任的程度、信息来源的可靠程度和沟通双方的相似性。沟通是传送者与接收者双方的行为，是“给”与“受”的过程，因此沟通双方的诚意和相互信任至关重要。如果群体成员间相互猜疑，其结果只能是增加抵触情绪，使彼此间有效沟通的概率降低甚至为零。信息来源的可靠性与四个要素有关：诚实、能力、热情、客观。信息来源是否可靠实际上由接收者决定，有时信息其实并不具备这四个要素，只要接收者认为传送者具有即可。沟通双方的相似性也会对沟通产生影响。如果双方在兴趣、社会地位、价值观等方面比较相似，他们之间就会显得趣味相投而使沟通变得更为容易，其沟通内容也比较坦率。相反，如果沟通一方视另一方为异己，那么信息的传递将很难进行下去。

3．结构因素

（1）地位差别

许多研究表明，地位的高低对沟通的方向和频率有多方面的影响。人们一般愿意与地位较高的人沟通，而地位较高的人则更倾向于相互沟通。信息趋向于从地位高的人流向地位低的人，地位高的人在沟通时往往居于中心地位。显然，这种沟通对组织发展十分不利。

（2）信息传递链

信息传递链越长，信息通过的等级就越多，失真率也越高。这种信息连续从一个等级到另一个等级所发生的变化即信息传递链现象。美国行为科学家曾对 100 家工业企业的信息沟通效率进行调查研究，结果发现在传递链中存在信息损失情况。

（3）团体规模

沟通的困难程度与团体规模成正比，团体规模越大，沟通越困难。这一方面是源于信息传递过程中所受的损失；另一方面则是源于成员间的空间约束，规模大的团体，成员间接触的机会较小，彼此间进行沟通的可能性也因此较小。

此外，沟通中的语言、非语言方面，以及媒介的有效性和信息过量等一系列的技术因素也对有效沟通构成威胁。

10.4.2　沟通技巧

沟通过程中，沟通主体应该从沟通信息的组织与发送、沟通信息的领会与反馈、沟通情境的改善三个方面着眼，改善沟通的方法和技巧，提高沟通效率。

1．沟通信息的组织与发送

沟通信息的组织与发送是指沟通信息的传送者将所要发送的信息进行适当的编码，并选择合适的沟通媒介有效地组织并发送出去。具体地说，就是要恰当地运用语言、文字、体态动作传递信息。

一般来说，沟通过程中正确的语言表达要做到以下五点：语言真挚，具有感染力和吸引力；语言轻重缓急得当，并有必要的重复；语言文明，说话和气，忌粗鲁、鲁莽；明确称谓，明晰人称；语言规范，少用方言土语。

与此同时，文字的锤炼与取舍也十分重要。这一方面要做到以下几点：文字意义准确，忌模棱两可、拖泥带水；措辞得当，通俗易懂，忌滥用辞藻，忌空话、大话、套话，尽量少用专业术语；言之有据，条理清晰，富有逻辑性；尽量使用短句。

另外，适当地运用体态语言和表情动作也有助于信息的有效传送。使用体态语言和表情动作时，一方面不能过分夸张，手舞足蹈、不知所云是不恰当的；另一方面，过于呆板、木讷，以及毫无表情的动作变化也是不恰当的。

2．沟通信息的领会与反馈

沟通信息的领会与反馈是指信息接收者将信息传送者传递的信息进行正确译码、接收，并进行必要的反馈。具体地说，就是要做到耐心聆听和积极反馈。

一般来说，有效的聆听要做到以下几点：少讲多听，别打断对方，多站在对方立场上考虑问题，表现出对对方的理解和同情；使用目光接触，展现赞许性点头和恰当的面部表情，表现出交谈的兴趣；尽量排除外界干扰，避免分心的举动或手势；进行复述、提问，但要控制情绪，保持冷静，不要妄加批评，不要争论；使听者和说者的角色顺利转换。

3．沟通情境的改善

情境因素是影响沟通效果的重要方面，改善沟通情境是有效沟通的基本技巧之一。改善沟通情境应做到以下几点。

1）选择合适的沟通场合。沟通场合的选择要注意同沟通的内容相适应。一般来说，正式和严肃认真的话题应选择在办公室、会议室或接待室等正式场合；而非正式和轻松的谈话，在家里等非正式场合都可以。

2）安排合适的沟通时间。对于沟通时间的选择，一方面不宜仓促、草率；另一方面不宜采用马拉松式的长谈。

3）排除外界干扰。沟通情境要尽量少一些不必要的背景噪声。

4）创造良好的沟通氛围。沟通气氛应显得亲切、平和、融洽。因此，沟通双方要以平等、诚恳、开诚布公的态度相待，消除内心的偏见和敌视等也是十分重要的。

5）善始善终。礼貌、友好地开场与道别。在管理人的过程中，管理者需要借助沟通的技巧，化解不同的见解与意见，建立共识。当共识产生后，事业的魅力自然就会展现。另外，需要注意的是，良好的沟通能力与人际关系并非全是与生俱来的。

10.4.3　企业领导与员工进行有效沟通的方式

1．主要领导者必须认识到沟通的重要性

成功的员工沟通方案中最重要的因素是主要的领导者。他必须从思想到行动都认可这样一种观念：与员工进行沟通对实现组织目标十分重要。如果组织中的主要领导者通过他的言行认可了沟通，这种观念会逐渐渗透到组织的其他部门中。除了在思想上拥护和赞成员工沟通之外，主要领导者还必须是一个熟练而鲜明的角色榜样，并且表现出自己很乐于交流重要信息。主要领导者花大量时间与员工进行交谈，解答他们的问题，倾听他们的需求，并亲自去做这些事情，而不是把这项任务委托给别人去做，这样可以增强员工的信心并为其他管理者做出榜样。

2．管理者言行一致

与主要领导者的支持和参与密切相关的另一个因素是管理层的活动。前面已经指出，行动比语言更响亮。如果管理者传递的隐含信息与正式沟通渠道传递的官方信息相矛盾，那么管理者就会在员工中丧失信誉。员工会倾听管理层关于公司如何变革和如何发展的论述，但这些言语必须得到相应行动的支持，这就要求管理者必须做到言行一致。

3．保证双向沟通

下行沟通占主导地位的沟通程序效果是不佳的。成功的程序是使下行沟通与上行沟通达到平衡。

企业如何激发自下而上的沟通呢？很多公司采取以下做法保证双向沟通：运用交互式广播电视系统，允许员工提出问题，并得到高层管理者的解答；公司内部刊物设立有问必答栏目，鼓励员工提出自己的疑问；开发申诉程序，使员工的不满能很快得到处理；对管理者的反馈技能进行培训，并鼓励他们在工作中使用这种技术。

4．重视面对面的沟通

在变革与动荡（这是实施重大调整与重组时的典型特点）时期，员工内心充满了畏惧和担忧——我们的工作会受到威胁吗？我们需求学习新技能吗？我们的工作群体要解散吗？这些信息通常是非常规的，而且是模棱两可的。面对面的沟通可以最大限度地传递信息。在重大变革中，主要领导者走出办公室，亲自和员工交流信息。坦诚、开放、面对面的沟通使员工觉得领导者理解自己的需求和关注，领导者在与自己同呼吸共患难。

5．共同承担沟通的责任

高层管理者提供总体规划（公司向何处发展），基层管理者将这一总体规划与工作群体或员工个人联系起来。每位管理者都有责任确保员工充分理解这些信息。当这些信息沿着组织层级向下传递时，变革的意义也变得越来越具体了。

员工都希望从上级那里而不是从同事或小道消息那里了解到变革会对自己产生什么影响。这就要求高层管理者及时向中低层管理者全面通报变革的规划，而中低层管理者也要及时向他们的工作群体传递信息，这样做可以最大限度地减少模棱两可的信息。

6. 不害怕面对坏消息

拥有有效沟通的组织并不害怕面对坏消息。事实上，它们面对的坏消息所占的比率常常多于好消息。这并不意味着这些公司存在更多的问题，只是因为它们不处罚坏消息的报告者。

任何组织都会不时遇到产品失败、运货拖延、客户抱怨及其他类似情况。问题在于在交流这些信息时，人们的感觉如何。管理者应在组织中营造这样的氛围：坦率地报告坏消息后，人们并不惧怕面对，当然好消息更会得到赞赏。

7. 根据听众调整信息

组织中不同的人对信息的要求也不同。对基层主管来说，非常重要的信息并不一定对中层管理者同样重要。同样，产品设计者感兴趣的信息可能对财会人员毫无意义。

个体和群体到底希望知道什么信息？他们什么时候需要知道这些信息？在什么环境下得到这些信息最好（家里、公司期刊上、电子邮件上或团队会议中）？员工需要的信息类型不同，获得信息的有效途径也不相同。管理者需要认识到这一点，并相应地设计与他们沟通的方案。

8. 把沟通视为一个持续的过程

成功进行沟通的组织把沟通作为关键的管理过程，它们在这一方面有五种共同的活动。

（1）管理者传达决策背后的逻辑依据

如果变革十分频繁且前景并不明朗，员工非常希望知道决策和变革背后的根本原因，即为什么要发生变革，变革会对自己产生什么影响。

传统的社会契约中，员工只要忠诚就可获得稳定的工作。然而，这种时代已成为历史，如今的管理层对员工有了新的期望。在终身聘用的时代里，详细解释管理决策对员工来说并不重要，因为无论发生了什么变化，他们的工作都是稳定安全的。但对于新的契约，员工感到自己对工作担负了更大责任，因而需要了解更多信息以便做出明智的职业选择。他们要从管理者那里找到一些证据，以弥补他们过去从事的工作与现在从事的工作之间的不同，信息便是其中之一。所以，管理者必须把决策背后的逻辑依据传递给员工，让员工明白决策的必要性和重要性，以调动员工的积极性和创造性。

（2）时机至关重要

管理者要在员工想知道某一信息的时候告诉他这一信息，这一点十分重要。员工不希望管理者像对待孩子一样对待自己，总是一点一点地给出支离破碎的信息，或者因为害怕产生误解而不谈这些信息。管理者应该在恰当的时候立刻告诉员工事实，这种方法可以减弱小道消息的力量，提高管理层的信誉。不及时进行信息沟通是以员工不满、愤怒和管理者丧失信任为代价的。

（3）保持持续沟通

沟通应该是不间断的，尤其在变革和危机时期。当员工需求信息却得不到信息时，他们便会通过非正式渠道寻求信息，即使这些渠道提供的都是一些缺乏根据的小道消息。如果管理层致力于保持信息沟通的持续性，组织中的员工会更体谅偶然出现的失误或欠缺。

（4）长期规划与短期规划相结合

真正有效的沟通并不是要等到员工理解了长远规划对自己和工作的影响之后才发生。经济改革、行业竞争及组织内部的竞争等信息都必须被每个领域、每个部门、每个个体所理解，这项工作常常落在直接负责员工的基层主管肩上。

（5）不强制员工对信息做出反应

员工都不希望别人告诉自己该如何解释变革和感受变革。“新变革真是激动人心”或“你们会逐渐喜欢这种重新组织的部门”，这些说法并不能增进信任和坦诚，它们常常只能激起对抗性的反应。在沟通中明确指出“谁、什么、何时、何地、为什么、怎么做”，最后让员工自己得出结论，这样的方式会更有效。

自测题

一、名词解释

沟通　沟通过程　沟通网络

二、单项选择题

1．管理学中的沟通主要研究（　　）。

A．通信工具之间的信息交流　B．人与机器之间的信息交流

C．人与人之间的信息交流　D．通信工具与人之间的信息交流

2．沟通分为（　　）。

A．言语沟通与口头沟通　B．言语沟通与书面沟通

C．口头沟通与书面沟通　D．言语沟通与非语言沟通

3．沟通网络分为（　　）。

A．正式沟通网络和非正式沟通网络　B．正式沟通网络和环式网络

C．非正式沟通网络和环式网络　D．正式沟通网络和轮式网络

三、多项选择题

1．沟通的要素主要有（　　）。

A．传送者　B．信息　C．沟通渠道

D．接收者　E．障碍

2．造成沟通障碍的因素主要有（　　）。

A．个人因素　B．群体因素　C．结构因素

D．团体因素　E．人际因素

3．正式沟通网络模式包括（　　）。

A．链式　B．轮式　C．环式

D．Y 式　E．全通道式

四、判断题

1．沟通能影响群体中的各项活动。（　　）

2．言语沟通分为口头信息沟通和书面信息沟通。（　　）

3．管理者应把沟通视为一个持续的过程。（　　）

五、简答题

1．什么是沟通？沟通的类型有哪些？

2．沟通的过程和障碍是什么？

3．试述企业领导与员工如何进行有效的沟通。

案例分析

案例 1　一个失败的上下级沟通案例

杨瑞是一个典型的北方姑娘，在她身上可以明显感受到北方人的热情和直率。她喜欢坦诚，有什么说什么，总愿意把自己的想法说出来和大家一起讨论，正是因为这个特点她在上学期间很受老师和同学的欢迎。

今年，杨瑞从西安某大学的人力资源管理专业毕业。她认为，经过四年的学习，自己不但掌握了扎实的人力资源管理专业知识，而且具备了较强的人际沟通技能，因此她对自己的未来期望很高。为了实现自己的梦想，她毅然只身去广州求职。经过将近一个月的投简历和面试，在权衡了多种因素后，杨瑞最终选择了东莞市一家研究生产食品添加剂的公司。该公司规模适中、发展速度很快，最重要的是该公司的人力资源管理工作还处于尝试阶段，如果杨瑞加入，她将是人力资源部的第一个人，因此她认为自己施展能力的空间很大。但是到公司实习一个星期后，杨瑞就陷入了困境。

原来，该公司是一个典型的小型家族企业。公司里的关键职位基本都由老板的亲属担任，充满了各种裙带关系。老板安排他的大儿子做杨瑞的临时上级，而这个人主要负责公司研发工作，根本没有管理理念，更不用说人力资源管理理念。在他的眼里，只有技术最重要，公司只要能赚钱其他一切都无所谓。但是杨瑞认为越是这样就越有自己发挥能力的空间，因此在到公司的第五天，杨瑞就拿着自己的建议书走进了直接上级的办公室。

"王经理，我到公司已经快一个星期了，我有一些想法想和您谈谈，您有时间吗？"杨瑞走到经理办公桌前说。"来来来，小杨，本来早就应该和你谈谈了，只是最近一直扎在实验室里就把这件事忘了。""王经理，对于一个企业尤其是处于上升阶段的企业来说，要持续企业的发展必须在管理上狠下工夫。我来公司已经快一个星期了，据我目前对公司的了解，我认为公司主要的问题在于职责界定不清；雇员的自主权力太小致使员工觉得公司对他们缺乏信任；员工薪酬结构和水平的制定随意性较强，缺乏科学合理的基础，因此薪酬的公平性和激励性都较低。"杨瑞按照自己事先所列的提纲开始逐条向王经理叙述。王经理微微皱了一下眉头说："你说的这些问题我们公司也确实存在，但是你必须承认一个事实——我们公司在赢利，这就说明公司目前实行的体制有它的合理性。""可是，眼前的发展并不等于将来也可以发展，许多家族企业都败在了管理上。""好了，那你有具体方案吗？""目前还没有，这些还只是我的一点想法，但是如果得到您的支持，我想方案只是时间问题。""那你先回去做方案，把你的材料放这儿，我先看看然后给你答复。"说完，王经理的注意力又回到了研究报告上。杨瑞此时真切地感受到了不被认可的失落，她似乎已经预测到了自己第一次提建议的结局。果然，杨瑞的建议书石沉大海，王经理好像完全不记得建议书的事。杨瑞陷入了困惑之中，她不知道自己应该继续和上级沟通还是干脆放弃这份工作，另找一个发展空间。

问题：

（1）杨瑞与王经理沟通失败的原因是什么？

（2）结合该案例谈谈沟通的技巧有哪些，在实际管理中应如何进行有效沟通。

案例 2　防止小道消息传播的圆桌会议

Y 公司是国内大型民营企业，这几年的发展可谓如日中天，每年业绩以 100%的速度增长，主导产品的市场占有率也在 50%以上。在公司经营情况总体向好的情形下，公司总裁却时常觉得有点烦。原因在于公司内小道消息满天飞，一些非正式组织对公司内似是而非的东西津津乐道。比如，公司在外面欠了许多钱，某市场部的经理拿着公司贷款跑了等。这极大地影响了公司内的员工士气与团队精神，更可怕的是员工对公司的信心与向心力也由于小道消息而减弱。

圆桌成员：

诸强新，杭州唯新食品有限公司常务副总经理

韩志锋，青汉阳品牌管理咨询公司副总经理

王长江，北京浩竹猎头公司总经理

高树山，普华信（国际）管理咨询公司总经理

1．都是信息渠道惹的祸

诸强新：小道消息几乎在每个企业都存在，很让人头痛。小道消息为什么能大行其道，其中一个重要原因在于，企业的信息缺乏正常传播渠道，企业领导没有意识到在企业内建立规范信息传播渠道的必要性与重要性。企业没有给员工建立正常的信息沟通渠道，员工自然只能通过非正式组织及企业内部分所谓“消息灵通人士”去获悉有关信息了。

王长江：我觉得企业内部小道消息之所以有市场，源于人类爱好闲聊，喜欢传递一些新奇或隐私信息的特性。

韩志锋：一是每个员工在所掌握的信息上存在不对称现象；二是一个企业中存在非正式组织在所难免。每个人都可能因为不掌握事情的真实情况而产生猜疑，同时在自己的非正式组织中加以传播，就产生了“小道消息”。

2．建立“官方”传播渠道

诸强新：疏堵结合很重要。首先“疏”，创办一份企业内刊，将相关信息传递给员工；其次，建立管理层与员工的定期沟通交流机制，及时消除员工的疑虑、误会；最后，针对企业内部有中央音响系统的状况，开办内部电台，使信息能在第一时间传达给员工。建立了多层次、立体化的正常“官方”信息传播渠道，员工有许多途径了解企业，小道消息自然大幅减少。“疏”的同时，“堵”的工作也要做，要制定出一些禁止小道消息传播的制度。要培养员工积极的心态。企业首先应该做的是有关理念、态度方面的培训工作。同时趁热打铁，结合培训内容，对小道消息对企业、个人的危害展开大讨论。

王长江：不过，针对 Y 公司的情况，首先应该解决的是已经发生的谣言，这要善于利用事实。比如，说某市场部的经理拿公司贷款跑了，可以请那位经理在公司的公开会议上做工作报告，协助传递和澄清某些事实。至于一些不易澄清的事情，可以使用反面的结论推翻谣言的前

提。只要公司处理事情客观公正，谣言一般会不攻自破。不过，防止有害消息产生是最根本的问题。一般主要采取诸先生讲的疏导方法；另外在企业文化建设上，提倡诚信为本，公司领导言出必行，承诺一定兑现。

3. 让工作内容丰富化

韩志锋：第一，实现“透明化”管理，对员工关心的一些问题，如人事变动、薪资调整、公司转型、财务状况等进行定期发布，可借助企业内刊，也可借助内部网络。第二，强化内部沟通，提高各级例会质量，及时发现问题、解决问题。在消息刚出炉时就对其进行修正或阻截的话，影响自然就会小一些。第三，引导非正式组织的舆论导向，使员工自觉地从意识上杜绝小道消息的传播。最后，从小道消息中查找企业工作的缺陷。

高树山：俗话说“无风不起浪”。首先，信息源的管理非常重要。公司的中高层管理干部是信息源的关键掌握者，所以首先要使中高层管理干部具备良好的沟通素质。培训是有效捷径。在一个组织中，沟通的渠道包括会议、文件、口头、座谈会、内刊、指令等。公司必须根据信息的性质和重要性，选择合适的沟通渠道和方式。而对于公司中喜欢搬弄事非的一小部分人，要给予教育。其次，让工作丰富化。就像王经理说的，这需求适宜的制度创新和工作流程优化。最后，形成富有责任感的沟通文化。就是使公司每位员工形成“说出的话不仅要对自己负责，还要对同事和公司负责”的意识。

问题：

（1）结合该案例谈谈沟通在企业管理中的作用。

（2）“小道消息”与非正式沟通是一个概念吗？如果不是同一概念，它们有什么区别？

（3）企业应该如何对待“小道消息”？

第 11 章 管理控制

学习目标 掌握控制的重要性及控制类型、控制方法；了解预算控制与非预算控制；掌握全面质量管理方法。

引导案例

关于“文件核算制”

据某报报道，每年 2 月，是机关文印室最繁忙的时期，但 H 市 S 区政府文印室今年并不紧张——区政府新设的“文件核算制”削平了往年的“文山”高峰。该区规定，每打印一份文件，8 开纸收费 8 元，16 开纸收费 4 元，加印一张双面 8 开收费 1 角，单面 8 开收费 7 分，16 开纸对半收价。文印费由批准打印的部门从该部门的业务费中开支，节约有奖，超支自负。此令一出，各部门反响强烈，“文山”不推自倒。

问题：

1. S 区政府的做法是否真正有效？
2. 请结合案例，分析制定控制标准应依据的原则。

11.1 控制职能概述

11.1.1 管理控制概述

1. 控制的定义

从一般意义上来说，控制是指控制主体按照既定的条件和目标，对控制客体施加影响的过程和行为。自从诺伯特·维纳于 1948 年创立控制论以来，控制论的思想及方法便渗透到了社会的各个领域，被运用于生命机体、人类社会和管理等多种系统之中。在此基础上，兴起了诸多边缘学科，如系统控制、信息控制、机体控制等。管理学也从中吸收和借鉴了控制因素，丰富和发展了自身理论体系。控制既是管理的一项重要职能，又贯穿管理的全过程。

2．管理控制的定义、构成条件及特点

（1）管理控制的定义

管理中的控制工作指按计划的标准衡量、纠正执行中的偏差，确保计划目标的完成及适当调整计划，以适应外部环境变化的过程。从定义可知，管理控制工作的目标首先包括纠正并限制计划执行中的偏差，通过再次收集信息，预测组织发展趋势，修正组织计划，从而促进组织的稳定与发展。

（2）构成管理控制的条件

为了达到组织的既定目标，管理主体需求运用一定的控制机制和控制手段，对管理客体施加影响。管理中构成控制活动必须具备三个条件。首先，制定明确的标准。没有标准的确立，控制无从谈起。标准的设立必须在客观上易于执行，否则一个不切合实际的标准对控制来说形同虚设。其次，受控客体必须具有多种发展可能性。如果事物发展的未来方向和结果是唯一的、确定的，那么就谈不上控制。再次，当控制主体对控制客体选用一定的手段进行控制，所选择的控制手段失效或不成立时，控制也不能实现。

（3）管理控制的特点

1）管理控制具有整体性特点。首先，控制的对象是组织的各个方面；其次，履行控制职能是组织中每位成员的职责。

2）管理控制具有动态性特点。由于组织内外环境的不断变化，管理控制确定的标准和控制方法也应进行相应调整，以适应新情况的出现。

3）管理控制具有人性化特点。管理控制的对象是人，职能的履行也要靠人来完成，因此控制活动中需求注重人的因素。

4）管理控制是提高员工能力的重要手段。控制的任务不仅是监督，更重要的是指导和帮助下级员工提升技能，使其更好地实现个人价值。

3．管理控制与一般控制的异同

（1）共同点

1）具有共同的目标，即维持组织正常秩序并推动组织发展。

2）同是一个信息反馈过程。管理控制与一般控制都需求通过信息反馈发现系统中存在的问题并对此进行修正，完善组织发展。

3）计划是控制活动实施的标准。无论管理控制还是一般控制，它们都遵循组织所确定的计划，以计划为蓝本寻找偏差。

（2）不同点

1）控制职能是针对管理而言的，是各级管理者所具有的普遍性职能。一般性的控制过程所面对的往往是非社会系统，只需通过既定的程序衡量实际工作的成效、纠正偏差，当接收到反馈信息时就立即采取纠正措施。而在管理控制中，主管人员面临的是一个有机系统，控制过程比较复杂，包含收集甄别信息、识别偏差原因、制定和纠正措施等一系列活动。

2）一般控制的目的在于使计划实施中出现的偏差维持在一定的范围内；而管理控制在一般控制的基础上又提出了更高要求，即通过控制纠正偏差、分析原因，采取积极措施改正系统缺陷，力求使组织活动有所前进、有所创新，最终实现组织的更高目标。

4．控制工作的重要性

1）控制工作可以保证组织目标与计划的实现。任何组织的目标和计划都是以未来一定时期的预测为基础的，是组织努力的方向和行动步骤的描述，关系到组织的发展。主管人员可以通过控制活动及时调整、修改组织目标，并采取控制措施维持组织正常活动。

2）有效的控制工作会提高组织的经济效益。恰当运用管理控制有利于改善企业经营活动，提高工作效率和经济效益。控制工作能够保证组织活动在有序而高效的前提下进行。组织如果缺少有效控制就会出现偏差，远离组织既定目标，有时甚至产生混乱。

3）管理控制工作制约并激励员工工作。管理控制对企业发挥着制约作用，通过严格的监督与考核如实反映团队和个人的工作成绩，在此基础上予以奖励，可以激发员工的工作热情，提高组织效率。

4）控制工作的重要性还表现在它在管理的五个职能中所处的地位及其相互关系。控制活动贯穿组织管理活动的全过程，它是其他职能正常运行的保障。当系统中存在偏差时，可以通过改变其他管理职能来实现控制。

5．控制的原则

（1）反映计划要求原则

控制是实现计划的保证，控制的目的是实现计划，计划与控制是一个问题的两个方面。当组织制定的计划明确而完整时，控制的效果也会更好，所设计的控制系统也就更能反映这样的计划。管理者要事先考虑计划及计划完善程度，控制到什么程度及如何控制都取决于计划的要求。控制过程中应确定怎样的标准，哪些关键点和重要参数需求管理者进行控制，收集何种信息，选择什么样的评估方法，以及由谁来控制和采取何种纠正措施等，这些都必须与组织确立的计划相匹配。

（2）控制关键点原则

控制关键点原则是控制工作的一条重要原则。控制关键点原则体现了效率原则。为了进行更有效的控制，管理者需要在各种计划中选取具有关键意义的那些因素进行控制。执行计划过程中做到关注每个细节是不可能的，每位管理者自身的精力也都是有限的，即使可以做到关注每个计划的执行过程，结果也只会造成组织的控制成本过高，控制因而变得毫无意义。能以较低的监控费用发现计划实施中存在的偏差及原因的控制方法就可以称为有效的控制措施。

因此，管理者只能将注意力集中于计划执行中的一些主要影响因素上。事实上，控制了关键点，也就控制了全局。

（3）控制趋势原则

对控制全局的管理者来说，重要的是认识组织发展趋势而不是现状本身。认识趋势比发现单个问题更困难。一般来说，趋势很容易被诸多表面现象掩盖，趋势本身又包含错综复杂的因素，如果不利于组织发展的趋势长期得不到扭转，就会直接影响组织的生存与发展。控制趋势的关键在于从现状中揭示倾向，特别是在趋势刚显露苗头时就能觉察到，并给予有效的控制。

（4）例外原则

例外原则是指企业高级管理人员将日常事务交与下级管理人员，自己只保留例外的事项即重要事项的决策权和监督权，如有关重大决策和重要的人事任免等。泰勒指出，遵循例外原则时，“经理只接受有关超出常规或标准的、特别好和特别坏的例外情况……概括性的、压缩的及比较的报告……以便使他有时间考虑重大政策问题并研究在他手下的重要人员的性格和合适性等问题”。遵循例外原则，控制工作就会更有效。事实上，例外原则必须与控制关键点原则相结合，即要多注意关键点的例外情况。

（5）权责匹配原则

拥有一定的权力就要承担相应的责任。管理者被组织授予制定计划、执行政策、组织落实及实施监督等权力，因此与计划执行相关的管理者应首先对控制负首要责任。由于管理者拥有人事任免、委派责任的权力，因而对控制执行计划的责任也应由他们来承担。组织结构越合理、权力与责任规定越明晰，所设计的控制技术就越有利于纠正偏差。因此，控制活动应遵循权力与责任匹配原则。

6．控制的系统结构

（1）控制的目标体系

目标体系是控制系统存在的前提，也是控制系统存在的依据。实践中要求做到控制的目标与组织的计划相一致，且两者为相辅相成的关系。

（2）控制的主体

一般来说，组织发展到一定规模后，管理者就无法直接控制下级人员，而要通过授权进行间接管理。因此，组织中的控制主体是各级管理者及其职能部门，高层管理人员主要负责例外事件和关键点的控制，而中、低层的管理人员主要负责日常、程序化的控制。

（3）控制的客体

组织中的控制客体包括静态事物（如人力、物力、财力、组织机构等），也包括动态的组织活动（如计划制定和执行过程等）。值得注意的是，控制客体并非一成不变，它会随着内外环境的变化而不断呈现新特点。因此，管理者需求针对控制客体的特点适时采取合理、灵活的控制方法进行控制。

7．控制与其他管理职能的关系

（1）控制与计划的关系

一般来说，明确而完备的计划是组织所着力追求的目标，但即使计划在设计之初非常完美，它们也会随着时间和空间的变化而出现问题，因此就出现了对控制的需求。完善的计划首先是一种有效的控制方式，主管人员首先制定计划，然后计划又成为用以评定行动及其效果是否符合组织需求的标准。如果说组织的计划工作是谋求一致、完整而又彼此衔接的计划方案，那么组织的控制工作则要保证一切管理活动都能按计划进行。控制工作不是简单地纠察执行计划中出现的错误，有时控制措施会涉及修订组织计划目标、设计新计划、调整组织人员等，这些活动又会引发新的管理过程。可以说，控制工作一方面保证了计划顺利实施，另一方面又影响了计划工作或促成了新计划的产生。控制工作既是一个管理过程的终结，又是一个新的管理过程的开始。

（2）控制与组织的关系

组织结构承载组织职能的发挥，它为组织成员提供一种适合默契配合的工作环境。组织通过发挥其职能实现组织既定目标，而组织又通过控制来履行职能。控制功能的实现需要组织授权并提供人员配备，计划执行过程中的信息通过各职能部门为组织提供控制依据。当组织目标的偏差源于组织问题时，控制活动就会涉及组织结构的调整、职权划分和工作关系的重新确定等。

（3）控制与领导的关系

领导职能的发挥影响组织控制系统的建立和控制工作的质量，而良好地发挥组织控制职能有利于改进领导者工作，提高领导者工作效率。值得注意的是，日常生活中，人们习惯于将控制主体设定为高层管理者，忽视了直接领导者尤其是基层领导者。基层领导贴近组织生产第一线，容易感知组织活动中出现的问题，可以及时采取措施纠正偏差。当问题被高层管理人员感知时，由于信息传递具有"时滞"性，或许已经错过了纠正偏差的最好时机。因此，组织必须重视基层领导的控制作用。

总之，控制活动中需求正确理顺控制与计划、组织、领导三者的关系，提高控制系统质量与效率。

11.1.2 控制工作的类型

实际管理过程中采用的标准不同，控制工作的类型也不同。下面介绍的控制工作类型是依照三种分类标准来划分的：① 根据纠正措施的作用环节，控制工作可以分为同期控制、前馈控制和反馈控制；② 按照主管人员与控制对象的关系，控制工作可以分为直接控制和间接控制；③ 按照控制源不同，控制工作可以分为正式组织控制、群体控制和自我控制。

1．同期控制、前馈控制和反馈控制

（1）同期控制

同期控制又称现场控制或过程控制。这类控制工作的纠正措施作用在计划执行过程中。在这种控制工作中，管理者通过现场监督检查、指导和控制下属人员的活动，发现不符合标准的偏差时立即采取纠正措施。该方法主要被基层主管人员所采用，主管人员的控制标准来自计划工作所确定的活动目标、政策、规范和制度。同期控制具有以下几个优点：首先，主管人员可亲自对下级员工进行指导，现场为员工示范正确的工作方法，解释工作要领，纠正下级在工作中的错误并提高他们的工作能力。其次，同期控制使管理者在第一时间了解计划执行情况，发现组织活动过程中存在与计划目标偏离的状况时，可以及时纠正偏差，将问题解决在萌芽状态，最大限度地降低偏差对组织造成的损失，避免不利因素继续扩散。同期控制的有效性取决于基层主管人员的素质，一个主管人员的管理水平和领导能力也会在该过程中充分表现出来。因此，进行同期控制时要注意避免管理人员凭主观意志工作，要切实加强基层管理人员素质，要求以组织计划为标准，遵从组织统一领导，提高控制水平。

（2）前馈控制

前馈控制又称预先控制，它着眼于对系统未来状态的预测，事先采取措施应对即将发生的情况。前馈控制利用所收集到的最新信息，把计划达到的目标同预测相比较，进行认真反复的预测并采取措施修改计划，以保证计划目标的实现。前馈控制系统具有相当的复杂性，它不仅要输入各种影响计划执行的变量，还要输入影响这些变量的各种因素，对执行中的干扰因素也要进行关注。切实可行的前馈控制应满足以下几个条件：① 组建前馈控制系统的模式，并保持该模式的动态性。② 详细了解、认真分析组织计划和控制系统。③ 建立畅通的信息收集系统，定期向控制系统输入收集到的变量数据。④ 定期预测实际输入数据与计划输入数据之间的差异，并采取有效措施解决这些问题。在企业管理控制活动中，前馈控制的内容包括对人力资源、原材料和资金的前馈控制等。

前馈控制克服了反馈控制中的时滞缺陷，且前馈控制的纠正措施往往为预防式，作用在计划执行过程的输入环节。目前所运用的比较先进的前馈控制技术之一是计划评审法或网络分析法，它把工程项目当作一个系统，围绕关键线路对系统进行统筹规划，用最少的时间和资源消耗来完成任务。对这种方法的详细介绍会在后文提及。

（3）反馈控制

反馈控制又称后馈控制或事后控制，是指在一个时期的生产经营活动结束后，对计划中资源的利用状况及产出结果进行总结。它是管理控制工作的主要形式。这类控制作用发生在经营过程结束之后，主要将工作结果与控制标准相比较，对出现的偏差进行纠正，防止偏差的继续发展或再度发生。

反馈控制既可以用来控制组织的最终成果，也可以用来控制组织的中间成果。例如，对产量、质量、销售收入的信息反馈称为端部反馈；对生产计划、工序质量、在制品库存量等信息的反馈属局部反馈。局部反馈对保证产品质量和实现组织计划具有重要作用；而端部反馈是在偏差出现后再采取措施纠正，损失已成既定事实，但可以为未来计划的制定和活动的安排，以及系统持续运作提供借鉴作用。局部反馈和端部反馈之间并非相互割裂，它们是一种多重嵌套的关系。

2．直接控制和间接控制

（1）直接控制

直接控制是相对于间接控制而言的，它通过提高管理人员的素质进行控制工作。直接控制的指导思想认为，一名合格的管理人员与一名普通管理人员相比在工作中出现差错的概率小。合格的管理人员可以敏锐地察觉正在形成的偏差，并及时采取措施纠正错误。所谓“合格”，是指他们能熟练应用管理的概念、原理和技术，能以系统的观点来进行管理工作。

直接控制的优势有以下几个方面：① 对个人委派任务时有较大的准确性。通过不断评价管理者，可以发现其工作中存在的问题，并为对其进行培训提供依据。② 能够促使管理者主动采取更加有效的措施纠正偏差。面对评价过程中暴露的缺点，主管人员会努力确定其职责并自觉纠正错误。③ 能够提高管理者威信。主管人员经过培训及自觉地纠正错误，自身素质得以提高，因而容易获得下属的信任和支持。④ 可以减少偏差和损失的发生。由于管理者素质得到提高，减少了间接控制造成的负担，节约了组织成本。

（2）间接控制

间接控制是指根据计划和标准考核实际工作，分析偏差出现的原因，并追究责任者的责任，以改进未来的工作。除了未来社会发展的一些不可抗力因素（如新技术的发明、市场机制的转换等因素）外，对主管人员因缺乏经验、知识和判断力所造成的失误及偏差，运用间接控制可以帮助其纠正错误。与直接控制相类似，间接控制可以帮助管理人员吸取经验教训，总结失误产生的原因，增加其经验和管理能力。间接控制也存在诸多缺陷。该方式是在工作出现偏差或损失后才采取措施，因此造成的费用支出也较大。间接控制建立在五个假设之上：① 工作成效可计量；② 对工作负有责任感；③ 有足够的时间分析偏差出现的原因；④ 偏差具有可预见性；⑤ 采取措施纠正偏差。然而，实践中这些假设很难成立。首先，相当多的工作成效不易计量，对责任感的高低也难以衡量，责任感与工作绩效无关或关系不大。其次，管理人员有时不愿花费时间及费用调查形成问题的原因，即使发现了偏差并找出了引发问题的原因，也没有人愿意主动负责纠正偏差。最后，尽管可以做到责任明确，当事主管却固执己见，不愿纠正错误。因此，间接控制并不是最有效的控制方法，它存在很大的局限性。

3．正式组织控制、群体控制和自我控制

（1）正式组织控制

正式组织控制指正式的组织机构依据组织规章制度、政策和程序履行控制职能，如预算、审计、规划部门等。正式组织是为实现某一共同目标而明确规定各成员之间职责范围的一种结构。相对非正式组织控制和自我控制而言，正式组织控制更具刚性和强制性。正式组织控制实行标准化管理，通过制定统一的规章制度和组织机构，防止权力滥用，维护组织财产安全，保障产品质量及服务质量。

（2）群体控制

群体控制基于群体成员的价值观和行为准则，由非正式组织发展和维持。非正式组织是因人们相互联系而自发形成的个人和社会关系的网络，成员之间以共同的感情、爱好及价值观为纽带。尽管没有明文规定的行为准则，但非正式组织中的成员十分清楚组织规定的内容并自觉遵守这些规范。当这些行为规范受到正强化时，成员维护组织规定时会更加主动。与此相反，成员违反这些行为规范时就会受到惩罚，如遭受排挤、讽刺甚至被驱逐出组织。

（3）自我控制

自我控制是指个体有意识地按某一规范进行活动。这种控制方式既经济又有效。自我控制能力取决于个人素质，具有良好修养、顾全大局、有高层次需求的人比看重个人利益、需求层次低的人拥有更强的自控能力。因此，奖励良好的个人活动、正确引导员工建立自我控制意识对组织的发展具有重要意义。

11.2 控制方法

企业管理实践中，管理者会运用多种控制方法对企业活动过程进行控制，包括现场巡视、预算控制、比率分析、审计控制及网络控制等。这里主要介绍几种常用的控制方法。

11.2.1 预算控制与非预算控制

1．预算控制

（1）预算控制概述

预算控制是用数字，特别是用财务数字的形式来描述企业未来的活动计划，并将这些计划分解成许多部分，使之与组织结构和有关的计划相一致，以便把职权授予出去而又不至于失去控制。预算控制是管理控制中使用最广泛的一种控制方式。预算为评价经济效益、控制经济活动过程提供了标准。预算的最大价值在于它对改进协调和控制的贡献，组织中各职能部门以本部门预算为基础协调运作。同时，由于预算以数据形式存在，这使管理者更容易查明和评定执行结果，因此预算为组织纠正偏差奠定了基础。

西方国家对预算的理解同我国不尽相同。在我国，预算一般是指经法定程序批准的政府部门、事业单位和企业在一定时期内的收支预计；西方国家的预算概念除了财务活动，还包括组

织生产数量等方面的计划。预算的编制是计划过程的一部分，预算本身又是计划过程的终点。在许多组织中，“例如，政府部门、大学等却普遍存在着计划与预算脱节的情况。在那里，两者是分别进行的，而且往往互不通气。预算编制工作往往被简化为在过去的基础上外推和追加的过程；预算审批则更简单，甚至不加以研究调查，就以主观想象为根据，任意削减预算，从而使得预算完全失去了应有的控制作用，偏离了其基本目的。”[①]针对出现的非正常现象，新的控制方式应运而生，“零基预算法”、“规划—计划—预算法”等方法使预算这种传统控制方式恢复了活力。

（2）预算控制的过程

预算是一种计划，编制预算的工作是计划工作的一部分。预算控制过程可以简单地概括为以下几个步骤。

1）编制合理预算，做好相关时期的收支计划，将未来一段时期内的预算成果用金额表示。

2）对组织内各职能部门的各项预算数据进行综合平衡，汇总后的预算应符合组织总目标并切实可行。

3）定期将计划实际执行情况与预算进行比较。

4）分析执行情况与预算差异，采取必要的纠正措施，消除差异。

（3）预算控制的种类

预算在形式上是一整套预计的财务报表和其他附表。组织活动的每个方面都可以编制预算，不同组织或同一组织不同部门的预算各不相同。按照预算内容的不同，预算可以分为经营预算、投资预算和财务预算三大类。

1）经营预算。经营预算是最常见的预算，指企业日常发生的以货币单位表示收入和经营费用支出的计划预算。它可以为人们提供一个有关组织业务活动状况的简要说明，具体包括销售预算、生产预算、管理费用预算等。

销售预算不仅是计划的基础，也是预算控制的基础，因为企业主要依靠销售产品和劳务所获得的收入来维持经营活动。销售预算通过分析企业过去的销售情况、目前和未来的市场需求特点及发展趋势确定组织为实现目标必须达到的销售水平。在销售预算确定的销售量基础上，可以按产品品种、数量编制生产预算。生产预算又被细化为季度生产进度日程表或生产计划大纲。在生产计划大纲和生产预算的基础上，可编制直接材料预算、直接人工预算、制造费用预算等。这三种费用预算是企业经营支出预算。

a. 直接材料预算。直接材料预算以生产预算为基础进行编制，同时要考虑原材料存货情况。其主要内容包括直接材料的单位产品用量、生产需用量及期初、期末存量等，通常以实物单位表示。考虑到库存因素后，直接材料预算可成为采购部门编制预算、进行采购活动的基础。

b. 直接人工预算。直接人工预算为企业预计生产产品工人种类和数量，以及利用这些人员劳动的成本费用，包括单位产品工时、人工总工时、每小时人工成本和人工总成本。

c. 制造费用预算。制造费用是企业为生产产品和提供劳务所发生的各项间接成本，包括产品生产成本中除直接材料和直接工资以外的一切生产成本。因此，制造费用预算是一种反映直接人工预算、直接材料使用和采购预算以外的所有产品成本的预算计划。

---

① 杨文士，张雁. 管理学原理. 北京：中国人民大学出版社.

2）投资预算。投资通常指为获得收益，在未来一段时期内投放财力于某项活动。投资预算是组织为更新或扩大规模，投资于厂房、机器设备及其他有关设备等固定资产的各项支出预算。固定资产投资数额巨大，因此投资预算应与企业战略及长期计划结合考虑。此外，组织的人事发展、新市场的开拓、新产品的研发、广告宣传和发展规划等投资也因投资额较大、回收期长，需慎重考虑列出专项预算。预算付诸实施后，管理部门必须开始监督和控制支出，并不时检查支出结果，进行差异分析，采取调整措施。

编制投资预算对组织具有重要意义。首先，投资对企业营业费用和资金周转有重要影响，因此对投资或专项拨款支出应当控制，而通过预算就能够为控制提供一种标准。其次，对重大项目进行预算控制能提高投资的经济效益，可促使组织在每个领域都提高计划与决策的质量。最后，投资预算有利于现金预算及财政收支平衡。

为确保投资项目的有效性，首先，必须对预算实行控制和监督，做到资金的使用符合管理部门规定，逐项鉴别认可投资预算中每个项目的相应预算数字，实际支出的投资需出具凭证。其次，灵活编制投资预算，对计划实施中出现的超支情况，规定超支限额或超支比例。此外，关注每个投资项目的营业成本和收入，因为该控制通常在投资项目建成后还要持续几年之久。

3）财务预算。财务预算指企业在计划期内反映有关预计现金支出、经营成果和财务状况的预算。财务预算是对各项经营业务和投资项目的整体计划，包括现金预算、预计收益表和预计资产负债表。

a. 现金预算。现金预算是以收支预算中的基本数据为基础进行编制的，表明在预算内对现金的需求。完成了初步的现金预算后，就可以了解组织在计划期间的资金需求量。财务人员可据此预先安排、筹措资金。现金预算的编制以在较短时间内完成为宜。西方国家的不少企业以周为单位编制现金预算表，有的企业甚至以天为单位进行编制。我国最常见的是按季度和月份进行编制。

b. 预计收益表。预计收益表又称计划利润表，是反映企业预算期内全部生产经营活动的财务情况和最终成果的预算。它的编制需以计划期间开始日的资产负债表为基础，然后根据计划期间各项预算的有关资料进行必要的调整。通过编制预计收益表，管理者可以概括地了解企业在预算期间的赢利能力，检查和修订各项预算，促使预算更加合理可行。

c. 预计资产负债表。预计资产负债表的作用是对企业会计年度末期的财务状况进行预测。它将各部门和各项目的分预算汇总在一起，表示企业在一定日期（通常为各会计期末）的财务状况（资产、负债和业主权益的状况）的主要会计报表，是财务预算的重要组成部分。

（4）编制预算的注意事项

1）遵循预算目标与组织目标相一致的原则。现实中存在以预算目标取代企业目标的情况，即在目标置换时，主管人员只热衷于尽量使自己部门的费用不超过预算规定，但忘却了自身的首要责任是实现组织目标。因此，为预防该情况的发生，应使预算更好地体现计划的要求。

2）适应新情况，灵活编制预算。预算包含一种因循守旧的倾向，前期花费的某些费用可以成为本期预算的基数，从而导致本期不需的项目仍然沿用，本期必须而上期没有的项目会因缺乏先例而不能增设。所以，组织必须拥有更加有效的管理方法来扭转这种局面，否则预算只会成为掩盖懒散及低效工作的保护伞。“零级预算法”和编制可变预算的方法正是针对预算中存在的弊端而产生的新的预算管理方法。通过预算控制实现对组织的管理，便于管理者控制并了解组织的财务状况。由于组织受内外环境变化的影响，选用正确、适合自身的预算控制方法才能真正有利于组织最终目标的实现。

2．非预算控制

预算控制虽然具有重要作用，但为了加强对组织的控制，管理者还应根据不同情况采用多种非预算控制的方法。亲自视察、报告、审计、计划评审等代表了新一代的计划和控制方法。其中，一些方法适用于局部控制，如程序控制方法；另一些方法适用于综合控制，如损益控制法。需求指出的是，不管采用哪种控制方法和技术，都必须有一个管理系统作为保障。

（1）亲自视察

亲自视察适用于从组织中的一切关键领域获取控制信息，是领导人进行控制、判断和调整措施的一种手段。这种控制方式可以被认为是一种最古老、最直接的控制方法。它的基本作用就在于能够获得第一手的信息。基层主管人员运用视察法可以及时了解产品生产量、质量水平和设备等固定资产运转情况；职能部门主管人员通过视察可以了解生产计划是否按预定进度执行、生产中是否存在隐患和偏差；上级主管人员通过观察可以了解组织的战略目标和计划是否得到员工理解，基层人员的合理化建议是否得到认真对待，职能部门的报告情况是否属实，以及员工目前的情绪和士气如何。这些重要的第一手信息是正式报告无法传递的。此外，视察能够使组织管理者不断更新对组织的感觉，感知组织计划进展情况，发现人才，并从下属的建议中获得启发与灵感。当然，主管人员也必须注意视察可能引起的消极作用。亲自视察会引起下属的误解，可能被认为是对其工作的干涉和不信任，也可能被看作不充分授权的表现。亲自视察与其他手段相比耗费时间，而且获得的第一手信息的价值依赖视察者的理解能力和感知技巧。

但是，亲自视察的明显好处仍然使得在以计算机为主要管理手段的今天，领导亲自视察的方式也不能被取代。20 世纪 80 年代，西方企业流行的“走动管理”实质上就是亲临视察方法的具体应用。它要求主管人员深入第一线，了解并掌握企业运行中的第一手资料，以便为管理控制取得更为客观和直接的依据。

（2）报告

报告是组织进行控制的一种手段，主要目的是提供必要的、可当作纠正措施依据的信息。通过报告，负责实施计划的主管人员可以全面、系统地了解计划的进展情况和存在的问题及原因，以及对这些偏差已经采取了何种措施、收到了哪些效果，并预测未来可能出现的问题等。实践中，人们常采用专题报告来揭示非例行工作的情况。这类报告可以对影响组织生产发展的重要问题予以重视，揭示改善组织业务活动的关键。

日常的企业管理过程中，大多数管理人员对下级员工应报告的标准和内容缺乏明确的要求。随着组织规模及经营活动的扩大，管理内容日益复杂，定期报告对主管人员获取信息的作用也更加重要。对控制报告的基本要求是：适时；突出战略价值关键问题；遵循组织目标和方向；尽量简明扼要。

美国通用电气公司建立了一种行之有效的报告制度。报告主要包括以下八个方面的内容。

1）客户的鉴定意见及上次会议以来外部的新情况。作用在于使上级主管人员判断情况的复杂程度和严重程度，以便决定是否介入及介入的程度。

2）进度情况。将工作的实际进度与计划进度进行比较，说明工作的进展情况。

3）费用情况。说明费用开支的情况。

4）技术工作情况。用来表明工作的质量，以及技术性能的完成情况和目前达到的水平。

5）当前的关键问题。检查各方面的工作情况，并从所有存在的问题中挑出三个最为关键的问题。

6）预计的关键问题。指出预计的关键问题，同样也需求详细地说明问题，指出其影响，明确准备采取的行动，指定负责人和解决问题的日期。

7）其他情况。提供与计划有关的其他情况，如对组织及客户有特别重要意义的成就、上月份（或季、年）的工作绩效与下月份的主要任务等。

8）组织方面的情况。向上层领导提交名单，名单上的人员可能会去找这位上层领导，这位领导也需要知道他们的姓名。

（3）网络分析法

网络分析法既是一种计划的方法，又是一种控制方法。根据经优化的网络图，管理者可以抓住重点，在各关键作业上集中力量，挖掘潜力，合理利用人力、物力和财力资源，及时发现计划执行中存在的偏差并采取纠正措施，保障工程项目如期完工。

美国杜邦公司在 1956 年运用网络方法制定出第一套协调规划企业内部不同业务部门系统控制的网络计划。这种借助网络计划图的计划方法被称为关键路线法。美国海军于 1958 年研制“北极星”导弹计划时也运用了网络分析法。由于该方法注重系统内各项任务安排的评价和审查，因而诞生了计划评审技术。

1）关键路线法。关键路线法是一种通过分析哪个活动序列进度安排的灵活性（总时差）最少来预测项目工期的网络分析技术。这种方法在实际编制过程中依赖于项目网络图和活动持续时间估计，通过正推法计算活动的最早时间，通过逆推法计算活动的最晚时间，并确定关键路线。关键路线的优化和调整使项目工期最短、项目进度最优。

2）计划评审技术。在我国，计划评审技术被称为“统筹法”。计划评审技术将工程项目当作一个系统，用网络图或表格或矩阵来表示各项具体工作的先后顺序与关系。这种方法以时间为中心，找出从开工到完工所需时间最长的关键路线，围绕关键路线对系统进行统筹、合理安排。计划评审技术在实践中取得了巨大成功。这种方法可以帮助主管人员进行统筹规划，使其掌握系统全局、找出主要矛盾，以对工作进度进行有效的控制。因此，该方法被广泛应用于企业管理和民用工程管理之中。

（4）比率分析控制法

比率分析法是一种必需的控制技术。利用财务报表提供的数据可以列出许多比率，一般可划分为财务比率分析和经营比率分析两大类。

1）财务比率分析。财务比率及其分析可以帮助我们了解企业的偿债能力和赢利能力等财务状况。

a. 流动比率。流动比率是企业的流动资产与流动负债之比，反映企业的偿债能力。其计算公式为：

$$流动比率=流动资产\div流动负债\times100\%$$

这一比率被普遍用来衡量企业的短期偿债能力。流动比率越高，表明企业短期偿债能力越强。充足的流动性资产可以增强企业的偿债能力和信誉，但也需要预防过高的流动性资产影响财务资源利用性和企业收益。

b. 负债比率。负债比率是企业总负债与总资产之比，反映企业所有者提供的资金与外部债权人提供的资金的比率关系。其计算公式为：

负债比率=负债总额÷资产总额×100%

这一比率用来衡量企业利用债权人提供的资金进行经营活动的能力。负债比率越低，表明企业长期偿债能力越强，债权人借出的资金安全程度越高。但是，片面追求低负债率会影响企业利用外部资金获取额外利润的能力，因此要合理确定企业负债比率。

c. 赢利比率。赢利比率是企业利润与销售额或全部资金等相关因素的比例关系，反映企业在一定时期从事某种经营活动的赢利程度。常用的赢利比率有销售利润率和资金利润率。

销售利润率反映企业在一定时期的产品销售中是否获得足够的利润。其计算公式为：

销售利润率=销售净利润÷销售总额×100%

资金利润率反映企业是否从全部投入资金的利用中实现了足够的利润。企业通过该比率调节资金的投入分配。其计算公式为：

资金利润率=某经营时期的净利润÷该期占用的全部资金×100%

2）经营比率分析。经营比率又称活力比率，是与资源利用有关的几种比例关系，反映企业经营效率的高低和各种资源是否得到了充分利用，为企业管理控制工作提供依据。常用的经营比率有三种：库存周转率、固定资产周转率、销售费用比率。

a. 库存周转率。库存周转率是销售总额与库存平均价值的比例关系。它表明库存的流动资金使用情况，反映销售收入与库存数量是否合理。

b. 固定资产周转率。固定资产周转率是销售总额与固定资产之比。该比率反映单位固定资产能够提供的销售收入。固定资产周转率的高低表明固定资产的利用程度。

c. 销售费用比率。销售费用比率是销售费用与销售收入的比率。这一比率表明单位销售费用能够实现的销售收入，在一定程度上反映了企业营销活动的效率。销售费用在实践中可以进一步细化，如测度单位广告费用所实现的销售收入或单位推销费用所增加的销售收入等。

（5）审计

1）审计内容。审计是针对企业的整体运行和经营管理活动的一项控制技术，在日常生活中被广泛使用。审计控制的主要内容包括管理审计与财务审计。

管理审计是检查一个单位或部门管理工作好坏，评价人、财、物的组织和利用有效性的一种方法。该方法通过对企业外部环境客观预测来确定企业在行业中的位置，拟订今后的发展规划，向主管人员提供企业生产经营各环节的信息，帮助管理层进行科学决策与控制。管理审计的特点在于该控制方式必须同时兼顾企业生产经营的全局和局部两个方面。可以说，它既要站在促进组织发展的战略高度观察和处理问题，又要从组织各局部出发来考虑问题。管理审计的另一个特点为该方式具有预测性。它依据所掌握的资料，对生产经营各方面可采用的方案、今后可能的成绩和效益进行科学的预测，为组织管理人员正确选择最优方案提供依据。

财务审计是以财务活动为中心，以检查并核实账目、凭证、财务、债务及结算关系等客观事物为手段，判断企业报表中所列的会计事项的准确性和报表本身的真实性为目的的控制方法。

2）审计分类。根据审查的内容和主体不同，可将审计划分为内部审计和外部审计两种。

外部审计是指由组织外部的人员对组织的活动进行审计。外部审计人员通过抽查组织的基本财务记录，检查财务报表及其反映的资产、负债、损益是否与企业真实情况相符，并依法做出客观公正的评价，形成审计报告，出具审计意见和决定。外部审计由独立于被审计单位的审计机构执行，因而不受任何干涉，独立行使审计监督权，所出具的审计报告也相对公正、客观，容易得到社会的信任。其缺点在于外部审计人员对企业内部组织结构、生产经营特点不甚了解，加上部分组织内部人员的不配合，这些因素增加了审计工作的难度。

内部审计是指组织自身专门设有审计部门，以便随时控制本组织的各项活动。同外部审计相同，内部审计也验证企业财务记录，并测定这些记录是否符合预计要求。内部审计的职能体现在它力图测定其他控制方式的有效性，因此内部审计可以被看作对其他控制形式的总控制。现代企业的内部审计内容涵盖以下四个方面：财务收支审计、经济效益审计、经济责任审计、明晰产权的审计。内部审计的主要范围是企业的财务部门，但并不局限于这些部门。近年来，诸多企业内部审计范围扩展到非财务部门，接近管理审计的范畴，因而造成实践中很多企业或会计人员不清楚财务审计和内部审计的区别。财务审计更多关注的是与财务相关的内控制度；而内部审计对企业内部控制关注的范围更广，涉及企业运营的各方面。

为保证审计的有效性，审计工作必须遵循以下五个原则。

a. 政策原则。审计工作的开展必须符合国家规定的法律、法规。

b. 独立原则。审计工作的执行应不受任何机构或部门影响，独立行使审计监督权。

c. 客观、公正原则。审计一定要对客观事实进行如实的评价，审计部门出具的审计报告应体现公正、客观性。

d. 群众原则。审计要依靠群众才能解决现实中的众多问题，因此要走群众路线。

e. 经常性原则。审计工作应实现经常化、制度化。

（6）库存控制

1）库存的定义。库存控制又称库存管理，是对企业生产、经营全过程的各种物品及其他资源进行管理和控制，以保证库存处于合理水平。库存控制是仓储管理的一个重要组成部分。它通过利用信息化手段，掌握企业库存量动态情况，使库存量经常保持在合理的水平上，保证企业的正常生产经营活动，推进企业进一步发展。

2）合理控制库存。企业或其他组织要使自己的经营继续进行，就必须拥有一定的原材料、辅助材料、半成品、成品等各种库存材料。但是，库存量太大会造成物品积压、产品成本增加、企业流动资金周转减缓；库存量过低又会造成服务水平下降，影响企业销售利润和信誉，无法保证企业正常运行。因此，企业必须根据供应和需求规律确定生产和流通过程中经济合理的物资存储量。

3）库存管理模型分类。1915 年，哈里斯的经济订货批量模型开创了现代库存理论研究。随着管理理论和时间的发展，库存管理理论也有了长足发展，同时形成了许多库存模型，这些模型在企业管理中发挥了重要作用。

根据订货方式不同，库存管理模型可分为以下几类：① 定期定量模型，即订货的时间和数量固定不变；② 定量不定期模型，即订货量固定，当某一时间点上库存量低于订货点时就增加订货；③ 定期不定量模型，即固定订货时间，依据实际库存量和最高库存量的差别订制货物数量；④ 不定量不定期模型，即不固定订货的时间和数量；⑤ 有限进货率定期定量模型，即由于货物有限，因此限定时间和数量进货。前四种模型适用于货源充足的情况，最后一种模型适用稀缺货源。

根据库存管理目的分类，库存管理模型可分为两类：① 经济型模型，该模型以节约资金、提高组织效益为目的；② 安全型模型，即通过增加安全库存量和安全储备期，保证货源充足，维持正常货物供应。

11.2.2　全面质量管理

1. 全面质量管理概述

随着组织管理理论的发展，质量管理历经检验质量管理、统计质量管理和全过程质量管理，发展到目前的全面质量管理。全面质量管理是一种全新的质量管理方式，它综合运用多种方法与技术（如数理统计方法、成本分析、售后服务等）控制影响产品生产质量的各个因素，提高企业运作过程中资源使用的有效性。

全面质量管理最初产生于 20 世纪 60 年代的美国，英文简称为 TQM。费根鲍姆于 1961 年在其《全面质量管理》一书中首先提出了全面质量管理的概念："全面质量管理是为了能够在最经济的水平上，以及充分满足用户要求的条件下进行市场研究、设计、生产和服务，把企业内各部门研制质量、维持质量和提高质量的活动组合为一体的一种有效体系。"

随后，全面质量管理在日本、西欧得到推广。目前在日本企业中，无论是高级管理人员还是普通员工，他们对产品和服务质量的认识都非常清醒。日本企业通过引进新的管理体系并基于本国国情，形成了日本式全面质量管理。在诸多优秀企业中，日立集团销售额位居前列，该集团正是运用全面质量管理模式，实现了企业高速发展。质量管理对一个企业乃至一个民族都具有深远影响，毕竟一国的综合国力有赖于市场经济的发展，千万家企业则是构成市场这一有机体的细胞。

2. 全面质量管理的组成要素

全面质量管理作为一个有机整体包含八个基本要素：质量方针、质量目标、质量体系、质量策划、质量成本、质量改进、质量文化和质量审核。

全面质量管理各要素间既相互联系又相互独立。质量方针是质量管理总的宗旨和方向，是管理者对质量管理的指导思想和承诺。质量目标的责任是将质量方针具体化。质量策划进一步细化质量目标，使质量目标落实到具体管理活动中。为实现质量目标，还必须建立完整的质量体系，使企业质量管理的各项活动及质量目标在一个有机体中运行。组织在运行中必然要注重成本控制，因此必须把质量成本看作全面质量管理的经济基础。质量改进是全面质量管理的主要内容，良好的质量文化氛围有助于质量改进。质量审核可以进一步查找管理过程中存在的偏差，并予以纠正。尽管上述八要素间具有相关性，但在实际操作中，各要素均具备独立运作的特点。因此，全面质量管理中，既要看到各要素间的相关性，又要注意它们的特殊性。

3. 全面质量管理过程的内容

（1）设计过程质量管理的内容

产品设计过程的质量管理是全面质量管理的首要环节。过程是指将输入转化为输出的一组相关联的资源和活动。这里的设计过程包括市场调查、产品设计、工艺准备、试制和鉴定等。设计过程质量管理的主要内容包括以下几个方面。

1）通过市场调查研究，了解客户需求，并结合企业经营目标确定产品质量标准。该标准的设定首先应符合市场需求，尽可能采用国际先进标准。

2）保证设计图纸、产品配方、公益流程等技术文件的质量。它们是产品设计过程的成果，也是开展制造活动及质量管理的依据。

3）敦促相关职能部门遵守设计试制的工作程序。生产经营过程中，采用边设计、边试制、边生产的方法对企业发展十分有害。设计试制过程应当按照科学的试制程序进行，即按照研究、试验、产品设计、样品试制试验这一程序进行。

（2）制造过程质量管理的内容

企业生产制造过程是产品质量形成的基础，也是质量管理的基本环节。制造过程指对产品生产加工的过程。它的基本任务是保证产品的制造质量，建立一个能够稳定生产合格品和优质品的生产系统。其具体内容包括以下几个方面。

1）检验工序质量，确保生产过程依据标准运作，预防不合格产品转入下一道工序或出厂。

2）分析产品质量。这里的产品包括合格产品和不合格产品。分析废品或不合格产品是为了寻找生产工序中存在的问题，便于改正错误、减少损失。分析合格成品是为了进一步提升产品质量，实现企业生产的标准化。

3）组织和促进文明生产。这是科学组织现代化生产、加强制造过程质量管理的重要条件。

（3）辅助过程质量管理内容

辅助过程质量管理通过为制造过程提供优质的物质技术条件，保证产品生产质量。辅助过程包括物资采购、设备维修、动力生产、仓储运输等。这些环节对产品或服务质量的好坏具有重要影响。其具体内容包括：严格检验入库物资的数量、质量；按期提供生产所需的各种物资；维护生产设备，保证设备运行良好；做好工具制造和供应的质量管理工作。

4．PDCA 循环

（1）PDCA 循环的含义

PDCA 循环又叫“戴明循环”，简称“戴明环”，是美国质量管理专家戴明博士首先提出的。它是全面质量管理应遵循的科学程序。PDCA 是由四个英文字母组合而成的，它们分别为 Plant（计划）、Do（执行）、Check（检查）、Action（纠正）。之所以将这四个过程称为循环，是因为它们并非一次完结，而是循环往复地进行。当该系统循环一周，但尚有其他问题没有解决或有新偏差产生时，系统就进入下一个循环。戴明环的实施需要大量数据资料，同时需要综合运用各种方法技术。它体现组织实际的运行程序，即确定组织目标、制定计划内容；执行计划；检查工作效果、分析原因；采取措施纠正偏差。全面质量管理活动的全部过程就是质量计划的制定和组织实现的过程。这一过程就是按照 PDCA 循环，循环往复地运转的。

（2）PDCA 循环的特点

1）各级质量管理都包含 PDCA 循环，形成一个大环套小环、一环扣一环、相互补充、相互制约的有机整体。如果把整个企业的工作作为一个大的 PDCA 循环，那么各个部门、小组还有各自小的 PDCA 循环。上一级的循环是下一级循环的依据，下一级的循环是上一级循环的落实和具体化。

2）PDCA 循环不是在原地运转，而是每循环一次就解决一部分问题，取得一定成果，工作和质量水平就提高一步。到了下一次循环，又有了新的目标和内容，管理水准又在原有基础上更进一步。

3）PDCA 循环是科学管理方法的形象化——Please Don't Change Anything。该循环应用以 QC 七种工具为主的统计处理方法及工业工程中工作研究的方法，发现并解决系统中存在的问题。

基于以上特点，熟练掌握和灵活运用 PDCA 循环方法对于提高质量管理体系运行的效果和效率十分重要。

自测题

一、名词解释

管理控制　前馈控制　预算控制　全面质量管理　PDCA 循环

二、单项选择题

1. 管理中的（　　）指按计划的标准衡量，纠正执行中的偏差，确保计划目标的完成，以及适当调整计划，以适应外部环境变化的过程。

A. 计划工作　B. 组织工作　C. 控制工作　D. 领导工作

2. 进行控制的依据是（　　）。

A. 指挥工作　B. 组织工作　C. 协调工作　D. 计划工作

3. 一般管理的实质是一个简单的信息反馈，它的纠正措施往往是（　　）。

A. 经过分析查找原因后纠正　B. 经上级审批后实施

C. 即刻就付诸行动　D. 与标准对比后实施

4. 同期控制通常又被称作（　　）。

A. 前馈控制　B. 反馈控制

C. 作业控制　D. 现场控制

5.（　　）是对企业年度末期的财务状况进行的分析。

A. 预计资产负债表　B. 预计总收益

C. 现金预算　D. 现金预算

三、多项选择题

1. 管理控制的特点有（　　）。

A. 整体性　B. 动态性　C. 人性化　D. 主观性

2. 预算控制的种类有（　　）。

A. 经营预算　B. 投资预算　C. 财务预算　D. 工程预算

3. 按照控制作用环节的不同分类，控制可以分为（　　）。

A. 生产控制　B. 同期控制　C. 反馈控制　D. 前馈控制

4. 控制工作的重要性是（　　）。

A. 任何组织、任何活动都需要进行控制

B．搞好经营决策的必要条件

C．制定目标和检测结果的手段

D．在管理的五项职能中所处的重要地位及相互关系

E．在管理职能中是最重要的

5．现场控制的有效性取决于主管人员的（　　）。

A．个人素质

B．个人作风

C．权限和责任

D．指导的表达方式及下层对这些指导的理解程度

四、判断题

1．预算本身即计划。（　　）

2．前馈控制是一种管理者与被管理者面对面进行的控制活动。（　　）

3．制定合适的标准是使预算工作发挥作用的关键之一。（　　）

五、简答题

1．简述控制工作的重要性。

2．管理控制与一般控制有哪些相同点和不同点？

3．全面质量管理的内容包括哪些？

案例分析

案例1　美国与日本的全面质量管理

质量管理直接关系到企业的生存和发展，因此各国企业都十分重视对产品的质量管理。它们的管理思想和措施与各自的文化结合，形成了各具特色的质量管理模式，其中最典型的是美国质量管理模式和日本质量管理模式。

美国是质量管理的发源地，无论是“统计质量管理法”还是“全面质量管理法”都源于美国。经过上百年的发展，美国已经形成独具特色的质量管理思想、质量管理组织制度和质量管理方法，被称为美国质量管理模式。

美国企业的质量管理思想经历了三个阶段：早期主要依靠操作者的技术；其后主要依靠事后检验；现在则以预防为主。第一，美国企业普遍重视产品质量。美国企业界认为，在市场经济条件下，消费者有自己的选择权，这就是向生产者投“货币选票”。为了吸引这些选票，企业必须尽量了解消费者需求，降低成本，提高质量。第二，美国企业强调质量的综合特性。他们认为质量特性主要包括性能、寿命、可靠性、安全性和经济性，产品应该融这五大特性于一身，产品质量应该是这些特性的总和。第三，美国企业推崇“以预防为主”的观念。他们虽然也注意成品的检验，但更注重工序过程中的预防，把质量问题控制在产品形成之前。第四，美国企业非常强调高层管理人员的质量责任。企业最高层领导人员都要接受质量管理培训，他们的工资、红利及其他奖励都要视质量管理成绩而定，有的企业质量管理成果在红利和奖励中的比率

甚至达到 40%。第五，美国企业特别注重质量指标的完成。他们将质量指标分解得很细，落实到每道工序和每个人，产品要根据事先确定的标准进行检验，追求 100%的合格率。

美国企业的质量管理组织制度是与其质量管理思想相适应的。首先，质量管理围绕高层领导和质量管理专家来实施，质量经理和质量管理专家在质量管理中居于核心地位。其次，将解决质量保证问题的权力分散，各部门在质量经理和专家的指导下分工负责，只有问题比较普遍时才向上级部门报告。再次，常设管理机构和临时管理机构并存。除质量促进委员会、可靠性委员会等常设质量管理机构外，美国企业还经常为特定目的设立临时质量管理机构，如福特汽车为生产专用部件而成立的临时工作小组等。最后，美国企业还十分重视质量检验工作，积极改进质检仪器，提高质检人员素质。

美国企业的质量管理方法主要是全面质量管理法，它是 20 世纪 60 年代初期由通用电气公司的工程师费根鲍姆创立的，其基本内容是：企业全体员工及其有关部门同心协力，综合运用管理技术、专业技术和科学方法，经济地开发、研制、生产和销售用户满意的产品。

日本企业则从自身实际和日本文化出发，形成了有自己特色的质量管理模式。先看看日本企业的质量管理思想。首先，日本企业树立了"无次品"的质量管理观念。一般国家认为把废品率降到 1%以下意义不大，可是在日本公司的质量图表上，废品率不是以百分之几表示，而是以百万分之几表示，长远目标——是零。日本企业还宣传"每个废品都是宝"的观念，对废品进行仔细研究，找出质量管理中存在的问题。其次，日本企业质量管理是面向消费者的。日本工业标准将质量管理定义为："质量管理是经济地生产合格产品，或者满足客户需求的服务的一种生产方式体系。"日本企业也认为"质量管理就是发展、设计、生产和服务于一种优质产品，这种产品应是最经济、最有用的，并使消费者满意"。因此，他们提出"最现实的质量好坏标准就是客户是否满意"，"百分之一的次品对客户来说就是百分之百的次品"。再次，追求产品的适用性，不以合格率为主要标准，扩大产品优等率。最后，日本企业重视质量管理中人的因素，强调全员参与质量管理。

日本的质量管理组织制度同样体现了他们的质量管理思想。第一，重视基层人员和一线操作人员的质量管理职能。第二，重视加强产品形成早期阶段的管理，把质量管理的重点放在设计方案、加工样品、调整工艺流程等阶段，事先把好质量关。第三，注意生产的连续性和稳定性，不搞形式主义、突击生产、超负荷运转。第四，跨企业组织质量管理协作。日本企业从外部购入的零部件占到制造成本的一半以上，为了保证质量，企业间相互真诚的质量保证就极为重要。第五，进行普遍的质量管理教育。

日本企业的质量管理方法在美国企业质量管理方法的基础上有所创新。首先，从全面质量管理发展成为全公司甚至全社会质量管理，公司内部从董事、经理、中层管理人员、基层管理人员直至一线技术工人，以及关联企业和上下游企业全员参与。其次，日本企业重视质量问题，十分注重对质量问题进行"诊断"，找出毛病。

问题：

（1）全面质量管理的内容包括哪些？

（2）美国式与日本式的全面质量管理存在哪些异同点？

（3）两种全面质量管理模式对我国企业管理有哪些启示？

案例 2　信用卡公司客户服务质量的控制

美国某信用卡公司的卡片分部认识到了高质量客户服务是多么重要。客户服务不仅影响公司信誉，也和公司利润息息相关。比如，一张信用卡每早到客户手中一天，公司可获得 33 美分的额外销售收入，这样一年下来，公司将有 140 万美元的净利润。即时地将新办理的和更换的信用卡送到客户手中是客户服务质量的一个重要方面，但这远远不够。

决定对客户服务质量进行控制来反映其重要性的想法最初是由卡片分部的一个地区副总裁——凯西·帕克提出来的。她说："一段时间以来，我们对传统的评价客户服务的方法不太满意。向管理部门提交的报告有偏差，因为它们很少包括有问题但没有抱怨的客户，或者那些只是勉强满意公司服务的客户。"她相信，真正衡量客户服务的标准必须基于和反映持卡人的见解。这就意味着要对公司控制程序进行彻底检查。第一项工作就是确定用户对公司的期望。对抱怨信件的分析指出了客户服务的三个重要特点：及时性、准确性和反应灵敏性。持卡者希望准时收到账单、快速处理地址变动、采取行动解决抱怨。

了解了客户期望，公司质量保证人员开始建立控制客户服务质量的标准。所建立的 180 多个标准反映了诸如申请处理、信用卡发行、账单查询反应及账户服务费代理等服务项目的可接受的服务质量。这些标准都基于用户所期望的服务的及时性、准确性和反应灵敏性。同时也考虑了其他一些因素。

除了客户见解，服务质量标准还反映了公司的竞争性、能力和一些经济因素，开始实施控制服务质量的计划。

计划实施效果很好，比如，处理信用卡申请的时间由 35 天降到 15 天，更换信用卡从 15 天降到 2 天，回答用户查询时间从 16 天降到 10 天。这些改进给公司带来的潜在利润是巨大的。比如，办理新卡和更换旧卡节省的时间会给公司带来 1 750 万美元的额外收入。另外，如果用户能及时收到信用卡，他们就不会使用竞争者的卡片。

该质量控制计划潜在的收入和利润对公司还有其他益处——使整个公司都注重客户期望，各部门都以自己的客户服务记录为骄傲。而且每个雇员都对改进客户服务做出了贡献，使员工士气大增。每个雇员在为客户服务时，都认为自己是公司的一部分，是公司的代表。

信用卡部客户服务质量控制计划的成功，使公司其他部门纷纷效仿。无疑，这对该公司的贡献将是非常巨大的。

问题：

（1）该公司控制客户服务质量的计划是前馈控制、反馈控制还是现场控制？

（2）找出该公司对计划进行有效控制的三个因素。

（3）为什么该公司将标准设立在经济可行的水平上，而不是最高可能的水平上？

第 12 章 新时代的管理

学习目标 理解全球经济环境变化的主要表现；了解国际化管理的特点及国际化管理中的环境变化；掌握知识型企业的特征，理解知识管理战略模式与实施方法；了解柔性管理的内容及实施。

引导案例

大连三洋的柔性管理

大连三洋制冷有限公司（简称大连三洋）成立于 1992 年 9 月，于 1993 年正式投产，现有职员 400 余人，是由日本三洋电机株式会社、中国大连冷冻机股份有限公司和日本日商岩井株式会社三家合资兴办的企业。大连三洋是在激烈的市场竞争中成立的。当时，对外，它面对来自国内外同行业企业形成的市场压力；对内，则面临着如何把引进的高新技术转化成高质量的产品，如何使在文化程度、价值观念、思维方式、行为方式各方面有巨大差异的员工形成统一的经营理念和行为准则以适应公司发展需要的问题。因此，大连三洋成立伊始，即把严格管理作为企业管理的主导思想，强化遵纪守规意识。

可是，随着公司的发展和员工素质的不断提高，原有的制度、管理思想和方法有的已不能适应企业的管理需求，有的满足不了员工实现其精神价值的需要。更为重要的是，随着国内外市场竞争的激烈，大连三洋如何增强自身应变能力、为用户提供不同需求的制冷机产品成为公司发展过程中必须解决的问题。因此，公司针对逐渐培养起来的员工自我管理的意识，使其逐步升华成为立足岗位的自我改善行为，即自我改善的柔性管理，从而增强了公司在激烈市场竞争中的应变能力。

大连三洋的经营领导者在实践柔性管理中深深地领悟到，公司不能把员工当成“经济人”，他们是“社会人”和“自我实现的人”。基于此，大连三洋形成了自己特有的经营理念和企业价值观，并逐步实现了职员自我改善的柔性管理。

通过这种管理和其他改革办法，大连三洋不仅当年投产当年赢利，而且 5 年利税超亿元，合资各方连续 3 年分红，很快收回投资，并净赚了两个“大连三洋”。以下是大连三洋自我改善的柔性管理运作的部分内容。

员工是改善活动的主体，公司从员工入厂开始即坚持进行以“爱我公司”为核心的教育，以“创造无止境改善”为基础的自我完善教育，以“现场就是市场”为意识的危机教育。公司在吸纳和研究员工危机意识与改善欲求的基础上，总结出了自我改善的十条观念：① 抛弃僵化固定的观念；② 过多地强调理由是不求进取的表现；③ 立即改正错误是提高自身素质的必由之路；④ 真正的原因在“为什么”的反复追问中产生；⑤ 从不可能中寻找解决问题的方法；⑥ 只要你开动脑筋，就能打开创意的大门；⑦ 改善的成功来源于集体的智慧和努力；⑧ 更要重视不花大钱的改善；⑨ 完美的追求从点滴改善开始；⑩ 改善是无止境的。

这十条基本观念如今在大连三洋已成为职员立足岗位、自我改善的指导思想和自觉行为。

大连三洋的职员自我改善是在严格管理的基础上逐渐形成的。从创建起，公司就制定了严格规范的管理制度，要求员工适应制度、遵守制度。而当员工把严格遵守制度当成自我安全和成长需要的自觉行动时，公司则进一步制定了使制度有利于员工发挥潜能、促进员工发展的措施，强化制度的相对灵活性。

例如，公司现在的“员工五准则”中第一条“严守时间”规定的后面附有这样的解释：“当您由于身体不适、交通堵塞、家庭有困难而不能按时到公司时，请拨打 7317375 通知公司。”这里没有单纯的“不准迟到”、“不准早退”的硬性规定，充分体现了公司规章制度“人性化”的一面。公司创立日举行社庆，公司将所有员工的家属都请来予以慰问。逢年过节，公司常驻外地的营销人员总会收到总经理亲自操笔的慰问信。在大连三洋，“努力工作型”的员工会受到尊重，职员合理化提案被采纳的有奖，未被采纳的也会受到鼓励。企业与员工共存，为员工提供舒适的工作环境，不断提高员工的生活质量，而员工以极大的热情关心公司的发展，通过立足岗位的自我改善成了公司发展的强大动力。

问题：

1. 试分析大连三洋柔性管理模式的内涵。
2. 大连三洋的柔性管理中体现了怎样的管理思想转变？

12.1 国际化管理

12.1.1 全球经济环境的变化趋势

经济全球化意味着国家间的依赖程度不断加强，国家间的经济贸易往来更加频繁，组织的经营活动向无国界化发展。经济全球化主要是由全球企业带动的、自下而上的一种微观经济行为。因此，跨国公司在经济全球化进程中占有重要位置。

经济全球化之所以能够得到迅速发展，有着技术、文化、经济、社会和环境等多方面的原因。从技术因素方面看，经济全球化起因于通信技术和运输技术的革命性发展；从文化因素看，经济全球化的迅速发展有赖于各国文化跨国界交流的增多；从经济因素方面看，全球范围的技术进步和文化交流的增加促使越来越多的国家开放国内市场，加入到经济全球化进程中来；从政治因素看，企业的国际化和全球化经营使各国争夺和保持作为外国最佳投资地的国际竞争加剧，各国政府纷纷出台各种优惠政策，吸引外国直接投资；从环境因素看，越来越多的国家认识到，许多环境问题（如空气污染、温室效应和多边的灾害气候）本身就是跨国界的问题，必须依靠全球各国的共同努力，依靠全球环保政策，才能使之得到有效控制和解决。经济全球化把企业置于全球市场中，使企业面临的经营环境更加复杂。企业只有及时从观念上和经营上完成国际化的转变，才能有效地应对全球化的竞争。

经济全球化使全球经济环境发生了许多重大变化，主要体现在以下几个方面。

1. 从多国公司占主体到跨国公司占主流

多国公司是指在本国以外的多个国家从事经营活动，但以本国为基地，对国外经营活动进行集中经营管理的公司。多国公司的出现是经济发展的必然，它促进了国际贸易的快速增长，带动了全球经济的迅猛发展。多国公司的经营范围和竞争目标在全球广泛延伸，形成了一种更为普遍的组织——跨国公司。跨国公司是指同时在两个或两个以上国家从事重要经营活动，并在从事经营活动的所在国分散制定决策的公司。这种组织类型不是通过对本国成功经验的复制来集中管理国外经营，而是在每个国家和地区雇用当地人员，通过员工本土化进行经营管理，而且每个海外机构拥有完全的自主决策权，所制定的产品和市场战略必须以当地的人文特色为根据。多国公司发展成为跨国公司的趋势表明，国界已经不再成为阻碍经济发展、限制企业扩张的瓶颈。管理的国际化、全球化已经成为一种潮流和必然趋势。

2. 从区域中心导向到全球中心导向

区域中心导向就是指公司的经营导向和类型是根据地区事业部的经营导向和战略制定的。区域中心导向使得国外经营人员的配备开始了以区域为基础的历程。而现代的跨国公司更具有全球中心导向的意识，这意味着将整个组织看成一个在许多国家从事经营活动的相互依存的系统，公司总部与依附企业之间保持着良好的合作关系、存在着双向的交流沟通，也开始聘请国际上有才华的经理人员出任公司的重要职务。总之，跨国公司的导向是应该真正国际化的，是超越狭隘的民族主义观点的。

3. 从国际化到全球化

经济和社会的发展经历了国际化、多国化和全球化三个阶段。欧共体科学技术预测委员会的理事长彼得·莱拉明确指出，国际化是国与国之间进行的原材料、半成品、成品、服务、货币和信息方面的交换流通的综合。全球化的特征是：金融市场的全球化；公司战略的跨国化；技术、相关的产品开发及知识在全球普及；消费方式向文化产品转化；本国社会管理能力跨国化；各国政府在制定全球管理规定中的作用日益减少。

12.1.2 国际化管理的内涵

1. 国际化管理及其特点

国际化管理是指国际企业为了更有效地实现既定的组织目标，在国际范围内执行管理职能，协调组织各种资源要素的活动过程。国际化管理是研究国际企业管理基本理论和方法的学科，揭示企业在国际范围内的管理活动的普遍规律。国际化管理的概念包含以下几个层面的含义，它们也是国际化管理的特点。

1）主体性。国际化管理是国际化企业的管理，它的行为主体是国际企业的管理人员。偶尔开展海外业务的企业不存在国际化管理问题。

2）目标性。国际化管理的最终目的是通过有效管理更好地实现组织既定的全球化战略目标。

3）国际性。国际化管理是企业对国际范围内业务活动的管理。这里强调的是国家环境差异分析和全球环境分析对国际化管理的重要性。

4）管理性。国际化管理是管理的基本职能在国际化环境和国际企业中的运用。国际化管理不是要创建一种新的管理理论和方法，而是应用管理的基本原理、执行管理的基本职能。

5）整体性。国际化管理是协调国际企业各项业务活动的过程。与一般管理一样，国际化管理是一个包括各个基本职能的完整过程。

2. 国际化管理的优点

（1）特殊性

与一般管理一样，国际化管理以提高组织效率的微观问题为重点。但是，国际化管理比一般管理研究的对象更具体，它面向的是国际企业，而一般管理面向的是所有的组织。

（2）跨国性

这是国际化管理最突出的特点之一。各国环境的差异及它们对企业管理的影响是国际化管理的重要内容。各国环境的差异除了表现在政治、法律、经济、技术等方面外，还表现在文化方面。文化方面的差异对国际化管理有着特别重要的意义。

（3）综合性

管理是非常复杂的活动，它涉及众多学科领域。管理者只有在对各学科知识综合运用的基础上，才能全面、科学地分析管理问题，做出正确的决策。国际化管理把一般管理延伸到国际范围，使这种综合性的范围更加广泛，这就对国际管理人员提出了更高的要求。

（4）实践性

国际化管理是直接为国际企业进行有效管理服务的。国际化管理的实践性还表现为国际化管理的理论与方法必须与具体的管理实践相结合，必须在具体的管理实践中灵活地加以运用，必须使管理的科学性和艺术性密切地结合在一起，这样才会取得令人满意的效果。

12.1.3 国际化管理中的环境变化

企业的经营环境都是在一定的环境下进行的，而环境因素必然会对企业的经营活动产生一定的影响。国际企业要想在国际环境中求得生存和发展，减少环境的不确定性，避免和降低风险，提高对国际环境的适应能力，它就必须了解、研究和掌握国际环境及其变化。国际环境是指能够影响国际企业的相互联系、相互作用的国内与国外环境因素的总和，是整个全球的环境。这些环境因素主要包括政治、经济、法律、文化和技术等。

1. 国际政治环境

国际政治环境是指影响国际企业决策和经营活动的政治制度、经济制度、政府的作用和民族主义倾向等因素的总和。国际政治环境决定了国际企业是否被允许在一个国家或地区从事经营活动，以什么样的方式进行经营，以及在多大范围和程度上具有决策权和经营权。随着社会的发展，世界政治将向多极化方向发展。政治多极化将有利于在全球制定更为合理的国际贸易新秩序和运行规则，它能促使国际企业在更为公平的国际环境下开展业务活动。

2．国际经济环境

国际经济环境是指影响国际企业决策和国际化经营活动的各种经济因素的总和。国际经济因素的分析和评价大多依据各国政府和国际性组织公布的各种经济数据和指标来进行。国际企业在进入某一国家或地区市场前通常要分析的经济指标有国民生产总值、经济增长率、国际收支状况、人均国内生产总值、财政政策和货币政策的变化情况，以及该国或地区所处经济周期阶段等。企业进行国际化经营除了要掌握各国的经济状况外，还要了解跨国家的，包括地区的和全球的经济环境。经济一体化是全球环境变化的一种趋势，经济一体化组织则是全球经济环境因素的重要组成部分。据统计，世界上共有经济一体化组织一百多个。

3．国际法律环境

国际企业的经营管理活动不仅要受国际通行的法律和法规的制约，还要受各国不同的法律和法规的影响，有时还要受本国法律和法规对在海外投资和国际化经营的限制。国际法律环境包括很多因素，主要有世界贸易组织在关税、国际贸易、国际服务贸易和知识产权等方面的法律法规的约束，以及各国特有的法律法规的约束等。例如，法国规定外国公司出口到法国的所有产品必须有法文标签、说明书和质量保证书等；欧盟对食品和药物进口有严格的规定。

4．国际文化环境

国际文化环境被看作国际化经营管理最重要的内容之一，因为管理在不同国家的差异很大程度上是由不同国家的文化差异造成的。国际文化环境的差异常常引起国际企业经营管理活动中的跨文化冲突，因此不能使国际经营管理活动与当地的文化环境相适应，国际化管理就无法取得成功。文化环境因素通常包括风俗、规范、价值观、信念、语言、态度、社会制度、宗教信仰等。

5．国际技术环境

国际技术环境包括一个国家或地区的基础技术环境和应用技术环境。国际企业在重视新技术的研究和开发的同时，在国际化经营中应特别强调应用技术的开发和获取，重视技术的商业化问题。技术的变化不仅影响企业的决策和经营，也改变着企业的管理理念与方法。因此，在国际竞争中，许多国家和企业把技术作为获得并保持竞争优势的最重要的途径。

12.2　知识管理

12.2.1　知识型企业的概念及特征

1．知识型企业的概念

知识型企业是以知识为资源配置要素，以知识创新提供网络化组织结构，主要从事知识生产和知识服务的企业类型。这一概念主要包括以下三个方面的内容。

首先，知识已成为企业的第一资源要素，而不是传统企业的资本或其他要素。

其次，仅有知识的投入比例较高还不够，关键是企业能建立为知识传递和共享提供前提的网络化组织形态。

最后，企业的运行过程是围绕知识的生产和创新组织起来的，其产品是知识而不是一般的物化产品。

2．知识型企业的特征

（1）企业资源重心发生转移

在知识型企业中，企业的资源重心不再是土地、资本，而是知识。这种资源重心的转移导致了企业投资结构的变化，知识已成为企业最大的投资对象和投资主体。美国著名管理学家彼得·德鲁克认为，在这种社会里，知识就是个人乃至整个经济的首要资源。土地、劳动和资本（经济学家列出的传统生产要素）并没有消失，但它们是次要的。在知识型企业中，知识已成为第一资源，知识是一个企业生存和发展的主要动力。知识型企业首先是围绕专门或具有竞争能力的知识建立的，并且在运行过程中要为知识的存续、更新及增长做最大的投资。

（2）知识型企业的员工是知识员工

知识员工是指那些创造财富时用脑多于用手的人们。他们通过自己的创意、分析、判断、综合及设计给产品带来附加值。知识员工首先要有较高的专业知识，不论是专业技术还是管理能力。同时，为达到对信息及信息技术数据的处理能力和组织成员的创新、创造能力协同的目标，知识员工还要熟练应用支持他们业务的全新技术手段。这样的能力有助于知识员工将那些程序化的任务交给技术装备，从而集中精力和时间从事那些需要创造性和创新精神的、能够增加价值的活动。知识员工还需要全面了解组织业务及其与自己所做工作的关系，认识到工作环境的变化与公司业务的联系，以便按照组织的发展需要安排自己的学习。因此，知识员工的素质一方面由专业知识构成，另一方面由团队精神、自觉学习、高度控制等因素构成。

（3）以提供高附加值的知识产品和服务为目标

在知识型企业产品价值的组成结构中，知识价值的比例明显增大，物化劳动价值大幅度减少，产品知识含量不断提高。例如，比尔·盖茨连续几年位居世界富豪榜首，现在微软公司的市场价值已大于美国三大汽车公司的总和，位居世界第一。微软公司的产品是什么？是具有高科技含量的软件和知识。无论是过去的 DOS 系统，还是后来的 Windows95、Windows 98、Windows XP，它们都只是一张软盘或光盘。一张光盘是用聚碳酸酯做成的，物质成本大约是 3 元人民币，可是一张 Windows XP 光盘却价值 8 000 元人民币。因此，知识型企业的产品应是高附加值的知识产品，而且越来越向无形转变，向技术、品牌、方案方面转化 。

（4）知识架构向虚拟化和网络化方向演变

知识型企业是以知识的生产和创新为主要目标的企业。进行知识的生产和创新，并使组织为知识的积累、流动创造条件，企业组织架构就必须进行转型和演变，突破传统的企业组织结构，以适应知识作为第一资源的需求。知识型企业最终和最适应的组织架构应为虚拟组织。虚拟组织是一种企业间动态联盟的组织形式。企业在组织上突破有形的界限，为取得竞争中的最大优势，仅保留最关键的功能，而将其他功能虚拟化，需要的时候通过各种方式并借助外力进行整合弥补。虚拟企业的组织形态是网络化的，是流动且边界模糊的。

（5）组织的指挥权力转移及控制方式发生变化

传统的指挥控制权掌握在高层管理者手中，实行集中或梯级控制模式；而知识型企业将根据组织形态的变化，将传统权力体系彻底打破，形成一个权力的网络。知识型企业领导是协调导向的。知识型企业没有或只有尽量少的中间管理层，企业的决策大多在团队或基层小组完成。

知识型企业当然也需要企业领导或工作团队负责人，但管理角色和风格明显发生了转变。如果把管理者按传统企业的职能分为三种，即高层管理者、中层管理者和基层管理者，那么企业从传统型到知识型的转变过程中，公司的基层管理者必须从基层实践者的传统角色转变为一种富有创造行为的企业家；中层管理者应该将自己从行政控制者转变为具有培养性的教练；高层管理者则应将自己视为公司制度的创建者而非资源分配者。

（6）知识型企业从规模和整体外观上趋于微型化

在知识经济的新环境形势下，单靠生产潜力已不能为企业提供利润保证。企业今天的主要挑战是要即时整合技术创新，并以此来丰富客户的价值。巨大的设备制造商正在被重视软件开发、系统整合、市场营销、不间断的培训和研究的公司所取代，因为竞争的优势主要取决于企业的创新速度，而不是所拥有的厂房和设备的规模。知识型企业的微型化实际是空间上机器设备的浓缩，是劳动力转化为智力、知识的浓缩，从其外形来看好像变小了，而知识的含量却大大增加。例如，微软公司只有 1 万名员工，它却比拥有 70 万名员工的美国通用电气公司的市值更高。

12.2.2　知识管理及其特征

1．知识管理的含义

知识管理就是企业为了实现显性知识和隐性知识共享所寻找的新途径。

知识管理既着眼于获得显性知识，又着眼于获得隐性知识。显性知识易于整理和进行计算机存储；而隐性知识则难以掌握，它集中存储于员工的脑海里，是员工的个人经验。

知识管理不同于信息管理，它是通过知识共享、运用集体智慧提高应变和创新能力的。有些公司常常错误地认为，制定一项有效的信息管理战略体现了它们在知识管理方面的行动。但实际上，要想在知识经济中求得生存，企业就必须把信息与信息、信息与人、信息与过程联系起来，以进行大量创新。知识管理不仅涉及对信息的管理，而且涉及对人的管理。知识管理的实施在于建立激励员工参与知识的共享机制，设立知识总监，关注创新和集体创造力的培养。

知识不同于信息，从一定意义上说，知识高于和广于信息。经济合作与发展组织的专家把当代人类的所有知识分为四大类：一是知道“是什么”的知识，是指关于事实和现象的知识；二是知道“为什么”的知识，是指自然原理和规律方面的知识；三是知道“怎样做”的知识，是指对某些事物的技能和能力；四是知道“是谁”的知识，涉及谁知道和谁知道如何做某些事的信息，是指关于人力资源方面的知识。信息一般属于第一、二类知识，也可以成为归类知识，能够通过读书、听讲和查数据库而取得。第三、四类知识属于沉默知识，比较难以归类和量度，主要靠实践获得。知道“怎样做”的知识学习的典型例子是，学徒跟着师傅并把师傅当作权威；“是谁”方面的知识需要在社会实践中获得，有时也通过特殊的教育环境来学习。

2．知识管理的特征

（1）知识管理不是一门技术，而是一种全新的管理思想，它既继承了人本管理思想的精髓，又结合知识经济这一新的经济形态的特点予以创新知识经济是以知识为基础的经济。在知识经济时代，经济的增长不再过分依赖于经济资源，而是更加依赖知识资源。企业的知识资源是企业拥有的可以反复利用的、建立在知识基础之上的、可能给企业带来财富增长的一类资源的总称，主要表现为无形资产、信息资源和智力资源。其特点是无形的、可以反复利用的、不会枯竭的，是企业内部可以共享的资源，不会出现边际报酬递减。通过对企业知识资源的开发和有效利用，可以提高企业的创新能力，从而提高企业创造价值的能力。因此，知识管理本身有其不同于以往管理的独特之处。

（2）知识管理重视对员工的精神激励

在知识经济时代，企业管理更加重视对员工的精神激励，但不只是那种给予赞赏、表扬或荣誉的传统式精神激励，而是一种新型的精神激励，即赋予被管理者更大的权力和责任，使其意识到自己也是管理者的一员，进而发挥自己的自觉性、能动性和首创性，充分挖掘自己的潜能，以实现其自身的人生价值。

（3）知识管理重视知识的共享和创新

知识经济下，企业之间的竞争取决于企业的整体创新能力，即运用集体的智慧，提高应变能力和创新能力，从而增强企业的竞争支柱。员工则共同分享他们所拥有的知识，并且要求管理层对那些做到这一点的人予以鼓励。

（4）知识管理对知识和人才高度重视

显性知识的取得和分享可以通过计算机的网络化和软件系统实现。对于隐性知识，除了重视员工自身的潜能发挥以外，企业应重视组织内外专家学者及领导层智慧的作用，即重视人才智力的高效能发挥。对信息的利用必须把信息与信息、信息与人、信息与过程联系起来，从而进行大量创新。总之，对知识的重视要求企业逐步构建学习型组织。

（5）知识管理重视企业文化建设

知识经济时代的知识管理强调企业文化建设，每个成功的企业必须有其独特的企业精神，用一种共同的价值观来熏陶全体员工。独特的企业文化全面地影响着企业各项管理职能的实现及集体效力的发挥。

（6）知识管理重视领导方式的转型

知识管理需求有新的领导方式，让每个成员都有参与领导的机会，领导层也要不断进行学习，扩展成员的能力。未来的领导应是集体领导。

3．知识管理的实施

知识管理的实施在于建立激励员工参与知识共享的机制，设立知识总监，培养企业创新和集体创造力。伊士曼软件公司技术总监埃德·麦克尼尔尼指出，实现知识共享必须得到公司领导和全体员工的认同。他说，成为杰出的知识总监的条件是要具有灵活性和对智力的战略性运用意识。因此，一个企业实施知识管理应做好以下几项工作。

1）调整公司结构，将公司建成知识型公司。知识管理要建立起能适应知识经济要求的知识型企业组织结构，任何一名员工的信息、意见或建议都可以通过简化了的组织结构直接传递给公司的高层领导。

2）建立能够为公司员工进行交流的设施和环境。实施知识管理最基本的条件是要建立一个能为公开交流提供完好基础设施的网络。当代信息技术特别是国际互联网的发展改变了人类的生产、生活方式，也极大地改变了商业运行环境，把全球商业带进了电子商务时代，这样企业内部的管理手段和设施也就不可避免地与各种网络联系到一起。各种网络对企业管理的影响是多重的，它一方面提出了知识管理的要求；另一方面又使知识管理成为可能，并且降低了建立知识管理基础设施所需的成本。

3）设立知识总监。美国德尔福集团的创始人之一卡尔·弗拉保罗认为："那种认为人们在没有先例可循的情况下，能够训练有素地丰富、支配和管理不断发展的知识的看法未免要求太高。"正是因为认识到这一点，公司提出设立知识总监的建议。弗拉保罗解释说，知识总监的地位居于首席执行官和信息总监之间，但知识总监不同于信息总监。库珀·利布兰公司的知识总监埃伦·纳普指出："知识总监就是创造、使用、保存并转让知识。这些知识不仅是数据，更主要的是深入人心的和发表在著作中的智力资本。"

4）建立透明、公平、民主化的决策机制。知识管理的核心在于强调每个员工——知识的创造者的价值和作用。在知识高度发达的今天，决策透明和民主化是非常重要的，管理者要让公司的每个员工都参与公司的决策，了解公司的决策过程。

5）创造有利于每位员工创造力发挥的文化氛围。实施有效的知识管理，所要求的不仅是拥有合适的软件系统和充分的培训，它要求公司的领导层把集体知识共享和创新视为赢得竞争优势的支柱。如果公司的员工为保住自己的工作而隐瞒信息，如果公司所采取的安全措施是为了激励保密而非信息公开共享，这将对公司构成巨大的威胁。因此，知识管理要求员工共同分享他们所拥有的知识，要求管理层对做到的员工给予鼓励，同时公司要真正建立起对积极参与知识共享的员工予以奖励的激励机制，不断激发员工的创造意识，增强公司员工的创造能力。

12.2.3　知识管理战略模式与实施方法

1．知识管理战略模式

美国生产力与质量研究中心（APQC）曾对在知识管理实践方面走在前列的 11 家公司和组织进行了调查，提出了几种企业知识管理战略模式。

1）把知识管理作为企业经营战略。这是一种在全企业范围内实施的综合性战略计划。它把知识视为产品，对知识实施有效的管理，这将对企业的赢利甚至生存产生直接的积极影响，因此不遗余力地推行知识管理战略计划。

2）知识转移和最优实践活动。这是普遍采用的知识管理战略计划。它通过建立获取、重建、储存和分配知识的系统和方法，把知识融入企业产品和服务中，达到缩短生产周期、降低生产成本和增加销售的目的。大多数公司强调将团队精神和网络设施作为知识有效之基础的重要性，并采取多种手段鼓励知识转移活动。

3）以客户为重点的知识战略。该战略旨在通过获取、开发和转移客户的要求、偏爱和业务情况等方面的知识，提高企业的竞争力。该战略要求针对客户的问题实施知识管理。

4）建立企业员工对知识的责任感。这种战略支持员工建立对识别、保持和扩展自身知识，以及更新和共享知识资产的责任感，让每个员工认识到知识对他们担负高度竞争性工作的重要价值。同时，建立有利于知识管理活动的企业文化也是该战略的主要内容之一。

5）无形资产管理战略。充分发挥专利、商标、经营及管理经验、客户关系、企业组织体系等企业无形资产的作用是该战略的目的。该战略管理的重点是无形资产的更新、组织、评估、保护、增值及市场交易。

2．知识管理战略的实施方法

1）构建支持知识管理的组织体系。这一体系中，一要有负责知识管理活动的领导人，制定管理计划和协调企业的各种知识活动；二要成立专门的小组完成与知识管理活动有关的任务；三要建立支撑知识管理的基础设施，如统一的信息技术平台、数据库和图书馆等。

2）加大对知识管理的资金投入。企业知识管理活动需要资金支持，要动员全企业加强对知识管理的投资，以保证知识管理活动的正常开展。

3）创造有利于知识管理的企业文化。这主要包括良好的员工职业道德、企业荣誉感和团队精神等。

4）开发支撑知识管理的信息技术。因特网和企业内联网技术是知识管理活动的催化剂，为知识的识别、获取和利用提供了强有力的工具。许多公司还开发了用于知识管理的数据库系统和其他信息技术。

5）建立知识管理评估系统。企业要研究和建立面向知识管理和无形资产的评估体系，如无形资产组成指标法、计算知识管理的投资回报率等。

12.3 柔性管理

12.3.1 柔性管理的内涵

1．柔性管理的基本概念

柔性一词在词典中被解释为柔韧的、灵活的、能适应新环境的、可通融的。20 世纪末，柔性从两条途径被引进管理学中。一条是技术管理的途径。即利用计算机智能技术进行敏捷制造、柔性制造，柔性在技术上代表弹性、可适应性、可扩展性和可兼容性。另一条是企业文化的途径。20 世纪 80 年代，美国学者提出了企业文化的理论，强调人处于管理的中心和主导地位。企业文化强调企业精神、价值观和员工的凝聚力，这些因素与管理计划和制度相比无疑更具柔性。

柔性管理是现代企业的一种灵活管理模式，它要求企业组织结构是扁平的和灵活的，企业产品的开发、生产、销售和服务是市场导向的和快速变化的，沟通是顺畅的和便捷的，人的积极性得到发挥，企业能够根据市场变化迅速做出反应并进行调整。柔性管理是人性化的管理，是增强企业灵活性、创新性、适应性和快速反应能力的管理，它通过人性化的组织系统、优良的信息管理、快速的反应机制、灵活的生产体系、市场导向的开发和服务来实现。

柔性管理是企业管理发展的新阶段，是现代企业管理的一种新模式，也是人本管理的一种新实践。西方企业柔性管理的实践经验十分丰富。它们通过多种形式的爱企业教育，创立了各具特色的企业精神，如倡导员工参与企业管理，广泛开展群众性技术活动，信任员工，加强沟通，实行弹性工作时间，注重人力资源开发等。柔性管理要求企业有强大的应变能力，能快速地、无附加费用地适应形势变化。为了实现这种能力，企业需要全面的柔性，包括生产过程柔性、产品柔性和基础结构柔性。柔性的关键在于灵活、快捷地适应变化。柔性管理的基本理念主要体现为管理要以人为本，要充分利用文化对组织的重要影响；组织要为适应复杂环境的快速变化而实施变革，要逐步建立起学习型组织等。

2．柔性管理的理论依据

（1）权变管理理论

权变管理理论认为，管理行为、管理方法和其所处的环境特点密切相关。企业管理要依据企业所处的内外条件随机应变，不存在什么一成不变的管理模式，也不存在普遍适用的“最好的”管理理论和方法。为了增强企业的适应能力，组织机构、战略决策、市场营销、生产指挥等出现了柔性化的趋势。柔性管理正是为了适应当今企业所处的环境而发展起来的。权变思想已经渗透到了柔性管理之中。

（2）行为科学理论

行为科学理论认为，员工是社会人，强调重视人的因素。柔性管理正是以人为核心的管理，它吸取了行为科学理论的精华，以此增强管理的柔性因素，并注意做好有关人的各项工作，注意感情投资，重视倡导企业精神，重视民主管理，使企业产生巨大的向心力和凝聚力，充分发挥员工的积极性、主动性和创造性。

（3）系统性理论

系统性理论认为，企业是一个具有多层次的、复杂的动态系统，是一个人造的、开放的动态组织形式。企业柔性管理正是依据系统原理，重视从系统的角度制定战略、组织生产、进行营销、开展全面质量管理，并由此来全方位地实现优质化管理目标，不断增强企业系统的环境适应性。

总之，权变管理理论、行为科学理论和系统性理论都从不同方面丰富和扩展了柔性管理的内容，使企业柔性管理进一步走向成熟。

3．柔性管理的内容

柔性管理中更多的是强调感情管理、塑造企业文化、推行民主管理、重视人才培训、注重人力资源开发。强调组织的柔性化，如由集权向分权过渡、由金字塔形组织向大森林形组织过渡、组织机构的弹性权变设置等；强调战略决策的柔性化，如增强战略的灵活性、实行弹性预算、推行滚动计划法；强调营销的柔性化，如用各种灵活多变的营销方式，采取多种有效的营销组合来吸引消费者，刺激购买，实现销售；强调生产的柔性化，如制造业采用柔性生产线来组织灵活生产，突出多品种、小批量、适应市场变化的产品；强调利用高新技术进行管理，如信息技术带来的管理学信息系统、办公自动化等使管理具有更灵敏、更快速的特点。

4．柔性管理的四个阶梯

柔性管理不仅要求企业具有灵活性，更重要的是要求企业具有快速反应能力并能快速提供新产品，最大限度地满足客户不断变化的需求。一般来讲，企业柔性管理将攀登以下四个阶梯。

（1）特色产品

特色产品或服务是指企业开发和推出的特色化的系列产品或服务。它能更好地满足客户多样化的需求，使企业适应市场变化。特色化的柔性产品和服务是柔性管理的第一个阶梯。

（2）柔性生产

柔性生产就是能按照市场和客户的需求进行及时生产。需求是不断变化的，企业的生产必须适应这种变化。柔性生产是柔性管理的第二个阶梯，它使企业的生产和服务具有越来越大的灵活性。

（3）柔性组织

如果仅是产品特色化和生产柔性化，这种企业还不是柔性管理企业，只能说它采用了柔性管理的一些方法。只有企业的管理哲学、组织结构和市场网络发生了变化，成为柔性组织并形成快速反应的企业文化，这样的企业才是真正的柔性管理企业。柔性组织是柔性管理的第三个阶梯。

（4）人性为本

人性为本是企业柔性管理的第四个阶梯。人性为本是尊重人性，是创造条件释放人的创造性。例如，弹性工作、弹性工时、远程工作等尊重人性的工作方式逐渐流行，合作关系、伙伴关系、平等关系等尊重人性的管理哲学受到重视。人性化管理使企业员工的创造性得到释放、积极性得到发挥。

12.3.2 柔性管理的特征

柔性管理以“人性化”为标志，强调跳跃和变化、速度和反应、灵敏与弹性，注重平等和尊重、创造和自觉、主动和企业精神、远见和价值控制。它依据信息共享、虚拟整合、竞争性合作、差异性互补、虚拟实践社团等，实现知识由潜到显的转化，从而创造竞争优势。企业柔性管理的特征主要体现在四个方面。

1. 从生产经营的角度看柔性管理的特点

1）从大批量粗放型经营转变为小批量多品种经营。

2）采用柔性生产技术，一般泛指采用柔性制造系统（FMS）或计算机集成制造系统（CIMS）进行制造的模式。

3）打破传统的部门边界限制，根据从市场需求到新产品开发、生产、销售的整个价值链来建立灵活的团队工作模式。

4）组织结构扁平化、网络化，重视应用信息技术，鼓励信息共享。

2. 从人力资源管理的角度看柔性管理的特点

- 重视组织成员的个人价值。
- 重视组织与员工之间的诚信与合作的关系。
- 重视员工的成长，为员工提供广泛的个人成长机会。
- 实行灵活多样的奖励方式，奖励内容对获奖者有价值。
- 提倡分享权力，鼓励员工参与决策。

3. 从市场营销管理的角度看柔性管理的特点

1）绿色营销。绿色营销观念的树立和绿色产品市场的扩展要求企业生产经营的产品从生产过程到消费过程、从外包装到废旧后的回收都要有利于人类的健康和持续发展，有利于环境的保护和改善，能够在创造企业内部经济效益的同时带来外部社会的经济效益。

2）虚拟经营。虚拟经营主要表现在以下几个方面：企业管理与市场营销资源融合在一起，在信息社会发展的催化与影响下，生成新的市场营销模式——营销虚拟化；消费者身份虚拟化，消费行为网络化；广告、调查、分销和购物结算都通过互联网而转变为数字化行为。

3）服务营销。服务营销就是强调不断地改进和提高服务水平和服务质量，不断推出新的服务项目和服务措施，力图让消费者得到最大的满足或满意。

4）知识营销。知识经济时代，营销管理人员存在的价值不再是单纯地推销产品和服务，更重要的是充当信息咨询顾问。他必须能够让产品与知识融为一体并一同出售给消费者，成为知识产品的创造者。

4．从战略管理的角度看柔性管理的特点

- 重视组织环境的复杂性分析。
- 重视面对不确定性的战略调整。
- 在高风险性的市场竞争中，既要敢于冒险抓住机会，又要善于保存实力。
- 战略柔性不仅是为了适应现在的环境，更重要的是为了创造未来。
- 为保证战略柔性，必须实施组织变革。

12.3.3　柔性管理的实施

1．柔性管理实施的基础

我国各行业、各地区的经济发展不平衡，各类组织之间的差异较大，因此柔性管理并不能通用。一般来说，实施柔性管理应具备的基础如下：

- 组织所处的环境复杂多变，无法做出比较准确的预测和计划安排。
- 组织从事的活动具有较强的竞争性，竞争的未知因素较多。
- 组织成员具有较高的文化水平和一定的专业知识，职业道德意识和自律性较强。

2．实施柔性管理的方法

1）带领组织成员努力实现组织的愿景。这是管理的本质。柔性管理主张管理者应能展示其振奋人心的愿景，带领组织成员进入崭新的境地，并能将此愿景转化为现实。实现这种理想的方法包括愿景沟通、逐渐细化愿景、奖励、不断培训和调整组织等。

2）以促进学习、激发灵感和洞察未来作为管理的最基本职能。柔性管理重视人的发展潜力和肩负责任的能力。通过柔性管理可以激发组织成员的潜在能力，使组织成员以更大的积极性投身于工作。

3）以满足客户的需求和偏好为经营导向。柔性管理的经营就是将客户的需求与偏好放在首位，利润蕴含于满足客户对商品和服务的需求和偏好之中，只要能将客户的需求与偏好转化为产品和服务，利润就是自然的结果。

4）以虚拟实践社团作为创新的源泉。这要求组织组建各式各样的虚拟实践社团，努力为组织的发展提供创新性的建议与方案，增强组织的适时学习能力，使组织成为一个真正的学习型组织。

5）以网络型组织取代层级组织。以网络化的扁平化组织结构代替金字塔形的组织结构，可以提高信息传递和工作效率，加强部门间的沟通，灵活地适应市场的变化。

3．实施柔性管理的主要内容

（1）建设柔性组织

由集权向分权过渡时，组织会表现出很强的柔性——组织结构的网络化、管理层级的扁平化、组织实体的虚拟化。在高度竞争的环境中，学习型组织成长得更快。组织的柔性强调，没有普遍有效的“标准”组织形式，不断适应环境变化的需求是柔性管理的最大特点。

（2）实施团队柔性管理

在扁平化、网络化的组织结构中，相当自主的团队模式具有很大的优势，所以组织要敢于放权，在团队合作的基础上发挥每个人的最大潜能。

（3）制定柔性战略

面对风云变幻的组织环境，战略管理必须具备柔性。不仅战略规划要具有柔性，战略实施也必须以柔性来适应动态环境。在确定战略目标的前提下，组织要保持对市场变化的警觉性、增强战略的适应性、实行弹性预算、推行滚动计划。

（4）建设柔性文化

组织文化的建设是多方面的，有深层次的价值观，也有表层的企业形象；有正式组织的统一文化，也有组织内各种群体的群体文化。建设柔性文化，就是要在组织内形成人人参与改革、鼓励创新的氛围，大力倡导学习的风气，使全体人员在服务社会与负起道德责任的新价值观上达成文化共识；就是要抓好组织文化的队伍建设，实施民主管理风格，重视人力资源开发与培养。

（5）发挥柔性领导的影响力

管理者要重视柔性情感，搞好情感投资，树立管理风范，具备极强的感召力、亲和力和凝聚力。管理者要做到善解人意，要具备刚柔相济的自信力量，要做到以德服人、无为而治。管理者要有柔性服务意识，大力推行管理者为成员服务、为组织服务，组织为社会服务、为客户服务的理念，以诚待人，建立起组织内部、社会、客户的“情感链”。

（6）注重柔性人际管理

人际管理要求把握柔性沟通艺术。对任何组织来说，沟通都是领导的重要职能。良好的沟通必须放弃依赖权威的单向信息传播，要考虑到双方的立场和心理需求，要充分利用各种有效的沟通手段。柔性管理主张下级不应当只是被动地执行上级指令，上下级之间应当是互相帮助的关系，下级要积极地影响上级，但不能把这种关系庸俗化，要把握好与上级关系的“度”。同样，上级在处理与下级的关系时，也要采用柔性的技巧来影响下级，更重要的是要帮助下级成长。

（7）实行柔性激励

人的活动都会受到其内在心理需求的驱动，不同的人有不同需求，同一个人在不同的条件下也有不同的需求。因此，要实行有效激励，首先要学会判断人的需求。管理者要根据组织成员的需求设计适宜的激励系统，在满足成员物质利益的基础上，对成员的贡献实行多样化的激励，如给予期权、树立榜样、庆功表彰、授权负责、进修学习等。激励方式是多种多样的，管理者要科学地运用心理学的原理与方法，激发员工的工作热情，及时调整员工的心态。

自测题

一、名词解释

经济全球化　知识型企业　国际化管理　知识管理　柔性管理

二、单项选择题

1．知识管理的特征之一是重视对员工的（　　）激励。

A．物质　　B．精神

C．目标　　D．参与

2．柔性管理主要以（　　）为标志。

A．人情化　　B．人性复杂化

C．人的因素　　D．人性化

3．国际化管理最突出的特点是（　　）。

A．特殊性　　B．跨国性

C．综合性　　D．实践性

三、多项选择题

1．经济全球化使全球环境发生了许多重大变化，主要体现在（　　）。

A．从多国公司占主体到跨国公司占主流

B．从区域中心导向到全球中心导向

C．从国际化到全球化

D．综合性增强

E．实践性更高

2．国际化管理的优点是（　　）。

A．跨国性　　B．特殊性　　C．主体性

D．综合性　　E．实践性

3．柔性管理的四个阶梯包括（　　）。

A．特色产品　　B．柔性生产　　C．柔性组织

D．人性为本　　E．持续改进

四、判断题

1．知识管理是现代企业的一种灵活管理模式，是人本管理的一种新实践。（　　）

2．柔性管理是现代企业的一种灵活管理模式，它要求企业组织结构是扁平的和灵活的。（　　）

3．国际化管理是管理的基本职能在国内环境和国内企业中的运用。（　　）

五、简答题

1．试述国际化管理的优点。

2．试述柔性管理的特征。

3．试述知识管理的特征。

案例分析

案例 1　福特汽车公司

亨利·福特二世对员工问题十分重视。他曾经在大会上发表了有关此项内容的演讲："我们应该像过去重视机械要素取得成功那样重视人性要素，这样才能解决战后的工业问题。而且，劳工契约要像两家公司签订商业合同那样，进行有效率、有良好作风的协商。"

亨利二世说到做到，他启用贝克当总经理来改变在他接替老亨利时公司员工消极怠工的局面。贝克先以友好的态度与员工建立了联系，使他们消除了怕被"炒鱿鱼"的顾虑，然后善意批评他们不应该消极怠工，互相扯皮。为了共同的利益，劳资双方应当同舟共济。同时，他也虚心听取员工的意见，并积极耐心地着手解决存在的问题，还和工会主席一起制定了一项《雇员参与计划》，在各车间成立由工人组成的"解决问题小组"。

工人们有了发言权，不但解决了他们生活方面的问题，更重要的是对工厂的整个生产工作起到了积极的推动作用。兰吉尔载重汽车和布朗Ⅱ型轿车的空前成功就是其中突出的例子。投产前，公司大胆打破了"工人只能按图施工"的常规，把设计方案摆出来请工人们"评头论足"，提出意见。工人们提出的各种合理化建议共达 749 项，经研究，采纳了其中 542 项，其中有两项意见的效果非常显著。以前，在装配车架和车身时，工人得站在一个槽沟里，手拿沉重的扳手，低着头给螺栓拧上螺母。由于工作十分吃力，因而往往干得马马虎虎，影响了汽车质量，工人格莱姆说："为什么不能把螺母先装在车架上，让工人站在地上就能拧螺母呢？"这个建议被采纳后，既减轻了工人的劳动强度，又使工作质量和效率大为提高。另一位工人建议在把车身放到底盘上去时，可使装配线先暂停片刻，这样既便于做好车身和底盘两部分的工作，又能避免发生意外伤害。此建议被采纳后果然达到了预期效果，正因如此，他们自豪地说："我们兰吉尔载重汽车和布朗Ⅱ型轿车的质量可以和日本任何一款汽车一比高低了！"

为了把《雇员参与计划》辐射开来，福特还经常组织工人和管理人员组成代表团到世界各地的协作工厂访问并传经送宝。这充分体现了员工参与和决策的重要性。

问题：

（1）福特公司《雇员参与计划》的指导思路是什么？为了达到什么目的？

（2）你认为福特公司这样的管理方式会不会造成大家各执己见、思想不统一的局面？

案例 2　人性化管理，易滋生员工惰性？

中山××物流有限公司（以下简称中物）是一家从事公路、铁路及航空等物流和货运的公司。中物在管理上一直提倡人性化管理：要求个人高度自觉，在宽松的环境里积极工作。因此，无论领导还是员工，犯了错误，都不开罚单。可现在公司的一些现象让人力资源部吴经理对人性化管理产生了怀疑。

首先，公司为了实现物流管理的信息化和网络化，购置了大批电脑。这本是好事，可在上班时间浏览与工作无关的网页、打游戏等现象却屡禁不止。其次，每次发工资时大家都很积极，可做起事情来就拖拖拉拉。工资表还没做好便会有人问："什么时候发工资？"而开会、写总结、执行事务时，却总有人三请四催还不能按时到场或完成任务。公司的一些通知、文件下发后，便不知结果如何，事后追问起来，有些人一脸茫然。有位客户来公司洽谈业务，走的时候说："你们公司气氛很活跃。上班时间里总有人嘻嘻哈哈，大呼小叫，把一些私人的事情带到工作当中……"难道人性化管理易滋生员工的惰性？究竟该如何实行人性化管理？吴经理在这样的难题面前显得困惑而无助。

问题：

（1）你认为中物公司遇到的困难应该如何处理？

（2）你认为该如何实行人性化管理？

参考文献

[1] 周三多. 管理学原理与方法[M]. 上海：复旦大学出版社，1993.
[2] 杨文士，张雁. 管理学原理[M]. 北京：中国人民大学出版社，1994.
[3] 喻旦辉，孙曼林. 管理学[M]. 广州：中山大学出版社，2006.
[4] 吴亚平，谢勇. 管理学原理教程[M]. 武汉：华中科技大学出版社，2007.
[5] 吴晓鸥，张明亲. 管理学[M]. 西安：西北大学出版社，2006.
[6] 徐子健. 管理学[M]. 北京：对外经济贸易大学出版社，2008.
[7] 张根东. 管理学原理[M]. 兰州：甘肃人民出版社，2008.
[8] 马林，罗国英. 全面质量管理基础知识[M]. 北京：中国经济出版社，2001.
[9] 关键，杜强. 管理学原理自学辅导[M]. 武汉：华中科技大学出版社，2002.
[10] 王蔷. 管理学教程习题集[M]. 上海：上海财经大学出版社，2002.
[11] 顾天辉. 管理学原理自考题解与测试[M]. 东营：石油大学出版社，2001.
[12] 谢家驹. 全面质量管理[M]. 北京：经济科学出版社，1991.
[13] 张旭东，张立迎. 管理学原理教程[M]. 北京：北京师范大学出版社，2009.